本书为国家社会科学基金教育学一般课题"以效果为导向的职业教育质量标准研究"(批准号BJA140063)的研究成果

以效果为导向的职业教育质量标准研究

唐以志 等著

中国社会科学出版社

图书在版编目（CIP）数据

以效果为导向的职业教育质量标准研究 / 唐以志等著 .—北京：中国社会科学出版社，2021.11
ISBN 978-7-5203-9321-8

Ⅰ.①以… Ⅱ.①唐… Ⅲ.①职业教育—教育质量—研究—中国 Ⅳ.①G719.2

中国版本图书馆CIP数据核字（2021）第223249号

出 版 人	赵剑英	
责任编辑	齐　芳	
责任校对	王佳玉	
责任印制	张雪娇	
出　　版	中国社会科学出版社	
社　　址	北京鼓楼西大街甲158号	
邮　　编	100720	
网　　址	http://www.csspw.cn	
发 行 部	010-84083685	
门 市 部	010-84029450	
经　　销	新华书店及其他书店	
印　　刷	北京君升印刷有限公司	
装　　订	廊坊市广阳区广增装订厂	
版　　次	2021年11月第1版	
印　　次	2021年11月第1次印刷	
开　　本	710×1000　1/16	
印　　张	19	
插　　页	2	
字　　数	270千字	
定　　价	118.00元	

凡购买中国社会科学出版社图书，如有质量问题请与本社营销中心联系调换
电话：010-84083683
版权所有　侵权必究

目 录

前　言 ·· 1

绪　论 ·· 1

第一章　职业教育质量标准：概念、理论模型 ·············· 13
  第一节　职业教育质量与质量标准概述 ················· 13
  第二节　职业教育质量标准模型建构 ···················· 33

第二章　职业教育质量标准政策文本分析 ····················· 51
  第一节　职业院校质量评估指标体系的差异特征 ·········· 52
  第二节　职业院校教育质量评估指标体系的共同特点 ······ 55
  第三节　职业院校教育质量评估指标体系的发展趋势 ······ 60

第三章　职业教育质量关键指标及测量 ······················· 66
  第一节　职业教育与产业适应性 ··························· 66
  第二节　学生职业能力 ·· 81

第四章　国际职业教育质量标准研究 ··························· 95
  第一节　联合国教科文职业教育质量评估指标体系 ········ 95
  第二节　经合组织高等教育质量认证与评估体系 ·········· 100
  第三节　欧盟职业教育质量保障与评估体系 ··············· 108
  第四节　国际工程联盟教育质量标准 ······················· 112

第五节 高等职业教育专业认证比较研究 …………… 136

第五章 职业院校教育质量标准研究……………………… 148
第一节 职业院校教育质量内涵解析 ………………… 148
第二节 职业院校教育质量目标 ……………………… 161
第三节 我国职业院校办学质量评价标准体系建构 …… 174

第六章 高职院校专业评估与标准研究…………………… 188
第一节 高职院校专业质量评估模式与标准 ………… 188
第二节 高职院校专业评估与专业诊改的
　　　　质量标准区别 ……………………………… 210
第三节 五年制高职专业质量标准研究 ……………… 222
　　　　——以无锡机电高等职业技术学校机电技术类
　　　　专业为例 …………………………………… 222

第七章 职业院校教学质量评价与标准研究……………… 245
第一节 高职院校教学质量评价标准 ………………… 245
第二节 中等职业学校教学质量评价标准 …………… 256

附　录 学生职业能力试测样题及评分标准……………… 276
　　　　——以模具设计与制造专业为例 ………… 276

参考文献………………………………………………………… 280

前　言

质量是一个永恒的话题。

质量与产品生产和服务消费共生共长，并被企业看作未来市场上最重要的制胜法宝。质量总是与生产和服务的消费者或需求者的需求相关，由于个人对产品和服务的需求各异，因而每个人心中都有一把衡量产品或服务质量的尺子。能提供令每个消费者都满意的产品或服务，当然是每个生产者或服务者的追求，但在进入工业大生产时代之后，随着生产规模化程度的不断增强，面对众多消费者、需求者的需求，如何制定一套令所有消费者都能接受的质量标准就显得越来越重要。为此，对质量及其质量标准的研究越来越广泛，产生了众多关于质量、质量标准和质量评价的理论观点、体系、模式等，形成了多视角的质量观、质量评价标准以及生产和服务质量评价的多种模式，质量管理成为企业管理的核心。

关于"质量"的研究讨论，虽然起源于营利性的经济部门，但公共管理、公益性组织等非营利性部门也越来越广泛地关注质量问题，并在公共政策制定、实施和效果评估中将提升质量作为组织的发展目标。

长期以来，我国政府一直关注职业教育的质量问题，在国家颁布的关于教育以及职业教育改革发展的重要文件中多次强调并阐述职业教育质量的战略目标与具体措施，如2010年《国家中长期教育改

以效果为导向的职业教育质量标准研究

革和发展规划纲要（2010—2020年）》明确指出：把质量作为重点并建立健全职业教育质量保障体系；2012年《国家教育事业发展第十二个五年规划》进一步提出把提高质量作为教育改革发展的核心任务，到2015年基本建立科学的质量评价体系和有效的质量保障体系；2014年《国务院关于加快发展现代职业教育的决定》也明确提出要提高人才培养质量并完善职业教育质量评价制度。

为促进职业教育质量提升，2014年教育部印发的《教育部职能转变方案》，委托教育部职业技术教育中心研究所开展职业教育质量标准研究开发和质量监测评估工作。为承接好教育部职能转变方案中赋予的职业教育质量标准研究开发和质量监测评估任务，教育部职业技术教育中心研究所于2014年恢复建立了评估中心，并任命笔者为评估中心负责人，主持评估中心的相关业务工作，承接有关部门委托的职业教育政策评估、高等职业院校专业评估等任务。

为保证各项评估工作以科学理论为指导，在承接相关评估工作任务的同时，评估中心以及参与相关评估活动的专家强化了对职业教育评估的有关理论和实践问题的研究，并为此查阅了大量的有关评估的文献，对质量和评估的相关概念、理论模式等进行整理，对我国职业教育领域的评估实践进行分析。在研究过程中，我们深深感受到，在新的历史时期和职教发展新的阶段，需要在质量评估理念上有新的改变，评估模式上有新的探索。在此基础上，初步提出以效果为导向建立职业教育的质量标准，并以此作为评估模式构建的基础。为系统研究这一问题，在时任教育部职业技术教育中心研究所所长杨进博士、北京师范大学教育学部姚云教授等领导和朋友的鼓励、指导和大力支持下，笔者牵头申报了国家社科基金"十二五"规划2014年度教育学一般课题"以效果为导向的职业教育质量标准研究"并获批准立项。

本研究在梳理职业教育质量内涵与各类教育质量标准模型的基础上，提出了以效果为导向的职业教育质量观和职业教育质量的关键标准。本研究试图从不同的视角分析质量标准的维度和尺度，并从区域、院校和专业教学等不同层面来分析职业教育的质量。在本研究中课题组越来越感觉到职业教育不同层面之间质量标准的维度虽然存在差异，但也密切相关，很难将各个层次独立起来确立具体的质量标准，而专业是学校的基本单元，职业教育与区域经济社会发展的适应性、教学层面的质量总是通过专业来实现。为此，课题将专业作为质量标准体系建设的核心，从专业的质量标准切入，讨论和研究职业教育专业结构与区域产业人才需求结构、学生职业能力水平与职业岗位能力要求之间的适应性问题。

针对职业教育专业结构与区域产业人才需求结构的适切性，在建构区域产业职业教育支持度指标的基础上，综合运用就业、学校、工业企业数据，本研究测算了河南省设备制造业的职业教育支持度得分，并结合具体区县讨论了指标的内涵。双指标的对比，很好地揭示了区域产教关系的现状。根据研究的进展，我们暂时只测度了特定行业从中等职业教育得到的支持度，还未很好地解决不同行业之间比较的问题，也尚未将高职院校和应用型本科纳入技能人才供给的考量。不过，这一指标的建构，一定程度上解决了此前同类指标缺乏微观基础的问题，可以为深入分析区域产教融合的现状与原因提供工具。

针对职业能力水平是否与职业岗位的能力要求相适应的问题，本研究基于 KOMET 职业能力模型开发了四个专业的测量工具，并分别在东中西部有关省份的高职院校进行测试，得到了多个地区、不同院校、不同专业学生的职业能力发展水平数据。研究发现，参与测试学校学生职业能力总体上发展良好，省际之间学生职业能力水平分布存在显著差异，东部省份总体水平高于中西部地区，但中西部地区也有高质量的专业点。学生职业能力测试成绩与地区产业发展状况、企业岗位能力需求、职业学校和专业点的发展状况有一定关联。

本研究的实证研究工作只测度并分析了职业教育产出的相关指标，还未收集到产出所带来的影响——如学生就业后的表现（在企业表现及给企业带来的贡献）。这是本研究的不足之处，也是未来可以继续深入研究的地方。下一步的研究除了关注产出及所带来的变化外，还应关注职业教育的投入，例如师资队伍的数量以及质量、教学设备、教育经费投入、人才培养模式、教学方式等，以进一步完善以效果为导向的职业教育质量评估模型。

本书是在"以效果为导向的职业教育质量标准研究"课题研究成果基础上形成的，相关章节作者是：绪论唐以志；第一章唐以志；第二章文春帆、高瑜、张源媛；第三章第一节田志磊、李源，第二节赵志群、庄榕霞、唐以志、汤霓、周瑛仪；第四章第一、二、三、五节汤霓，第四节荣莉；第五章第一节李宏昌、张成，第二节李宏昌，第三节杨公安；第六章第一节唐以志、荣莉、胡利胜，第二节荣莉、唐以志，第三节蒋洪平、宋浩；第七章第一节石芬芳，第二节谢树方、唐以志。

对支持和参与本研究的人员表示最衷心的感谢！

唐以志
2021 年 3 月 10 日

绪 论

一 研究背景与意义

(一) 研究背景

质量是职业教育可持续发展的动力与源泉，也是提升职业教育活力和院校竞争力的关键。长期以来，我国政府一直非常关注职业教育的质量问题，在国务院、教育部颁发的重要文件中多次强调并阐述职业教育质量的战略目标与具体措施，如在2010年《国家中长期教育改革和发展规划纲要（2010—2020年）》中明确指出：把质量作为重点并建立健全职业教育质量保障体系；2012年在《国家教育事业发展第十二个五年规划》中进一步提出把提高质量作为教育改革发展的核心任务，到2015年基本建立科学的质量评价体系和有效的质量保障体系；2014年《国务院关于加快发展现代职业教育的决定》也明确提出提高人才培养质量并完善职业教育质量评价制度；2019年，国务院印发的《国家职业教育改革实施方案》，提出了"三个转变"的总体要求与目标，其中明确提出职业教育要基本完成由追求规模扩张向提高质量转变。可见，职业教育的质量问题已越来越受到我国政府和民众的关注，成为新时代我国职业教育改革的关键。

1. 职业教育质量提升需要开展质量评估

科学合理评估职业教育质量，是职业教育事业持续健康发展的基础，是规范职业院校办学和稳步提高职业院校教育质量的重要举措，也是职业教育内涵提升的必然趋势。开展职业教育质量评估需要有科学的质量标准，"职业教育质量评估指标体系是职业教育质量标准的具体量度表达，作为衡量职业教育满足个人及社会发展需求程度、判断职业教育结构和运行状况是否科学的参量系统，对保障职业教育活动有效性发挥着'指针'与调控作用"①。对职业院校教育质量的评估既可以从宏观上对职业院校进行监督与管理，又可以对其教育过程和结果进行反馈与调节，还可以把握教育目标与教育效果之间的内在关系和结果观照。

2. 我国职业教育发展的核心矛盾越来越聚焦到效益维度

近年来，中央政府聚焦职业院校质量提升，在基础能力、示范引领、学生资助等方面带动地方财政投入，进行了一系列重大项目建设。随着投入水平的提高和办学条件的迅速改善，职业教育发展中的核心矛盾越来越聚焦于效益维度，即职业教育是否适应我国经济社会发展的需要。产教融合是职业教育促进经济社会发展的重要纽带，制约职业教育产教融合的关键在供给侧。与服务业技能人才培养相比，工业技能人才培养具有高成本、高社会收益、低私人收益的特点，这注定了其供求匹配更具挑战。在对多个地区主要工业产业和职业院校的合作情况开展田野调研的过程中发现，职业教育融入区域产业程度不高的情况客观存在。2017年12月，《国务院办公厅关于深化产教融合的若干意见》认为，"受体制机制等多种因素影响，人才培养供给侧和产业需求侧在结构、质量、水平上还不能完全适应"，明确提出应"统筹职业教育与区域发展布局"。可以看出，区域产教融合已成为国家关注的重点，而将职业教育融入区域产业的程度作为监测内容，使其成为职业教育质量标准体系的组成部分，可以为职业教育产教融合政策提供信息、依据和建议。

---

① 马君、崔向娜：《职业教育质量指标的内涵解构》，《职教论坛》2013年第34期。

3. 学生质量是衡量职业院校办学水平的"试金石"

办学质量的核心是人才培养质量。由于受技术、资金、人员组织等多方面因素限制，职业教育评估中鲜有开展学生学业成绩的评价，鲜有使用学习成果对职业院校的办学水平和人才培养质量进行评估。职业院校学生的学业成绩评价主要依据学校制定的人才培养方案和课程确定的教学目标，但由于职业院校专业设置与产业需求、课程内容与职业标准、教学过程与生产过程的对接程度不够，教学目标与职业岗位能力需求之间匹配度不高，学生学习成果难以达到企业的需求。正因为缺乏对不同学校学生质量进行客观评价的指标和工具，各类职业教育质量评估的指标体系强化了投入指标和过程的监控。2019年1月24日国务院印发《国家职业教育改革实施方案》，启动"学历证书+若干职业技能等级证书"制度（1+X证书制度）试点，并且通过社会化机制招募遴选职业教育培训评价组织开发职业技能等级标准、实施考核评价。这一制度设计将教育内部的教学标准与产业界开发的职业技能等级标准融合，由社会第三方机构进行考核评价，必将带来职业教育人才培养模式和评价模式的改革，有利于促进职业教育与产业的融合，也有利于通过第三方对学生的职业技能等级水平的统一标准、客观评价来评估职业院校的办学质量。本研究将学生职业能力水平作为衡量职业教育质量的重要标准并通过运用科学的能力模型，对评估结果和人才培养模式之间的关系进行分析，从而促进职业院校改进人才培养方式。同时也可以为指导培训评价组织开发职业技能等级标准、开展考核评价提供技术支持，对推进1+X证书制度的实施提供依据和建议。

然而，质量高低需要通过标准来衡量，没有标准的质量不过是"空中楼阁"。2019年，国务院印发的《国家职业教育改革实施方案》中，"标准"一词出现了35次，明确提出了"构建职业教育国家标准"，并指出"将标准化建设作为统领职业教育发展的突破口"。教育质量评价制度的建立也要以标准为前提，建立和完善职业教育质量评估体系需要树立全面的质量观和质量评价标准。

目前，我国职业教育评估依据的质量标准体系多侧重于职业教育系统内的结构和过程要素的预设标准，行政管理的意志在质量标准中占有重要地位，与国际评估理论和质量标准相比，对质量及其质量标准的内涵和认识维度缺乏系统研究，对投入、结构和过程、产出、成果、影响各要素之间的因果关系缺少关注，在各种评估的质量标准中缺少有效性、效益、效率等重要的质量标准参数，对影响职业教育质量的因素也缺少分析。

（二）研究目的与意义

本研究的总体目标是，对质量及其标准进行系统梳理，对我国职业教育质量标准的现状进行调查研究，把握职业教育标准体系的现状及存在问题，站在职业教育质量标准体系的前沿，以效果为导向，结合我国职业教育发展实际，构建适于从职业教育宏观体系层面到微观人才培养层面的质量标准建设的理论框架和质量评估标准体系。

本研究的理论意义在于推进职业教育质量标准等相应领域的学术研究，站在质量评估理论前沿，建立以效果为导向的职业教育质量标准模型，推动职业教育质量评估范式从"规范"模式转向"效果"模式，构建体现职业教育特色的质量评估体系。

本研究的实践意义在于：一是为开展职业教育适应经济社会发展能力评估、职业院校办学水平和专业评估、人才培养质量评估、职业技能等级水平评价以及职业教育政策评估等提供评估逻辑框架和行动指南，有助于全面推进《国家中长期教育改革和发展规划纲要（2010—2020年）》《国务院关于加快发展现代职业教育的决定》和《国家职业教育改革实施方案》的贯彻落实；二是以效果为导向，以效益为先，关注职业教育教学改革带来的效果和影响，对建立科学有效的评估模式、真正发挥质量评估对职业教育的促进作用具有现实意义。

二 核心概念界定

（一）质量

"质量"（Quality）作为一个专门术语，最初源于工商业领域并被工商企业看作未来市场上最重要的制胜法宝。如今,"质量"一词已存在于所有的领域,无论是在理论层面还是实践层面,"质量"的概念使用非常频繁。但在查阅文献后发现,人们对这一概念至今缺少一个表达确切且常用并具有普遍约束力的解释,"质量"的概念仍是模糊的,常常以不同的含义加以使用,衡量质量的标准因话语方式的不同也存在很大差异,教育质量更是如此。

瑞典学者托斯坦·胡森（Husén，Torsten）认为,教育质量是指教育的产品,而不是指生产出这些产品的资源和过程。[①]美国学者赛默尔（Seymour）则认为教育质量主要意味着"丰富的资源",包括较多的专业、巨大的图书馆藏、一定数量的知名学者等指标。[②]而美国高等教育认证委员会则认为,质量指的是"目的的合适性——满足或符合被普遍接受的标准"[③]。国内学者胡弼成认为"教育质量就是指符合教育规律的前提下,教育产品满足规定或潜在需要的特征和特性的总和"[④]。陈玉琨则认为"教育质量是教育系统满足社会需要的程度,教育质量的高低,要依据它满足社会和人的发展的需要的程度做出判断"[⑤]。

尽管有多种质量的定义,但质量总是包含了两层含义：

第一,质量是一个对象、系统或过程的所有属性的总和,它回答的是"客体的属性是什么"的问题,即客观存在的事实,因此,质量是客观可测的；

第二,质量是一个对象、系统或过程的所有属性的好或坏,它回答的是"客体怎么样"的问题,质量与评鉴有关,不同主体对质量的

[①] [瑞典]托斯坦·胡森：《论教育质量》,《华东师范大学学报》(教育科学版)1987年第3期。
[②] 参见施晓光《西方高等教育全面质量管理体系及对我国的启示》,《比较教育研究》2002年第2期。
[③] 参见孔得伟、王以宁、张海《我国远程教育质量保障体系建设策略思考》,《现代远距离教育》2005年第1期。
[④] 胡弼成：《高等教育质量观的演进》,《教育研究》2006年第11期。
[⑤] 参见陈丽、沈欣忆等《"互联网+"时代的远程教育质量观定位》,《中国电化教育》2018年第1期。

需求不同、依据的质量标准不同,对质量评估的结果也会不同。

就教育而言,教育质量一方面是指教育系统内各种结构和过程要素的所有属性的总和,正如联合国教科文组织给教育下的定义,教育质量既包括人们为了生存下去,为充分发展自己的能力、为有尊严地生活和工作、为充分参与发展、为改善自己的生活质量、为做出有见识的决策、为继续学习所需的基本学习手段(读写能力、口头表达、演算和解题等)和基本学习内容(知识、技能、价值观和态度等),也包括教育计划的全部特点,如班级的规模、教师的资格、所需的课本、校舍的状况等各个方面。

另一方面,教育质量也可指教育机构、系统或教育教学过程的所有属性的好和坏、优与劣。如《教育大辞典》将教育质量从宏观与微观两个层面进行认识,宏观层面的教育质量即整个教育体系的质量,也可称为"体系质量";微观层面的教育质量最终体现在培养对象的质量上,是指教育水平高低和效果优劣的程度,其衡量标准是教育目的和各级各类学校的培养目标[①]。

综上,本研究中的职业教育质量,既指职业教育机构、教育对象、教育系统、教育过程中各种要素的属性特征,也包括对职业教育机构、教育对象、教育系统或过程中各种要素的所有属性的评鉴;既包括职业教育宏观体系层面的质量,也包括微观教学层面的质量。宏观层面的职业教育质量是整个职业教育体系的质量,通过职业教育系统与经济社会系统的适应性进行衡量。微观层面的质量是教育教学质量,其衡量标准是教育目的和培养目标是否达到,即检验学生能力水平与职业岗位能力要求的匹配度。

(二)标准

"标准"是衡量事物的准则,通常包括两个方面,即可测量的要素和等级。在标准中,要素由要考察的核心指标构成,而等级则反映了被考察对象的区分度。

[①] 顾明远主编:《教育大辞典》(增订合编本)(上),上海教育出版社1998年版,第798页。

在教育领域，质量标准涉及了不同方面，既包括教育条件的标准，如学校设置标准、教师标准、教材编审标准、教学仪器设备标准、教学场地标准、生均经费拨款标准，也包括教育流程的标准，如招生标准、专业标准、课程标准、学业质量标准、考试评价标准、学位标准、技能等级标准、职业资格标准，等等。

与上述"质量"的界定一致，本研究认为职业教育质量标准具有层次性，即包括职业教育宏观体系层面的质量标准、微观教学层面的教育教学质量标准。而衡量职业教育体系质量的核心标准是职业教育与经济社会的适应性，衡量教育教学质量的核心标准是学生的职业能力水平与职业岗位的能力要求之间的适应性，宏观和微观层面的质量是将职业院校的专业及人才培养质量作为切入点。

（三）效果

1. 效果是某种因素造成的结果

近年来，在质量管理和评估中，效果的概念越来越引起人们的广泛关注并被运用于社会生活的各个领域。汉语《辞海》将"效果"定义为"由某种因素造成的结果"。但众多研究文献中"效果"概念往往与"产出"相混淆，甚至有人将效果当作"组织为某种目的制造出的产品"[①]。然而，组织的产品并不是由"效果"构成，"效果"是产出带来的结果和变化，也就是组织生产产品或提供服务带来的结果，如效率、效益、有效性、影响等。例如，政府对职业学校投入，其产出是接受职业教育的学生数量，那么"效果"则是这些产出带来的变化，如更多数量的贫困家庭学生接受职业教育后找到了工作，个人和家庭生活得到改善，从而促进了社会和谐发展，"效果"就是这些变化带来的影响。

由某种产出因素造成的结果可能是组织或者社会子系统内部结构的变化，也可能是组织内部或社会子系统内部过程的改变，还可能是

---

① [德]赖因哈德·施托克曼：《非营利机构的评估与质量改进——效果导向质量管理之基础》，唐以志、景艳燕等译，中国社会科学出版社2008年版，第103页。

组织内部成员个体行为方式的改变。如职业学校为了突出学生实践环节的学习而修改课时安排，这一效果就是结构的改变。学校实施教学改革引入行动导向教学方法，在教学中更加注重师生互动而减少教师讲授的时间，这就是过程改变的效果。而要达到上述效果，教师个体的行为方式必须得到改变，他必须按照新的课时计划和教学方法实施教学。

本研究中的效果在宏观层面是指职业教育专业结构对产业结构的影响、产业结构对职业教育专业结构的影响，在微观层面指学校的人才培养方式对学生职业能力以及对未来职业世界带来的影响。

2.效果的分类

德国评估专家赖因哈德·施托克曼（Stockmann，Reinhard）教授曾从结构—过程—行为、计划性和非计划性、有利性和不利性三个维度对效果进行了分析，并依此提出了效果在质量标准中的重要地位。在他看来，效果可以分为预期（计划）的或非预期（非计划）的效果，对预期的效果可给予肯定的评价，对非预期效果的评价可能是正面的，也可能是负面的。从内容上来说，效果还可以划分为经济的、社会的、生态的、文化和政治的效果。按照持续的时间，效果有短期、中期和长期之分，同时效果还有直接效果和间接效果之分。[①]

三 研究内容与方法

（一）研究内容

1.职业教育质量的概念框架

就教育而言，质量一方面是指教育系统内各种结构和过程要素的所有属性的综合，另一方面也可指教育机构、系统或教育教学过程的所有属性的好和坏、优与劣。据此，职业教育质量，既指职业教育机

---

① [德]赖因哈德·施托克曼：《非营利机构的评估与质量改进——效果导向质量管理之基础》，唐以志、景艳燕等译，中国社会科学出版社2008年版，第105页。

构、教育对象、教育系统、教育过程中各种要素的属性特征，也包括对职业教育机构、教育对象、教育系统或过程中各种要素的所有属性的评鉴；既包括职业教育宏观体系层面的质量，也包括微观教学层面的质量。宏观层面的职业教育质量是整个职业教育体系的质量，通过职业教育系统与经济社会系统的适应性和相互作用进行衡量。微观层面的质量是教育教学质量，其衡量标准是教育目的和培养目标是否达到，即检验学生能力水平与职业要求的匹配度。

2. 影响职业教育质量的主要因素

第一，供求关系影响质量标准。在供求关系发生变化或者因为变革使得生产方式和生活方式发生重大改变时，对质量的需求就会发生改变，人们对质量的理解、质量观也会随之改变，因此质量标准是随着时代的变革而不断变化的。

第二，效率优先是实现发展质量变革的前提。党的十九大指出我国经济已由高速增长阶段转向高质量发展阶段，正处在转变发展方式、优化经济结构、转换增长动力的攻关期，建设现代化经济体系是跨越关口的迫切要求和我国发展的战略目标。必须坚持质量第一、效益优先，以供给侧结构性改革为主线，推动经济发展质量变革、效率变革、动力变革，提高全要素生产率。职业教育能否适应我国经济社会转型发展的需要，即职业教育发展的效益，是衡量职业教育质量标准的价值维度。

第三，学生的职业能力水平与企业工作岗位的能力要求之间的适应性是职业教育质量标准的核心。区域内职业院校的专业结构与区域产业是否协同，职业技术技能人才与产业、职业是否匹配，关键是学生的职业能力水平与企业工作岗位的能力要求相适应。

3. 职业教育质量标准的构成要素

对质量，不同的人有不同的衡量标准。但自从逻辑框架模型广泛应用于项目管理及项目评估以后，投入（Input）、产出（Output）、成效或直接效益（Outcome）、影响或间接效益（Impact）成为项目管理和评估的基本维度，投入指标、产出指标、成效指标和影响指标也随之成为质量评估标准的基本指标。无论是多纳贝蒂安（Donabedian，A.）设计的"结构（Structure）—过程（Process）—成效（Outcome）"质量评估模型（SPO模型），还是斯塔弗尔比姆（Stufflebeam，D.L.）设计的"背景（Context）—输入（Input）—过程（Process）—结果（Product）"CIPP评估模式，在一定程度上都是遵循了项目管理的逻辑框架，在项目管理和评估中也从投入、过程、产出、成效、影响等维度制定相应的指标，并以此对项目各个环节实施"对标对表"评估。但随着评估理论和评估实践的发展，特别是随着新公共管理的兴起，人们越来越重视项目活动或者干预带来的变化和影响，衡量质量的标准在强调"规范"基础上也要求"变化"，从而在评估范式上出现了"规范""变化"两种不同的评估范式分类。

"规范"评估，是要检验项目的投入、产出、成效、影响是否符合预设的标准；"变化"评估，是要检验投入带来了哪些产出，使用产出后产生哪些成效或直接效益以及带来的影响或间接效益，它强调的是四个指标要素之间形成的效果链，即项目各要素之间的因果逻辑关系或引起的变化，也就是项目活动的效果。在这种"变革"评估范式下，对职业教育质量的评估就是要检验投入与产出之间的关系（效率）、职业教育的结果与教育目标之间的关系（目标达标程度）、教育效果与教育目标之间的关系（有效性）、效果与目标群之间的关系（有效性）、教育目标与目标群之间的关系（相关性）等，在这种评估范式下，效率、效益、有效性、相关性、影响、可持续性等效果是职业教育质量标准的重要构成要素。本研究要基于这一范式设计出职业教育质量标准的基本模型并进行验证。

4. 职业教育质量的关键指标

职业教育的质量可分为宏观层面职业教育发展的质量、中观层面学校发展和专业建设的质量、微观层面人才培养的质量。衡量职业教育质量标准有多种维度，具有多种指标，但按照"变革"理论模型，宏观层面"职业教育与产业的适应性"，微观层面"学生职业能力与企业岗位能力要求之间的适应性"是两个最关键的标准，这两者通过职业院校专业人才培养实现有效衔接。如何测量这两个层面的"适应性"对本研究至关重要。本研究将通过整合职业学校专业数据、就业数据、工业企业数据等各种数据，并结合对校企空间距离的考虑，尝试构建职业教育与区域产业融合的测度模型；通过运用职业能力测评相关理论开发职业能力测评工具，尝试构建学生职业能力水平与企业岗位能力要求之间的对应关系模型。

（二）研究方法

1. 文献分析

本研究利用文献综述法较为全面、系统和扎实地分析了国内外关于质量的定义、质量观及其构建质量标准体系的理论模型，提出在质量标准的四要素之间存在因果逻辑关系，在这种逻辑关系基础上建立效果导向的质量标准模型。

2. 建模法

为了科学、有效地开展职业院校专业质量评估，课题组组织有关企业一线技术技能人员开展职业分析，开发了"职业能力测评"工具。职业能力测评是通过建立科学的能力模型，对评估结果和人才培养模式之间的关系进行分析，测量和评价被试学生在特定职业领域的认知特征，按照教育性目标和职业规范的双重要求，采用开放式题目，以相关背景数据为基础进行的测试。

3. 测量法

为保证学生职业能力测试样本的代表性，试测方案确立了选择三年级在校学生作为测试对象，各试测专业每个学校按照等距抽样选择60—90人参加测试，不够60人的专业点所有学生参加测试，最终参加测试的学生数为2373人。根据阅卷后的最终统计，共获得有效试卷4560份（每名测试学生做两份试卷）。

4. GIS空间分析

利用职业学校和工业企业数据库，课题组建构了校企地理信息系统，从总体、全局的角度描述了学校专业结构和企业人才需求结构的空间关系特性。为了保证数据采样年份的一致和对空间关系特性论证的支撑，同时为了课题研究的可行性，我们将分析年份定为 2013 年，所有数据均采用 2013 年数据，故分析结果反映的是 2013 年的情况。职业院校专业结构数据根据学校管理数据整理得到。为了便于比较，我们只考虑了中职学校的情况，尚未将高职院校纳入分析。

第一章　职业教育质量标准：
概念、理论模型

第一节　职业教育质量与质量标准概述

一　职业教育质量的内涵

（一）质量是一个不断变化的概念

对质量的理解是建立职业教育质量标准的基础，但给职业教育质量下定义很难，质量的内涵与衡量标准随着时代的变迁而不断演变、发展和丰富。

20世纪60年代以前，人们往往是从技术特征的角度对质量下定义："高质量就是高技术产品、高强度和长久的使用寿命，而且还能正常运转、无缺陷。"[①] 在这种以客观性技术特征为主导的质量观引领下，质量的好坏依赖于技术标准和规格等客观标准的评价。但由于用户的需求存在差异，不同用户对符合同样技术标准的产品的评价存在差异，质量评价必然会具有主观性特征。在20世纪60年代开始的质量讨论中发现，顾客的主观因素在质量评价中越来越受到关注，很多

---

① Seghezzi, H.D., *Integriertes Qualitätsmanagement: Das Sankt Gallener Konzept*, München: Hanser Fachbuchverlag, 2003, p.23.

以效果为导向的职业教育质量标准研究

企业开始调查使用者对产品的满意程度。这一变化也带来了人们对质量的重新界定[1]，美国管理学家朱兰（Juran，J.M.）的定义最具代表性，他认为尽管质量一词有多种含义，但其中两个含义对质量管理至关重要，一是质量包含产品特性满足顾客要求从而让顾客满意，二是质量在于无缺陷。在《朱兰管理手册》（第四版）中他更是将质量一词的定义概括为"适用度"。所谓"适用"，也就是产品特性满足顾客要求。[2]

国际标准化组织（ISO）将满足顾客需要作为质量管理的基础。在其2015年版《质量管理体系要求》中，质量被定义为，"实体的若干固有特性满足要求的程度"。质量可使用形容词，如"差"、"好"或"优秀"来修饰。"固有的"是指本来就有的、存在实体内的，不是赋予的。"要求"指的是明示的、通常隐含的（组织和相关方的惯例或一般做法）或必须履行的需求或期望。"程度"即等级，指的是"对功能用途相同的实体按照不同质量要求所做的分类或分级"[3]。在这一质量定义的范畴内，实体的特性和满足需求与期望的程度是评价质量的重要指标。

这种"满足需要"说影响深远。在职业教育领域，多数学者都将职业教育质量定义为，"客体对特定主体需要的满足程度的特性总和"。但在主体和客体的界定上存在些许差异。同芳娥等认为职业教育作为一种服务或产品能够满足国家社会经济文化发展需要与职业教育系统自身需要的特性总和，也反映了职业教育满足区域社会经济发展需要和个体发展需要及其程度所做出的肯定性价值判断，这种观点将主体限定为国家经济社会文化、职业教育系统、广义的个体，客体

---

[1] Stockmann, R., *Evaluation und Qualitätsentwicklung*, Münster: Waxmann, 2006, pp.22-23.

[2] 转引自［美］R. W. 霍耶、B. 布鲁克、Y. 霍耶著《何谓质量——世界八位著名质量专家给质量定义》，颜福祥译，《中国质量技术监督》2002年第2期。

[3] ISO，Quality management systems — Fundamentals and vocabulary, 2015, https://www.iso.org/obp/ui/#iso:std:iso:9000:ed-4:v1:en, 2016年1月4日。

第一章 职业教育质量标准：概念、理论模型

明确为职业教育服务或职业教育产品。① 王军红等将政府、企业、职业教育者、受教育者、家长、其他社会机构作为主体，认为职业教育质量是职业教育的特定实体及其特性满足职业教育相关利益主体的特定要求的过程中，职业教育利益主体根据一定的方法和工具，通过比较达到对职业教育培养技能型人才这种社会实践活动的主观把握。② 周蔚从产品质量理论视角，将高等职业教育质量定义为高等职业教育活动在符合高职教育规律的前提下，其教育产品满足规定或符合人们（消费者）对高职教育产品需要的特征的总和。③

借用企业质量管理的定义来认识职业教育质量的内涵是不够的。即使是企业管理的质量，其内涵与衡量标准也在随着时代的变迁而不断演变、发展和丰富。在不同时代，企业管理中的质量也存在不同的定义。美国学者加文（Garvin，David A.）曾经在1984年对战后30多年出现的各种质量定义进行分类，他认为存在五种主要的质量定义，并且随时代变化每种定义体现出不同的质量观和质量评价标准④。

（1）超验（Transcendent）的质量定义：按照西方哲学超验论的观点，质量是一种"内在的卓越"（Innate excellent），是一般人都可以辨认出来的，它是经由使用的经验而显现出其内在的优良性，虽然对质量难以界定，但大家认为好就是质量好。

（2）产品导向（Product-based）的质量定义：质量是指产品所包含的可衡量的属性，能客观地加以评估。产品在某些特定属性表现出的水平越高，则代表质量越好。因此，评价产品质量的标准就是产品的特定属性。

（3）使用者导向（User-based）的质量定义：质量的好坏取决

---

① 同芳娥、李兵：《职业教育质量的内涵、影响因素与管理体系构建》，《厦门城市职业学院学报》2012年第3期。
② 王军红、周志刚：《论职业教育质量的内涵及表达》，《天津大学学报》2013年第9期。
③ 周蔚：《高等职业教育质量观：产品质量理论的视角》，《江都广播电视大学学报》2009年第5期。
④ Garvin, David A., "What Does 'Product Quality' Really Mean ?", *Sloan Management Review*, No.10, 1984, pp.25-43.

于使用者偏好的满足程度，越能符合使用者需求的产品，代表质量越好。

（4）生产导向（Manufacturing-based）的质量定义：质量是指符合设计规格的程度或与要求的标准的一致程度。越符合设计规格或标准的产品，则质量水平越高。

（5）价值导向（Value-based）的质量定义：质量是指在目标市场内顾客可接受的价格水平或者是在合理的价格下具备了应有的功能，或是在既定的功能下有合理的生产成本。

在人类社会步入新千年之际，可持续性发展的理念已深深影响着人们的生产和生活方式，也影响着人们对质量的评价。美国学者拉里·R.史密斯（Larry R. Smith）认为，质量就是"可持续性"，在设计、提供产品和服务时，要将"公正"（社会责任）、"生态学"（环境保护）和"经营业绩"（经济性）三者加以优化并与产品或服务融于一体[1]，社会责任、环境保护、经济性成为评价生产或服务的重要标准。

可见，质量内涵随着时代变化不断发展。质量是一个多维的概念，不仅取决于产品的客观属性，还取决于用户的体验，同时也依赖于各自不同的情景条件、文化特征，还取决于产品或服务是否环保、是否有益于健康及是否符合政策等。鉴于此，对职业教育质量内涵需从发展的视角进行重新认识。

（二）职业教育质量的特殊性

教育与经济是两种不同的社会活动，教育质量有其特殊性。教育主体是人，教育的对象也是人，教育是一种人与人的关系，是通过人与人的交往实现人的社会化的活动，这与经济活动本质不同。

第一，学校教育提供的是一种特殊的服务，教育服务质量体现为某些特征符合要求与规范（社会需求等）。服务场所（学习场所）的环境对消费者（学习者）至关重要，服务环境既取决于供方的投入，

---

[1] 转引自沈云交《什么是质量》，《世界标准化与质量管理》2005年第8期。

也取决于供需双方的建构，消费者对接受的服务的感知与对服务的期望（服务质量差距）是衡量教育质量的重要因素。

第二，学校的本质是育人，教育对象具有多重性、复杂性。教育对象既是顾客，同时也是教育提供方的生源投入、"原材料"，在教育过程中体现出"生产"和"消费"过程的高度一致性，即所谓的"共生行为原则"："生产"和"消费"发生在同一主体、同一行为中。在这一过程中，"消费者"也同时是"生产"的参与者。这一特点决定了作为"消费者"（受教育者）的潜能及参与方式对教育质量具有重要影响。因此，学习者的潜能要素是重要的投入要素，对教育质量是重要的影响因素。能否发挥学习者的潜能，是衡量教育质量的一个重要标准。这种"共生行为"还体现在职业教育过程中主客体的共生性、供求方的共生性行为。在教育教学过程中，学生作为被教育者，也是教育教学过程的客体，但教育教学最终依赖于学生的主观能动性，所以，学生也是教育教学过程的主体，是认识的主体。

第三，在教育领域，教育质量总是以某种形式的结果呈现，教育的直接结果表现为学习者的习得及其行为变化，这种学习者的习得和行为变化是一种客观事实和"真实存在"，这种"真实性"可以借助"经验—科学"的方法客观掌握。习得和行为变化等结果有正面的也有负面的、有预期的也有非预期的、有长期的也有短期的，对结果的判断主要看是否与个体需要和社会需要"适合"。

第四，与普通教育不同，对职业教育的需求除了作为教育对象的学生外，需求方还有作为用人单位的企业，也就是说，职业教育除了具有"生产"和"消费"共生行为特征之外，还有"生产""消费"的分离特征。在职业教育供需关系中，企业顾客与教育对象"顾客"之间行为上会存在不一致，企业顾客需要职业教育为其培养合格的劳动者以支撑企业发展，但职业教育的特殊性也决定了职业教育机构需要了解企业需求，需要企业提供技术和人力的支持，在此意义上说，学校和企业互为供需方，需要相互"满足"。这就意味着职业教育的质量除了教育系统内部要素外，产业、企业等系统外部的要素也是重要的影响因素。

二 职业教育质量标准的内涵

正如对质量内涵的理解多种多样且不断演变，没有统一的定义一样，对质量标准也缺乏明确、统一的定义。在日常生活中，不同的主体往往对同一事物或者某项干预措施的价值或效益有着不同的判断，而对价值或效益的确定往往可以作为评价某一事物或某项干预措施或者服务质量的衡量标准。在这种情况下，用于评价事物、干预措施的评估标准同时也是"质量标准"[①]。根据这一观点，可以将在理论分析基础上得出的评估标准体系作为某一事物或干预措施的质量标准。

"标准"是衡量事物的准则，通常包括两个方面，即可测量的要素或维度和尺度。在标准中，要素由要考察的核心指标构成，而尺度等级则反映了被考察对象的等级或区分度，可以通过数值或指数来表现。因此，在评估实践中，质量标准总是以质量评估指标体系的形式显现，而寻求建立更加有效的质量评估指标体系一直是世界评估界共同的追求。

（一）质量标准的维度

1. 质量标准维度的划分

质量标准可以从不同维度进行衡量或评估。诸多评估学者或评估实践者都对质量标准的维度进行了探索，并逐步形成了一些经典的质量标准维度的划分方法。

20世纪60年代，美国医疗质量管理之父多纳贝蒂安（Donabedian, A.）对医疗服务质量的维度进行了经典的划分，他将医疗服务的质量分为结构—过程—成效三个维度（见表1-1），这一质量维度划分的方法被应用于诸多领域的质量评价，成为构建质量评估指标体系的重要参考模型。

[①] Vedung, E., *Evaluation im öffentlichen Sektor*, Wien: Böhlau, 1999, p.223.

第一章 职业教育质量标准：概念、理论模型

表 1-1　　　　　　　　　多纳贝蒂安的质量维度划分

质量维度	内涵
结构质量	指的是使企业有能力提供服务并在一定时间内稳定的所有前提条件（如建筑物、技术装备、人员等）
过程质量	描述服务的流程，也就是将结构这一输入转化为输出的相互关联或相互作用的活动
成效质量	为服务对象提供服务行为后，服务对象呈现的反应和结果，表现服务目标的完成和顾客对服务的满意程度

资料来源：Donabedian, A., "Evaluating the Quality of Medical Care", *The Milbank Memorial Fund Quarterly*, Vol.44, No.3, 1966, pp.691–729。

在另一个由加文（Garvin, David A.）进行的分类中，服务质量被区分为五个维度，这比多纳贝蒂安的分类更进了一步（见表 1-2）。

表 1-2　　　　　　　　　　加文的质量分类

质量维度	内涵
与产品相关的质量	由产品自身的个别特性决定
与顾客相关的质量	根据产品是否符合顾客需求来衡量（顾客满意度）
与价值相关的质量	通过将投入与产出进行比较来指出每个产品的价格是否值得
政策质量	根据某个产出给政策所带来的效益来衡量，它分为给社会带来的物质利益（如生活水准和安全的改善）和社会效益（如一个国家的社会安定团结）
与过程相关的质量	由过程的安全（缺陷少）规模及其优化（速度、有效性）来确定，也包括一项服务或产品的提供要合乎法律法规

资料来源：Garvin, David A., "What Does 'Product Quality' Really Mean?", *Sloan Management Review*, No.10, 1984, pp.25–43。

多纳贝蒂安和加文对质量标准的分类是从企业管理的角度对质量进行分类，过程质量指的是服务提供的流程以及确保按照法律法规提供服务的过程及其过程的优化；结构质量指的是使企业有能力提供服务并在一定时间内稳定的所有前提条件。从评估的角度来说，所有的评估都会涉及这两个维度：一方面，一个项目或者干预措施的规划和实施过程要被评价，因此，企业管理中的过程质量，在评估中可称为"规划和实施质量"；另一方面，项目实施组织的效率也要被评价，

因为极为有效的项目实施需要一个有效的组织。而为了确定这两者的质量，则需要对结构和过程进行评估①。

企业管理中的结果质量可以通过生产或服务目标的完成及顾客满意度进行衡量。对企业管理来说，衡量企业生产或服务结果的一个重要质量标准是经济目标值，即效率或效益，也就是投入产出之比。而这种效益或投入产出比对以赢利为导向的企业来说是可以计算出来的，企业在将产品或服务投入市场前可对其价格进行核算或估计，以确定它们是否能抵消成本或带来利润。而对于非营利性组织如教育机构提供的服务来说则是完全不同的情况，很难对非营利性组织的经济目标值进行计算，其原因是：第一，投入，特别是提供服务产生的结果（产出）常常不以数量来表示；第二，教育机构等非营利性组织提供服务的价格及其价值相较于营利性企业提供生产或服务的价格或价值难以衡量，而且无法通过市场调节，如培养一个大学生的花费应该多少？给失业者介绍工作有多少价值？很难以量化甚至以货币单位来衡量。非营利性组织的价值不取决于顾客决定准备为某项服务支付多少，而是通过其他渠道确定，如通过政府决定为大学支付多少培养成本。顾客对服务的满意程度对教育机构等非营利性组织来说有时会"失效"，比如在校生往往会对严格要求自己的教师不满意或因某门课程太难而不满意，但从学生未来发展来说，也许恰恰就是这位严格要求学生的教师或这门课程会对学生未来可持续发展产生重要影响。因此，对非营利性组织服务目标很难如企业服务目标那般容易确定。

正是因为教育机构等非营利性组织存在这种服务结果质量的非直接显现和直接效益的难以计算性，许多评估学者在衡量非营利性组织提供服务的结果质量时提出了内部效果、外部效果、可持续性等质量标准。如德国评估学者赖因哈德·施托克曼（Stockmann, Reinhard）在对营利性企业和非营利性组织的组织结构和服务内容与方式进行比

---

① [德]赖因哈德·施托克曼：《非营利机构的评估与质量改进——效果导向质量管理之基础》，唐以志、景艳燕等译，中国社会科学出版社2008年版，第179页。

较的基础上，从评估的视角提出了非营利性组织的质量评价标准的核心要素[1]。

（1）规划和实施质量。涉及项目的准备或规划、执行过程中的调控、资助结束期的准备、后期扶持等质量。

（2）内部效果相关的质量。涉及组织内部的目标及对目标的认同、人员结构和素质、组织结构、经费保障、技术设施、组织程序或组织方案等软技术的质量。

（3）外部效果相关的质量。包括目标群对目标是否认同、目标群是否得到了相应服务或政策举措、目标群是否收益、项目带来的效果是否对直接目标群和其他人群产生影响。

（4）可持续性质量。包括项目层面的可持续性（如项目资助结束后项目是否能继续运行），宏观层面的经济、社会、生态的可持续性。

如果把施托克曼的4个质量维度与多纳贝蒂安和加文等人的质量维度进行比较，我们就可以发现，多纳贝蒂安和加文研究的重点在于与产品、顾客和经济价值相关的质量，而施托克曼提出的质量维度更加倾向于所产生的具有不同形式、不同范围且相互关联的预期效果和非预期效果，而且除了对项目实施组织内部的变化予以广泛关注外，对外部效果相关质量的关注甚至超过了对产品和顾客的关注[2]，他的这些关注重点对于衡量教育质量至关重要，且具有现实的指导意义。

2. 效果成为质量标准中的重要维度

随着评估理论研究和评估实践的不断深入，效果逐渐成为当今社会质量评价的重要标准。经济合作与发展组织（OECD）提出了依据相关性、有效性、效率、影响、可持续性五条质量标准对项目的质量进行评估。瑞典评估专家维东（Vedung, E.）使用有效性、生产率、

---

[1] Stockmann, R., *Evaluation und Qualitätsentwicklung*, Münster: Waxmann, 2006, pp.169-175.

[2] [德]赖因哈德·施托克曼：《非营利机构的评估与质量改进——效果导向质量管理之基础》，唐以志、景艳燕等译，中国社会科学出版社2008年版，第185—186页。

成本收益和成本有效性四条标准对公共政策进行评估[1]。

而从当今广泛运用的一些评估模式所确立的标准维度来看，也更加突出了效果维度。

CIPP 模式是由美国著名教育评价专家斯塔弗尔比姆（Stufflebeam, D.L.）于 20 世纪六七十年代提出并建立的，这一模式在评估理论和实践中影响巨大，背景、输入、过程、产品也成为众多评估项目采用的质量标准要素或维度。随着评估实践的发展，斯塔弗尔比姆不断反思其 CIPP 模式，并在 21 世纪初对 CIPP 模式的 4 个要素进行了深化，提出了包含 10 个要素的评估模式，以取代过去的 4 个要素。这 10 个要素分别为：合同协商（Contract）、背景、输入、过程、影响、成效、可持续性、可移植性、元评估、最后的综合报告[2]。在这 10 个要素中，影响、成效、可持续性、可移植性 4 个要素是对先前模式中产品要素的进一步丰富和完善，这 4 个要素也成为 CIPP 模式衡量项目或者服务结果的重要标准。

多纳贝蒂安也于 1980 年在其《质量的定义及其评估方法》一书中对结构—过程—成效之间的关系进行了更深入的探讨，他认为这三个维度是相互关联的，结构中的各要素作为基础，使过程要素成为可能，而过程要素促使产生结果[3]。

多纳贝蒂安的 SPO 模型也被国际上一些教育质量评估借鉴，如 1996 年瑞士西北部州教育部部长联席会在"高中阶段质量评价和发展"科研项目中提出的"通过评估和发展的质量"模式（Qualität durch Evaluation und Entwicklung，简称 Q2E 模式），全面运用了多纳贝蒂安的 SPO 模型，将高中阶段各类学校（普通高中和中等职业学校）的质量分为四大领域：投入质量、学校层面的过程质量、教学

---

[1] Vedung, E., *Evaluation im öffentlichen Sektor*, Wien: Böhlau, 1999, p.223.
[2] [德]赖因哈德·施托克曼：《评估学》，唐以志译，人民出版社 2012 年版，第 140—141 页。
[3] Donabedian, A., *The Definition of Quality and Approaches to Its Assessment*, Michigen: Health Administration Press, 1980, p.80.

层面的过程质量、产出和成效质量,而成效质量是验证学校投入质量和过程质量的基石①。

1997 年世界银行将"逻辑模型"(Logical Model)应用于发展项目的规划,并以此实施项目绩效评估。所谓"逻辑模型",就是项目活动输入、活动、产出、成效②和影响等过程性因素互为因果逻辑关系。在这一逻辑框架模型中,预先规定的项目进程是否得到了遵守,不是看投入和活动,而是通过"绩效指标"中的测量体系进行监测和评估,这些绩效指标包括项目的产出、取得的直接效益及带来的影响、项目目标的实现(见图 1-1)。

原因和效果 (因果逻辑)	绩效指标	监测与评估	假设
项目目标	绩效指标的测量体系	监测与评估体系（监督）	项目目标是为了发展目标
项目影响			项目影响是为了达到项目目标
项目产出 (交付成果)			项目产出是为了项目产生影响
项目投入 (活动)	需要的资源		项目投入是为了项目产出

图 1-1 世界银行的逻辑框架

资料来源：[德]赖因哈德·施托克曼：《评估学》,唐以志译,人民出版社 2012 年版,第 196 页。

这种以绩效为目的的评估,强调的是项目的结果,是对成效和影响的评价,与传统的以投入、活动和直接产出为对象的评估相比,具有显著的差别。

---

① Landwehr, R.、P.Steiner, Schulinternes Qualitätsmanagement nach dem Modell Q2E: Referenzrahmen, http://www.q2e.ch/myUploadData/files/Q2E-Referenzrahmen.pdf, 2016 年 1 月 5 日。
② 在中文文献中,对 outcome 有多种译法或理解,如"结果""成果""产出""成效""效果"等,本研究从效果导向的角度将 outcome 理解成使用产出(output)之后产生的成效或效益,这种成效或效益既有正效益,也有负效益,它是一个中性词。本研究根据 outcome 使用的不同语境,用不同的中文表达。

因此，从评估理论和实践的视野来看，将产出及其使用产出后产生的成效或直接效益以及带来的影响或间接效益等作为构建质量标准的基础是当今主流评估模式共同的特征，也成为评价一个国家评估文化和评估专业化程度的重要指标。瑞典评估学者福禄勃（Furubo, J.E.）、世界银行评估专家李斯特（Rist, R.C.）等人曾在2002年对21个国家的评估文化和评估专业化程度进行排名，一个国家成效评估相对于产出和过程评估所占的比例成为9个评估指标之一（见表1-3）。

表1-3　　　　　　评估文化国家比较的指标

序号	评估指标
1	在很多政策领域开展了评估
2	具有不同学科领域的本国评估人员
3	本国出版的有关评估的著作
4	评估的专业组织
5	评估的制度化程度——政府
6	评估的制度化程度——议会
7	在每一政策领域实施评估时评估机构和评估人员的多元化
8	高级审计机构实施的评估
9	成效评估相对于产出和过程评估所占的比例

资料来源：Furubo, J.E., R.C.Rist, R.Sandahl, *International Atlas of Evaluation*, New Brunswick:Transaction Publishers, 2002, p.10。

3.职业教育质量标准的维度

正如上文所述，教育机构等非营利性组织的质量难以如以营利为导向的企业生产或服务质量那般对投入产出比进行计算，从而用量化的经济目标值来衡量其提供的服务的质量。尽管如此，但"为了对成本与绩效之间的关系有个起码的印象，至少也要做一些最基本的成本—收益、成本—绩效或者成本—效果研究，以便估计出要获得某种结果或者特定的效果需要多少开支"[①]。因此，近些年来，即使在非营

---

① [德]赖因哈德·施托克曼：《非营利机构的评估与质量改进——效果导向质量管理之基础》，唐以志、景艳燕等译，中国社会科学出版社2008年版，第167页。

第一章 职业教育质量标准：概念、理论模型

利性组织中，也开始尝试进行项目绩效的评估，在评估的评价标准中涉及成本、绩效等维度的标准。

如美国早在2004年发布的《国家职业教育评估报告》，将评估指标分为中等职业教育评估、中学后职业教育评估和技术预备教育评估三个类别，内容涉及职业教育的组织结构、学生入学与群体特征、学习效果与产出、质量改进措施、雇主评价及参与、师资队伍、教育衔接等。在评估指标选取上主要由三个关键问题所驱动：一是职业教育应如何改进才能帮助受教育者获得更好的出路；二是如何正确认识中等职业教育的性质与影响，它与国家正在实施的劳动力发展提升战略之间存在怎样的关系；三是教育政策的制定是否更加合理有效，以使教育质量得到不断改进、教育公平得以维护、教育问责被切实执行。而得克萨斯州公立社区与技术学院院校绩效评估指标中突出了有效资源利用、学生服务结果、学校成就、劳动力发展、社会公平等可直接进行量化计算的绩效和非量化的与学校内部和外部效果相关的质量等维度的标准体系（见表1-4）。

表1-4　得克萨斯州公立社区与技术学院院校绩效评估指标

一级指标	二级指标	评价要点及参照标准（部分）
1.目标愿景/战略规划、院校资源	1.1学院质量	学院目标、使命与角色定位；毕业生质量保障规定；机构效率；教师质量；教学效果等
	1.2学校资源	财政状况；财政资源等
2.帕金斯资源的有效利用	2.1利用帕金斯资源提升教育质量	经费使用的正当性；利用帕金斯资助资金改进劳动力教育项目的努力等
3.招生与学生服务的效果	3.1招生与服务	弱势群体的入学机会、教育公平；学生援助服务；公民权利保障等
	3.2学生服务的效果	学生评价与矫正；职业发展与就业服务；学生满意度；在学生教育与服务方面的特色等
4.学校成就	4.1各类学生入学率、补习和毕业率	未接受补习的全日制和非全日制学生毕业率；接受补习的全日制和非全日制学生毕业率等
	4.2学生表现	课程完成情况；毕业生数量；毕业生就业率；（帕金斯标准下）职业资格证书通过率等

续表

一级指标	二级指标	评价要点及参照标准（部分）
5. 继续教育/劳动力发展	5.1 组织机构与运作	目标陈述；规章制度；发展规划；教育日程表；专业发展活动；员工保障；装备与设施等
	5.2 机会与权利	学生获得援助服务的机会
	5.3 劳动力与继续教育指导	指导效果；远程教育；第三方指导；成人读写能力培训；继续教育学分的转换等
	5.4 劳动力与继续教育课程的质量	学分授予；专题课程与适应地方需求课程的开设；课程完成情况；与工商业界的合作；雇主与学生满意度等
	5.5 社区服务课程的质量	社区服务课程规划；社区服务活动
	5.6 模范地位认定	劳动力与继续教育符合 ALL 标准
6. 学术质量		图书馆资源；副学士学位的核心课程；转学便利；转学学生成就表现；发展性项目等
7. 劳动力教育项目的质量		毕业生数、就业情况；雇主和学生的满意度；（帕金斯标准下）职业资格证书通过率；通识教育要求；师资力量；与中学和大学的联系；与工商业界的合作；学术与技术教育的融合等

资料来源：Silverberg, M. and E. Warner, M. Fong, etal., *National Assessment of Vocational Education: Final Report to Congress*, U.S. Department of Education, 2004, pp.17–195。

再如，欧洲议会2009年通过了质量持续改进的"欧盟职业教育与培训质量保障参考性框架"，这一框架涉及职业教育宏观政策体系、职业学校和教学过程不同的层面，其质量标准的指标包含了从投入、过程到产出和成效的循环过程（见表1-5），而作为质量目标的学习结果（学习者的能力）在职业和社会实践中的运用与迁移以及对职业世界的影响则是质量评价标准的核心。

表1-5 "欧盟职业教育与培训质量保障参考性框架"的质量指标

序号	指标描述	指标类型
1	职业教育与培训机构运用质量保障框架的情况	背景/投入
2	职业教育与培训机构师资培训投入	背景/过程
3	职业教育与培训的参与率	投入/过程/产出
4	职业教育与培训的完成率	过程/产出/成效
5	职业教育与培训的就业率	成效

续表

序号	指标描述	指标类型
6	职业教育与培训所授技能的实用性以及个人和雇主的满意度	成效
7	社会失业率	背景
8	弱势群体接受职业教育与培训的比例	背景
9	劳动力市场培训需求分析预测能力	背景/投入
10	远景规划能力	过程

资料来源：Frank, I., "Umsetzung des Deutschen Qualifikationsrahmens – Qualitätsentwicklung in der Berufsausbildung auf allen Ebenen gefordert", *Berufsbildung in Wissenschaft und Praxis*, No.2, 2012, pp.34-37。

在国内，评估研究者也在不断探索职业教育质量标准的维度，并认识到确定科学、合理的指标体系是评估结果真实可靠的重要前提。如祝士明从专业设备、课程、师资队伍、实习实训、办学条件和学生情况等几个维度衡量高等职业专业的质量标准并设计相应的评估指标体系。该评估指标体系确立是基于两方面前提假设：一是假定着重强调的"软件条件"能改善学校专业建设质量；二是假定教师和学生是高质量专业建设的关键人物。正是基于这两个假设，其主要涉及依据"硬件和软件"两个方面综合对专业进行质量评估（见表1-6）[①]。

表1-6　　　　　　　高职专业质量评估指标体系

评估维度	指标	评估维度	指标
（1）专业设备	符合区域经济发展需要 适合产业结构发展变化 符合专业目录规范 满足专业培养目标 专业特色	（3）师资队伍	师生比 专职教师结构 兼职教师比例 兼职教师结构
（2）课程	课程的理论深度 课程与工作的匹配程度 理论与实践的整合度 综合能力课程比重 职业道德培养与职业指导 教材建设与使用情况 体育与心理健康课程		

---

① 祝士明：《高职教育专业质量保障体系的研究》，博士学位论文，天津大学，2006年，第96页。

以效果为导向的职业教育质量标准研究

续表

评估维度	指标	评估维度	指标
（4）实习实训	实习场地 实习设备 实习与理论课程比重 实习效果 实训基地数量及状况 实训比重 实训效果 订单培养情况	（5）办学条件	教学基础设施 教学经费 教学仪器设备 图书馆及校园网 体育运动设施
		（6）学生情况	新生报到率和毕业率 就业率与升学率 获得职业三级资格证书率 社会对毕业生评估

这一评估指标体系的维度更应该是专业建设和发展包含的要素，尚不能称为质量标准的维度。将项目建设的内容当作项目建设质量评价的标准，这也是我国职业教育领域存在的普遍问题。这也进一步说明，研究职业教育质量标准的内涵是多么的重要和紧迫。

为避免将职业学校专业建设的有关要素当作专业建设和发展的质量，也有人尝试用专业人才培养的结果作为衡量职业院校专业人才培养的标准。蒋双庆等人基于学生成长维度提出了衡量人才培养质量的标准。他们认为学生质量支撑要素选取的合理性是决定一个标准体系是否成功的关键。学生的综合素质包括思想道德素质、业务技术素质、文化审美素质和心理生理素质等诸多因素（见表1-7）[1]。高职人才培养质量评价指标需对教学和管理有导向作用，具有实效性和可操作性，还要突出职业特色，主要包括思想品德、人格品质、知识结构、能力水平、职业素养、身心素质、创业精神等方面。

表1-7　　　　　　　高等职业院校学生质量支撑要素

一级指标	二级指标	三级指标	一级指标	二级指标	三级指标
心理生理素质	心理素质	心理健康	文化审美素质	学习成绩	在校各科成绩
		情绪管理控制			英语等级水平
	身体素质	身体健康状况		应用技能	计算机能力
		参与体育锻炼程度			语言表达能力

---

[1] 蒋双庆、许文翠、刘勇：《基于学生成长维度的高职院校人才培养质量标准体系构建》，《当代教育实践与教学研究》2019年第8期。

第一章 职业教育质量标准：概念、理论模型

续表

一级指标	二级指标	三级指标	一级指标	二级指标	三级指标
思想道德素质	政治素质	"两课"成绩	业务技术素质	专业素质	专业理论成绩
		政治表现			专业实训表现
	集体观念	集体荣誉感			毕业实习表现
		参加集体活动			职业资格证书
	遵纪守法	遵守国家法纪		创业素质	组织管理能力
		遵守学校规章			吃苦耐劳能力
		遵守实习单位规章			责任心
	道德修养	遵守社会公德			应变能力
		文明行为			创新能力

但是，从评估的视角来看，在这一质量标准体系中学生的这些品质要素仍然只是学生学习活动的"产出"，这些"产出"是否得到运用，运用后是否产生了积极的效果，如是否能促进个人职业生涯的发展、是否带来了个人及家庭经济条件和生活的改善、是否对社会发展产生了积极的影响等反映教育效果的要素在该质量标准体系中仍未得到体现。

（二）质量标准的尺度

质量需要用尺度进行测度。质量标准的维度解决的是质量标准的内容，而尺度是用来表示衡量事物的标准。

1. 尺度的内涵与特征

尺度在科学研究领域极为重要，无论从事何种与尺度相关的工作，均是建立在对其的深入理解上。尺度，在汉语词典中释义为表示物体的尺寸与尺码，是计量长度的定制，或规定的限度，引申为准则、法度或者基准。在社会生活中常理解为看待事物的标准，也就是用来衡量一个量的标准。尺度是许多学科常用的一个概念，靳冬雪、刘恩山对跨学科概念"尺度"的含义和特征进行了阐释。他们在对《K-12科学教育框架》的7个跨学科概念之一——"尺度"的概念进行分析后，认为尺度侧重于从定量的角度描述、分析和解释结构及现象，是科学理解的出发点，"在研究现象时，需要知道不同大小、

时间和能量尺度间的关联,以及尺度变化时不同数量间的比例关系"。同时,他们在对梅丽莎·琼斯(Jones,Melissa G.)、丹妮尔·马索(Marceau,Danielle J.)、亚历杭德拉·马加纳(Magana,Alejandra J.)以及邬建国等国内外学者关于"尺度"的定义进行分析后,将"尺度定义为研究某一物体、现象或过程时所采用的空间、时间或能量单位"①。

尺度可分为绝对尺度和相对尺度,二者互补。绝对尺度是指事物存在或发生的空间、时间或能量水平的具体数值,如身高170厘米以上,体重60公斤以上。相对尺度如更小与更大、更长与更短、更快与更慢等,是与被研究的物体、现象或过程等有内在关联的变量。

在统计学上,尺度可分为四类:

(1)类别尺度。也称名义尺度,是将变量(事物、现象等)进行分类,标以各种名称,并确定其类别的方法。

(2)等级尺度。也称顺序尺度,是按照某种逻辑顺序将事物、现象排列出高低或大小,确定其等级及次序的一种尺度。

(3)等距尺度。也称区间尺度,是一种不仅能将变量(事物、现象等)区分类别和等级,而且可以确定变量之间的数量差别和间隔距离的方法。

(4)等比尺度。也称比例尺度,是一种除有上述三种尺度的全部性质之外,还有测量不同变量(事物、现象等)之间的比例或比率关系的方法。

不同的尺度有不同的计算统计方法。评估者或研究者可以按照不同类别的尺度对评估或研究对象进行界定、分类、排序和计算,并通过建立和使用模型寻找各个变量之间的相互关系。

尺度具有"变量"的特性。在不同的尺度上做研究会得到不同的结果,所以选择合适的尺度对研究工作的设计、实施和分析等十分重

---

① 靳冬雪、刘恩山:《跨学科概念"尺度"的含义与特征》,《基础教育课程》2019年第23期。

要。但对研究者来讲，并没有可以遵循的、既定的用于选择合适研究尺度的原则和方法，也没有一个单一的、"万能的"尺度足以应对所有的研究。尺度的选择取决于所观察的现象和研究的问题，也取决于研究者依据的实际情况和经验。

一些事物在多种尺度间相互关联。许多事物无法在一个尺度上解决问题，而需要在不同尺度间做转换并理解其跨尺度的关联，物体、现象和过程不仅在同种尺度的不同水平间存在关联，其本身所涉及的不同种尺度间也存在关联。[①]因此，质量标准往往具有不同的尺度，而且需要对不同的尺度进行转换后才能确立物体、现象和过程的质量标准，并对物体、现象和过程的质量进行全面的判断和评价。

2. 质量标准的指标和尺度

对质量进行评价需要为每一个观察变量进行定序测量，即根据具体变量（如满意度、社会经济地位、智商等）的分析单元进行排序[②]，也就是评价指标。正如"质量""评估"概念一样，大多数人对"指标"这个概念缺乏深入的理解，但指标这一词在社会各个领域都会被运用，只是人们往往用其他名称，如特性、比率、份额、平均值等来表示。

在汉语中，"指标"是指预期中打算达到的指数、规格、标准，一般用数据表示。在英语中，"指标"（Indicator）源自拉丁语"indicare"，原意是指明、说明。《杜登英语词典》中将指标定义为"情形或特性"，它用来表明某种迹象或展示他物的某种状况或特征。指标表现了一种状况：指明了是什么，说明了处于什么状态。社会学中将指标明确定义为，"可以通过经验的方法直接得到的数值，这一数值表明了一些本身无法直接查明的情况"[③]。从统计学意义上讲，指标通

---

① 靳冬雪、刘恩山：《跨学科概念"尺度"的含义与特征》，《基础教育课程》2019 年第 23 期。

② [美]艾尔·巴比：《社会研究方法》（第 11 版），邱泽奇译，华夏出版社 2016 年版，第 154 页。

③ [德]赖因哈德·施托克曼：《非营利机构的评估与质量改进——效果导向质量管理之基础》，唐以志、景艳燕等译，中国社会科学出版社 2008 年版，第 234 页。

常被认为是描述和反映某种对象数量特征的基本概念和具体数值。

以上定义表明，指标通常说明事物、现象或过程的某种状况（如服务的满意度、使用特性等）、表明某种绩效（如速度、考试分数、产量等）或测定某种状态（如能耗等）。指标应具有可比性，能在不同空间和时间中对事物、现象或过程进行比较，因此，指标通常用尺度来表示，如分数、绝对值、定额与实际值的百分比差额等。尺度可以用来观察和表征实体、模式和过程的空间上的大小，事物的意义取决于其发生的尺度，因此衡量事物的质量可以用尺度作为指标。正是因为尺度和指标之间的这种紧密联系，在日常生活或者评估研究中，指标和尺度常常被混用。指标反映了事物、现象方面的尺度，但并不是所有关于事物、现象的尺度都是指标。正如刘智华等人所指出的，"教育指标是反映教育系统重要方面的统计，但并不是所有关于教育的统计都是指标，只有这些统计起到尺度的作用时才能成为指标"[①]。

正是因为质量指标要通过尺度来说明事物的状态，因此，职业教育质量标准或质量指标的设立需要职业教育发展质量各要素的尺度。如反映职业教育投入质量的指标，它表明为实现职业教育目标而投入的资源和支出，可以通过投入的人员数量、设备数量、经费数量、时间等的等距尺度来表示；反映职业教育产出质量的指标，它表明实施职业教育后的具体结果，可以通过接受培训的人数占青年人数的百分比、毕业率等比率尺度来反映；反映成效质量的指标，它表明鉴于目标实现由产出带来的直接效益，可以通过毕业生就业率、受培训人员带来的效益等顺序尺度在不同空间和时间上进行等级排列。

质量标准可以通过指标或尺度进行结构化的量化处理。表 1-8 是关于学校专业教学团队工作质量标准体系的例子，可以用来说明标准与指标和基准之间的关系。

---

① 刘智华、田婷、杨向东：《教育指标系统：概念、理论模型与构建模式》，《中国成人教育》2020 年第 2 期。

表 1-8　专业教学团队工作质量标准、指标和基准

标准	指标	基准
专业教学团队内部合作加强	参加研讨会人员	至少 90% 的专业教学团队成员参会
专业教学团队成员了解新的教学组织形式	在研讨会上介绍新的教学组织形式	每参加两次研讨会至少介绍一种新的教学组织形式
专业教学团队成员了解新的教学方法	增强教学方法的多样化	每一学年每位教师都了解一种新的教学方法
专业教学团队成员适应新的考试方式	考试条例中的考试方式	

资料来源：Buhren, Claus G., G. Klein, and S.Müller, *Handbuch Evaluation in Schule und Unterricht*, Weinheim & Basel: Beltz Verlag, 2019，p.106。

在这一例子中，指标进一步对标准进行了量化，并易于比较，而且从测量方法上也不需要花费太多成本；质量标准是具体化的目标定位，在优先次序上没有做严格的界限。但这一实例能清晰说明质量标准、指标、尺度基准等相关要素。

第二节　职业教育质量标准模型建构

一　质量标准模型综述

如何构建质量标准的维度和尺度并依据这些维度和尺度对质量进行评价，涉及质量标准体系构建的理论或模型，以及依据这些理论或模型进行的评价或评估设计、数据获取以及数据分析判断等方面的方法。在长期的项目管理和质量评估过程中，因评估目的不同，评估者开发了不同的项目质量标准体系，并运用各种科学的信息收集和分析处理方法对信息进行分析处理，从而形成了各种不同的质量评估标准模型，如第一节介绍的多纳贝蒂安、加文和德国评估专家赖因哈

德·施托克曼的质量标准模型。

在项目质量管理和评估中存在众多的质量标准模型，很多机构或学者尝试从不同视角对各种质量标准模型进行了总结归纳和分类比较研究。如赖因哈德·施托克曼曾对经济合作与发展组织（OECD）所属发展援助委员会（DAC）的发展援助项目质量评估标准、布斯曼（Bussman, Werner）等人关于政策质量评估标准、波萨维奇（Posavac, Emil J.）和凯瑞（Carey, Raymond G.）关于项目质量评估标准、维东（Vedung, Evert）关于公共干预的质量评估标准进行了分析并与自己设计的质量标准进行了对照（见表1-9）。

表1-9　　　　　　　　　质量标准对比

机构或学者	发展援助委员会（2005年）	布斯曼等人（1997年）	波萨维奇和凯瑞（1997年）	维东（1999年）	施托克曼（2005年）
质量标准	影响	影响			效果
		结果	结果		项目效果
		产出			
	有效性	有效性	有效性	有效性	有效性
			目标群对项目和目标的认同		对目标的认同
			与目标群的价值和需求一致		目标群相关性 目标群的效益 目标群实现
					扩散
	效率	效率	效率	效率：成本收益、成本有效性、生产率	效率
质量标准	相关性				社会政治相关性
					生态相容性
	可持续性				项目层面的可持续性

资料来源：Stockmann, R., and W. Meyer, *Functions, Methods and Concepts in Evaluation Research*, New York: Palgrave Macmillan, 2013, pp.136-137。

第一章 职业教育质量标准：概念、理论模型

对上述不同的质量标准进行比较就会发现，有些标准在项目质量管理和评估中会经常被当作衡量项目质量的重要标准，而有些很少甚至从来没有被当作标准来对项目质量进行评价，而目标的达成（有效性）是使用频率最高的标准。这就意味着，以此标准为核心的质量评价本质上是目标导向的评价，也就是在项目设计和管理中预设项目目标（应然），衡量项目的质量则是将项目实际取得的结果（实然）与预设目标进行对比，这是被广泛运用且最为简单直接的一种质量标准和评估模式。泰勒（Tyler，Ralph W.）在20世纪30年代末所做的改进学生学习成绩的研究可以作为这一模式的早期代表。在泰勒的基础上，马尔柯姆·普鲁伊夫斯（Provus，Malcolm）开发了一种"差距评估模型"（Discrepancy Evaluation Model），这一模型"关注项目追求的目标与相关目标实际达到的结果之间的差距"[①]。这种模式至今仍在各个领域特别是教育领域得到运用并不断完善，学生学业成绩测验是在教育领域最为广泛、最为典型的目标导向的质量评价模型。而在对学校教育质量评估中，成果期望与感知（Expectation and Perceplion of Outcome）模型（简称EXPERO模型）是目标导向质量评估模式在教育质量评价领域的具体运用。这一模型旨在通过对学校主要利益相关者在教学不同阶段反馈的信息进行系统比较和分析，来评价学生学习成果的质量[②]。其理论模型包含应然（Should）和实然（IS）两大区域（见图1-2），分别代表数据资料采集的不同阶段，学习成果的质量同利益相关者的期望密切相关，根据需要，成果期望与感知模型将学校利益相关者分为四类：

（1）外部利益相关者，不直接参与学校办学，但会对教育过程产生影响，如公司、协会、学生家庭、潜在学生、贸易集团、政府机构等；

---

① Stockmann, R., and W. Meyer, *Functions, Methods and Concepts in Evaluation Research*, New York: Palgrave Macmillan, 2013, pp.136-137.

② Sara Cervai, Luca Cian, and Alicia Berlanga, "Assessing the Quality of the Learning Outcome in Vocational Education: The Expero Model", *Journal of Workplace Learning*, Vol.25, No.3, 2013, pp.198-210.

（2）内部利益相关者，与教育过程直接相关，如任课教师、管理人员等；

（3）学生/实习生，是学习成果的首要受益者，与教育过程和结果关系密切；

（4）学校领导层，是学校使命与愿景的制定者，掌舵学校发展的方针大计，如校长、董事会等。

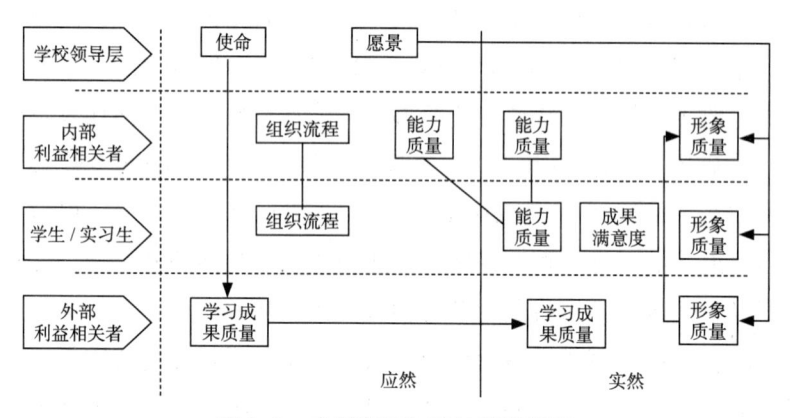

图1-2 成果期望与感知模型框架

资料来源：Sara Cervai, Luca Cian, and Alicia Berlanga, "Assessing the Quality of the Learning Outcome in Vocational Education: The Expero Model", *Journal of Workplace Learning*, Vol.25, No.3, 2013, pp.198-210。

该模型通过四类利益相关者对学习成果质量及影响要素的反馈信息来分析应然目标与实际结果之间的"差距"。在质量标准要素中，学校的使命、组织流程和组织能力、学生学习成果以及各要素之间的关系是学校教学质量标准的核心要素。

二 逻辑模型：质量评估标准体系构建的基本模型

如何衡量项目的质量，这是任何项目管理者和质量评估者都需要回答的问题。在私人和公共部门的项目管理中，项目管理者常常被要求以新的方式来描述和评估他们的项目。人们希望项目管理者提出一个逻辑论据，说明该项目如何以及为什么要解决特定的客户需求，以及如何通过监测和评估来提高项目的有效性。逻辑模型或者逻辑框架方法就是项目管理者和质量评估者在项目实践中探索、总结并广泛用于项目管理的一种方法，并成为评估项目投资、运营的一种标准性的模型。

（一）逻辑模型的内涵与构成要素

从已有文献来看，逻辑模型是1969年美国国际开发署（U.S. Agency for International Development）创建的一种用于管理和评估其援助项目的模型和方法，并在20世纪七八十年代被广泛运用于双边发展合作或捐助项目的规划设计和评估。世界银行、经济合作与发展组织等国际机构，以及一些国家（如联邦德国）均基于这一模型对发展援助及其他公共政策领域的项目进行规划设计、项目实施与质量监测评估。逻辑框架模型逐渐发展成为从管理项目设计到实施监测和评估整个项目周期的核心技术[1]。

但在"逻辑模型"创建前，随着项目理论或变革理论的兴起，人们开始探索社会项目构成及其实施的结构要素及相应的质量标准。项目理论中的"项目"系泛指，可以是战略、规划、计划、项目、行动、政策等任何一种干预措施。1959—1960年，唐纳德·柯克帕特里克（Kirkpatrick，Donald L.）在《美国培训与发展协会会刊》上连续发表了4篇关于培训评估的论文，提出了"学习评估的四层评估框架"[2][3]。

（1）学生反应。揭示的是目标群对培训项目的看法，即学员对于培训项目和培训人员的反应和满意度。

（2）学习结果。关注的是学员在多大程度上掌握了培训中所展示的下列内容：所期望的态度、原则、知识、事实、流程、程序、技术或技能。

（3）行为/应用。即工作中的应用和/或落实，也就是学员将所

---

[1] The World Bank, *The Logframe Handbook: A Logical Framework Approach to Project Cycle Management*, Washington, DC: The World Bank, 1997, p.1.

[2] Muellerbuchhof, R., and A. Pohland, "Transfernachweis eines Management-Trainings mittels Selbstkonzept und Aufgabensimulation", *Zeitschrift für Evaluation*, No.2, 2005, pp.221-243.

[3] [美]杰克·J.菲利普斯、罗恩·德鲁·斯通：《如何评估培训效果》，张少林等译，北京大学出版社2017年版，第2—5页。

学运用到工作环境的行为变化。

（4）效果/影响。即对业务的影响，也就是确定培训对于改进组织绩效所产生的影响或效果。

唐纳德·柯克帕特里克认为，这四个层级首先可以用来规划培训的目标——从想要达成的最终成效或效果，到产生这些成效或效果所需要的行为，行为所需要的新知识、技能和态度，以及让学员做出积极反应所需要的培训经验。其次，这四个层级也可以用作规划评估时的框架，从每个层级收集的证据，可以说明培训的具体贡献[1]。

受唐纳德·柯克帕特里克思想的启发，爱德华·萨奇曼（Suchman, Edward）于1967年提出了"目标链"的概念，引起了人们对于确认和检视一项干预措施的活动与其目标之间的过程的注意。同年，斯塔弗尔比姆（Stufflebeam, D.L.）提出了CIPP模型，包括背景、投入、过程、产品4个模块。这些早期项目管理理论的探索为"逻辑模型"的创建打下了良好的基础。

"逻辑模型"，也称为逻辑框架、变革理论或项目矩阵，是项目投资人、项目管理人员和评估者用来评估项目有效性的工具，它也可以用于项目的规划和实施。"逻辑模型"是对一个项目的活动、产出、效果和目标之间逻辑关系的图解和描述。尽管对"逻辑模型"有多种多样的描述，但构建"逻辑模型"的根本目的是要评估项目构成要素之间的线性逻辑关系。

20世纪70年代卡罗·魏斯（Weiss, Carol H.）、约瑟夫·沃利（Wholey, Joseph S.）等人早期对"逻辑模型"的发展，使"逻辑模型"的基本概念不断得到改良和改进，许多版本的"逻辑模型"都增加了系列的效果（outcomes）/影响（impacts），更详细地解释了干预如何影响项目预期或观察到的结果，这些结果通常被区分为短期、中期和长期效果，以及直接效果和间接效果[2]。

---

[1] 陈光、邢怀滨：《基于变革理论的科研项目全周期管理研究》，《中国科技论坛》2017年第3期。
[2] McLaughlin, John A., and Gretchen B. Jordan, "Logic Models: A Tool for Telling Your Program's Performance Story", *Evaluation and Program Planning,* Vol.22, No.1, 1999, pp. 65-72.

关于"逻辑模型"的内涵，凯洛格基金会（W.K.Kellogg Foundation）2001年公开出版的项目指导手册中曾对逻辑模型进行了描述。

"逻辑模型是显现项目工作原理的图景，是一个项目的理论基础或假设。这一模型为项目提供了路径，揭示项目或计划应该产生哪些效果、应开展哪些活动以及如何取得预期效果。"[①]

逻辑模型可以用来呈现一个项目是如何在一定条件下解决问题的，它能憧憬和相信一个项目可以取得的预期绩效。其构成要素包括资源、活动、产出、顾客获取、短期效果、中期效果、长期效果和问题解决，以及外部影响、相关项目（见图1-3）。

```
资源       活动     产出    顾客获取    短期    中期    长期效果和
(投入)                                效果    效果    问题解决
                      ↑              ↑
                      └──外部影响、相关项目──┘
```

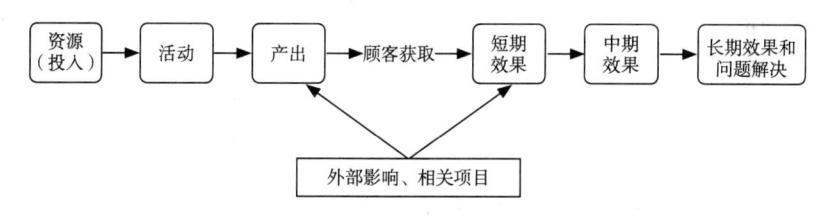

图1-3　逻辑模型的构成要素

资料来源：McLaughlin, John A., and Gretchen B. Jordan, "Logic Models: A Tool for Telling Your Program's Performance Story", *Evaluation and Program Planning*, Vol.22, No.1, 1999, pp.65-72.

图1-3中的"资源"包括人力、财力资源投入，以及支撑项目所需要的其他资源如伙伴关系。顾客需求信息也是项目的重要资源。"活动"包括产生项目输出（产出）必需的所有行动步骤。"产出"是提供给项目直接顾客（用户）的产品、商品和服务。例如，进行研究是一项活动，为其他研究人员和技术开发人员编写的研究报告可以被认为是活动的产出。

在蒙塔古（Montague, S.）将"获得"的概念引入绩效管理框架之前，"顾客"在逻辑模型中一直被隐性处理。他在1994年、1997年分别提到绩效的3R要素：资源、人们获得、结果，而在没有

---

① 转引自Farrokhzad, S., and S. Mäder, *Nutzenorientierte Evaluation*, Münster, New York：Waxmann, 2014, p.23.

以效果为导向的职业教育质量标准研究

"人"的前提下，资源和结果之间不会发生任何关系，也就是说，要服务的顾客和项目相关的合作伙伴促成项目活动并产生结果。将客户、产品或服务的用户明确地放到"逻辑链"的中间，可以帮助项目人员和利益相关者更好地思考和解释项目将产生什么结果并影响该项目所要服务的人和群体。

"效果"是活动和产出被顾客获取、使用后产生的变化或效益。一个项目通常在整个实施过程中具有多种连续的效果：一是短期效果，这些变化或利益与项目的"产出"密切关联或者是由"产出"原因"造成"；二是中期效果，这些变化是由于短期效果的应用而产生的。长期效果或项目影响是由中期效果产生的效益。例如，实验室研究产生的节能技术可能是一个短期效果，形成商业规模是一个中期效果，而节能技术的运用产生一个更清洁的环境则是一个期望的长期效益或效果。

在"逻辑框架"中对项目绩效进行衡量，一个很重要的工作是需要识别和描述项目外部的关键影响因素和背景，不能仅仅识别和描述项目本身在自我控制下产生的效果是积极的还是消极的，更重要的是要检测一个项目如何在外部条件下实施以及这些外部条件如何影响效果产生。努力解释项目要解决的问题以及与产生问题的内外部因素之间的关系，有助于项目管理者辨清项目是否以一种合理的方式解决重要的问题。

2004年，凯洛格基金会（W.K.Kellogg Foundation）在其编写的《逻辑模型开发指南》中提出了投入—活动—产出—成效—影响五模块的线性逻辑模型，获得了广泛运用。[①]

运用"逻辑模型"对项目或行动计划的实施质量进行评估，一是有利于建立对项目的共同理解和对项目资源、顾客获得和结果的共同期望，因此也有利于分享观点、确定理论假设、建设团队和加强沟通；二是有助于项目设计或改进，它对甄别影响项目目标达成，或不必要

---

① 陈光、邢怀滨：《基于变革理论的科研项目全周期管理研究》，《中国科技论坛》2017年第3期。

第一章 职业教育质量标准：概念、理论模型

的项目实施计划以及存在不一致或不可信关联的项目要素至关重要；三是有利于在组织或问题层级中有效沟通项目现有实施状况，特别是需要在不同管理层级中分享项目计划和实施步骤；四是有助于设计一组稳定的关键绩效测量点和评估要点，从而改进数据收集，提高数据收集的实用性，并满足项目投资方、管理方、利益相关者的要求。

（二）职业教育的"逻辑链"

同样，随着项目管理和评估理论，特别是项目绩效评估理论的兴起，职业教育活动的管理者或实施者也常常被要求能提出一个逻辑论据，来说明职业教育如何以及为什么要解决特定的客户需求，以及如何通过监测和评估来提高职业教育的有效性或质量。因此，无论是职业教育的管理者还是质量评估者，总是在不断探索构建职业教育质量标准体系，也正因为如此，近年来，关于职业教育质量及其标准体系的文献总是在职业教育领域各学术期刊中处于发文量和被引用量的前列，而关于职业教育的质量标准体系也是五光十色、异彩纷呈。但无论是哪种质量标准体系，总是或多或少受到"逻辑框架模型"的影响，逻辑框架模型为构建职业教育质量标准及评估体系提供了理论模型和实现路径。借鉴项目管理和项目评估的逻辑框架模型，我们可以构建一个关于职业教育质量评估的逻辑框架，确定职业教育评估的基本要素（见图1-4）。

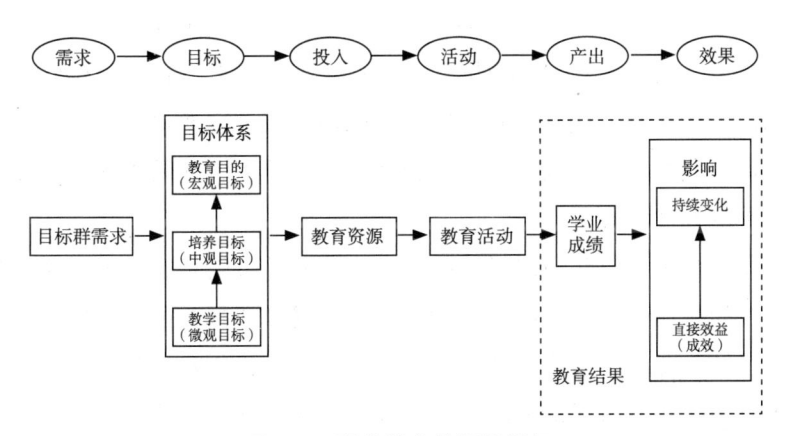

图1-4 职业教育的逻辑框架

以效果为导向的职业教育质量标准研究

尽管越来越多的评估者依据"逻辑框架模型"的基本构成要素构建职业教育质量标准体系，但对职业教育活动的逻辑起点、构成要素以及各要素之间的因果关系或"效果链"的认识在不断发生变化。经过多年的实践，职业教育管理者、实施者、参与者逐渐统一了认识，形成了高度一致的观点：以需求为导向，适应经济社会发展需求和个人职业生涯发展的需要是职业教育活动的逻辑起点，而且这一观点逐步升华，固化为国家有关政策或制度规定中，无论是2014年的《国务院关于加快发展现代职业教育的决定》、2019年的《国家职业教育改革实施方案》，还是修订中的《职业教育法》，无不体现出以需求为导向成为职业教育的逻辑起点。

以需求为导向，就意味着需要在对经济社会发展，特别是产业发展和职业世界的需求进行分析的基础上，科学制定职业教育的总体发展目标、人才培养目标和教学目标，在此基础上依据各个层次的目标确定资源投入的规模、教育教学活动的方式，从而让学生获得培养目标、教学目标所要求的知识技能，形成思想品德，并获得相应的学业证书、资格证书（对学业成绩进行记录、学习/教育的直接产出）。

在众多职业教育质量评价中，对目标群需求到"教育产出"之间各要素的评估关注比较多，并且标准和指标设计、评估工具和测量方法日臻成熟，依据培养目标、教学目标对学生学业进行达标性评价从而授予学生毕业（结业）证书、资格证书就成为衡量职业教育质量的终极标准。但学生获得相应毕业（结业）证书以及资格证书给学生个人和社会带来的直接效益和间接效益如何，在众多质量评价中或者因为评估手段和技术原因，或者因为评估成本原因，在质量评价活动中多多少少都被遗失了。

在整个职业教育的逻辑链条中，直接效益指的是职业教育活动的产出被使用后带来的效益，也就是学生接受职业教育或培训后获得相应毕（结）业证书、职业技能等级证书等凭证，相对于没有获得证书或者是获得较低水平证书的学生更容易找到合适的工作、更快适应工作岗位、获得更高的薪酬和更好的工作环境。另外，劳动力市场中用

第一章 职业教育质量标准：概念、理论模型

人单位可以通过证书选择到更加适应工作岗位需要的员工，减少企业招聘和用工成本。在评估实践中，往往通过调查毕业生就业率、对口就业率、工资收益、学生职业满意度和企业满意度来评价职业教育的直接效益。

职业教育给学生个体和企业带来的个人收入、企业业绩增加，必然会促进劳动力市场的效益和经济增长，也会增加家庭收入，从而扩大中等收入群体，带来整个社会的和谐与稳定，这正是职业教育供给所产生的间接效益。

关于职业教育效益的内涵和分类，欧洲职业教育和培训发展中心（CEDEFOP）开展了持续研究，并在2011年发布了《职业教育和培训效益》的研究报告。[①] 该报告从宏观、中观、微观三个层面对职业教育的经济效益和社会效益进行了分类研究（见图1-5）。

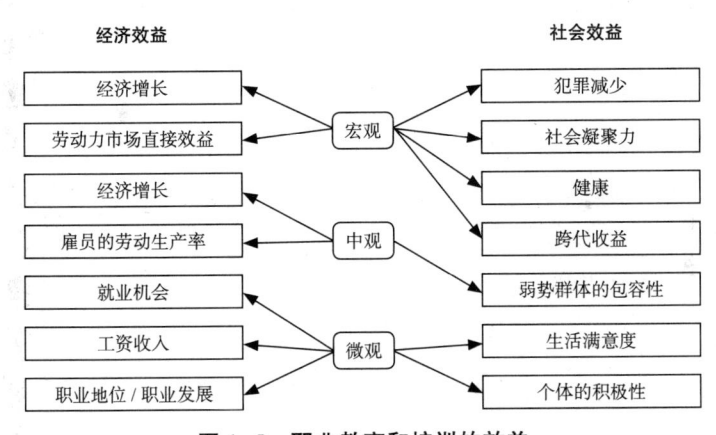

图1-5 职业教育和培训的效益

资料来源：CEDEFOP, *The Benefits of Vocational Education and Training*, Luxembourg: Publications Office of the European Union, 2011, pp.6-8。

职业教育的一些效益可能产生于不同分析层级的交汇点，例如，当一个企业的培训课程可以获得更令人满意的工人从而变得更有生产力时，这一培训课程就会在不同层面产生效益。也可以说，职业教育

---

① CEDEFOP, *The Benefits of Vocational Education and Training*, Luxembourg: Publications Office of the European Union, 2011, pp.6-8.

的效益在不同级别上是相互依存的。从现有的统计资料来看，他们侧重于在研究中突出经济和社会效益的某些方面。

经济效益维度

宏观层面：

（1）职业教育的经济效益：从营利能力和经济增长的角度对职业教育的公共和私人投资进行评估研究；

（2）职业教育在劳动力市场产生的结果：由于更多的人获得职业资格而减少失业和不平等。

中观层面：

（1）企业绩效：从营利能力和创新能力两个方面分析培训的成本和效益；

（2）员工的生产力：个人能力和接受职业教育后为企业利润做出的贡献。

微观层面：

对个人的好处：收入、更便于找到工作、减少技能不匹配、以令人满意的薪水融入劳动力市场、进一步的职业发展机会和职业地位。

社会效益维度

宏观层面：

（1）职业教育对家庭内代际之间的影响和家庭如何影响技能发展；

（2）职业教育与健康的关系：教育和职业教育如何支撑一个国家的健康水平；

（3）社会凝聚力：通过包容、信任、正式和非正式网络（社会和关系资本）、较低的社会两极分化程度等多维概念进行测量；

（4）教育和职业教育如何减少社会中的违法和犯罪行为。

中观层面：

通过教育和职业教育将处境不利或边缘化群体纳入其中。

微观层面：

个人幸福：个人生活质量以及对个人发展、态度和动机的影响。

三　基于"逻辑模型"的评估范式与职业教育质量标准的构建

（一）基于"逻辑模型"的评估范式：规范评估与因果评估

"逻辑模型"自提出以来在项目管理和评估中得到广泛使用。无论是在20世纪七八十年代约瑟夫·沃利（Wholey, Joseph S.）[①]还是90年代迈克·巴顿（Patton, Michael Q.）[②]、陈（Chen, Huey-Tsyh）等人的著作中，都有对逻辑模型的阐释或逻辑模型用途的描述，同时也列举了逻辑模型的实例。

随着"逻辑模型"的运用，项目管理和评估的理论与范式也不断分化和发展。除了一部分机构和研究者继续关注项目投入、产出、成效、影响各模块或要素之间的线性逻辑关系（简称IOOI模式）外，另一部分人则关注于项目的"效果链"和"因果链"。他们认为，项目各模块间的关联并非只是用一个神秘的"箭头"来联系那么简单，尤其在面对大型或复杂项目时，逻辑模型的局限性是显而易见的。1972年，卡罗·魏斯（Weiss, Carol）在其专著《评估研究：项目有效性的评价方法》中举了一个教师家访的例子，并指出了一个家访项目存在的4种因果链，即在不同的情况下，同一个项目实施后可能会出现4种不同的结果。另外，与逻辑模型不同，魏斯在活动与最终目标之间设置了多达四五个的"中间目标"。数年之后，陈和罗西（Rossi, P.H.）、比克曼（Bickman, L.）、基博恩（Gibbon, C.Fitz）和莫里斯（Morris, L.）等人提出并丰富了"基于理论的评估"或"理论驱动的评估"[③]，认为评估应建立在"一个试图解释项目

---

① 参见 McLaughlin, John A., and Gretchen B. Jordan, "Logic Models: A Tool for Telling Your Program's Performance Story", *Evaluation and Program Planning*, Vol.22, No.1, 1999, pp. 65-72。

② Patton, M.Q., *Utilization-Focused Evaluation: The New Century Text,* Thousand Oaks: Sage, 1997, pp.221-223.

③ 参见 Werther, Anna von, *Theoriebasierte Evaluation*.Wiesbaden:Springer VS, 2020, pp.175-186。

如何产生预期效果的理论"（即变革理论或项目理论）之上。与此同时，项目的外部因素也开始逐渐纳入考虑范围之内。1995年，在阿斯彭研究所（Aspen Institute）的支持下，包括卡罗·魏斯等人在内的"综合社区发展圆桌委员会"出版了《评估社区行动的新方法：理论、测量和分析》一书。这部著作以"效果链"的形式，展示了在传统的实验和准实验方法不能奏效的情况下，"基于理论的评估"是如何发挥作用的。[1]

1989年，陈对"理论驱动评估"进行了系统阐释，并对逻辑模型分化后的项目评估范式进行分析比较。陈从项目理论的视角，将一个项目的构成要素分为六个维度或领域。[2]

（1）干预。干预是使社会项目内部产生预期变化不可或缺的基本要素，设计一个结构内部的干预方法对干预过程和效果进行系统的评估至关重要。干预的传导是一个复杂和艰难的过程，在许多社会项目中，规划的干预并不必然是实际实施的干预。因此，必须制定一个检验实际实施的干预而不是检验预期的或计划的干预的战略。这一维度涉及的是项目干预的概念化、设计和测量等主题。

（2）实施环境。项目可以通过不同的方式实施，项目的实施方式可能会影响项目的进程和结果。实施环境这一领域是要了解干预是在何种环境下实施的。此领域要解决的问题包括：干预是否到达目标群、实施者是否具有所要求的专业知识、干预的传导方式或组织的协调合作是否合适等。有关实施环境的信息有助于实施过程的改进或便于对项目结果的解释。

（3）成效。为了达到提供服务或解决问题的目的，需要建立项目，这些目的常被称为目标或预期效果。由于目标或预期效果是项目要努力实现的，因此，它们对利益相关者来说至关重要。首先，利益

---

[1] 陈光、邢怀滨：《基于变革理论的科研项目全周期管理研究》，《中国科技论坛》2017年第3期。

[2] Chen, H.T., "The Conceptual Framework of the Theory-Driven Perspective", *Evaluation and Program Planning*, No.12, 1989, pp.391-396.

相关者通常使用预期效果的目标来指导其活动和资源分配。其次，目标或预期效果经常被用作评价项目有效性的标准。但是，除了目标或预期效果外，一个项目也可能会产生非预期效果，而非预期效果往往容易被忽略或不被利益相关者预见。传统的目标达成型质量评价通常不包括非预期效果的有关问题。而忽略一些重要的非预期效果，对项目影响的评价可能过于狭隘甚至误导。

（4）影响。此维度关注干预对效果的影响。对项目实施所作出的各种努力，利益相关者很想知道这种干预是否有效或者是否按照项目确定的方向发展。除非能很好地理解干预与效果之间的关系，否则很难搞清楚项目的有效性。这一维度为影响评估提供了强有力的因果推理的观点。影响维度一直是传统评价的重点，同时也必将成为未来一个重要的评价维度。

（5）干预机制。这一维度强调的是将实施的干预措施与成效联系起来的因果过程（即干预措施产生或未能产生预期效果的过程）。项目实施常常通过一些干预过程来影响项目效果。对干预机制的调查将提供有关项目发挥作用或为发挥作用原因的信息，并有助于诊断项目的优缺点，以便加以改进。

（6）普遍化。有时，决策者和／或利益相关者能清楚地认识到将来如何在特定的人口、环境或组织中使用质量评估的结果。在这种情况下，质量评估人员必须意识到这一期望，并制定质量评估计划，以提供关于如何将评价结果从目前的研究系统推广到未来目标系统的信息。即便目标情形不明确，评估者也必须明确指出在何种情形下评估结果可以普遍化。

在对这六个维度的特征进行分析的基础上，陈进一步从规范理论和因果理论两种范式对这六个维度进行了区分。在他看来，干预、实施环境和成效与规范理论有关，而影响、干预机制、普遍化则是与因果理论（变革理论）有关，相应地，项目评估的这六个要素可以分别归入规范性评估与因果关系评估两种类型（见表1–10）。

表 1-10　　　　　　　　　　质量评估类型对比

评估类型	名称	特征
规范性	规范性干预评估	其目标是确定干预的规范性结构，审查项目追求的目标（规范）与实施干预之间的一致性
	规范性实施环境评估	其重点是确定规范的实施环境，审查实际实施环境；评估理论上的实施环境与实际的实施环境之间的一致性
	规范性成效评估	目的是系统地确定系列项目效果，以促进项目规划和管理过程，由于项目目标与项目规划和管理高度相关，因此这类评估往往侧重于预期效果；当多个利益相关者不清楚他们在追求什么具体目标或者他们有难以调和的目标时，规范性效果评估尤其有用
因果关系	影响评估	目的是评估干预对预期效果的影响，虽然这种评估是一个目标达成评价，但影响评估是为因果推理寻找具有普遍性的证据基础
	干预机制评估	尝试通过将评估纳入干预过程来扩大评估的影响，干预机制评估提供了干预与结果之间因果过程的信息
	普遍化评估	这类评估超出了项目实施后发生的情况，它着眼于面向未来的观点，即如何提高评估结果的普遍性，使其与可能引起利益相关者感兴趣的未来情形相关

资料来源：Werthern, Ann von, *Theoriebasierte Evaluation,* Wiesbaden:Springer VS, 2018, pp.182-184。

基于陈对评估维度和范式的分类，可以从"规范"和"变化"两种范式对评估标准或质量标准进行划分。所谓规范性标准，即实际效果与理论上的或预设的目标效果之间的契合度；所谓变革性标准或变化标准，即干预与效果之间的因果关系。

（二）职业教育质量评估范式与标准确立："合规"与"变化"

在我国职业教育评估理论研究和评估实践中，"合规"性评估长期以来处于支配地位，评估理论研究者和评估实践者往往通过对职业教育活动的各个环节进行理论假设并预设"应然"目标，并对职业教育活动各个环节进行"应然"与"实然"对比，从而对职业教育的质量进行评价。

在这种评估范式下，评估者可以依据理论分析预设出职业教育的投入目标、规范性结构和过程、结果目标，并将职业教育的实际投入、实际的结构和过程以及结果与之进行"应然"与"实然"对比，并根据达标程度或实际值与目标值的一致性对职业教育进行质量评价。按照这种评估范式，职业教育质量就可以分为投入质量、过程质量和结果质量。

这种"合规"性评估或者达标性评估对规范职业教育活动和评价职业教育质量的确易于操作且非常"经济实惠"，但这种将职业教育活动的结果与预设质量指标进行简单对比的评估方法可能并不能得出"真实"的职业教育质量。一方面，职业教育活动不是一种"物化"的对象，职业教育活动中会受到各种客观和主观因素的制约，同时，它也会对参与职业教育活动的主客体产生多方面的影响；另一方面，理论假设或预设的目标值是否合理，也会对实际值与目标值之间的一致性产生影响。

按照"变化"或因果关系评估范式，仅仅将图1-5中职业教育活动等各要素与预设目标之间的一致性作为评价职业教育质量的标准或指标是不够的，还需要对各要素之间的关系，特别是前一要素对后一要素的影响进行分析，如投入会带来组织结构的改变，并产生结果和影响。但投入、过程和结果之间并不是简单的线性关系，高投入既可能产生高产出、高收益的结果，也可能产生低产出、低效益的结果，相反，低投入也有可能产生好的结果。

这就是说，评价职业教育质量应该关注投入产出关系等"变化"变量，应该将这种"变化"程度或因果关系中的影响程度作为衡量职业教育质量的标准。因此，按照"变化"或因果关系范式，我们可以将图1-4改造成为一种各要素之间的因果关系（见图1-6）。

按照图1-6呈现的各要素之间的关系，职业教育质量可以通过检验教育目标（宏观、中观、微观）与目标群（利益相关者）需求之间的相关性、教育资源投入与教育结果之间的关系（效率）、教育结果与教育目标之间的一致性（目标达成度）、教育结果与目标群需求之间的一致性（有效性和效益）进行衡量，同理，教育目标定位的相关性、教育目标达成度、投入产出比（效率）、效率和有效性等就成为这种"变化"评估或因果关系评估范式下衡量职业教育质量的主要

以效果为导向的职业教育质量标准研究

标准。

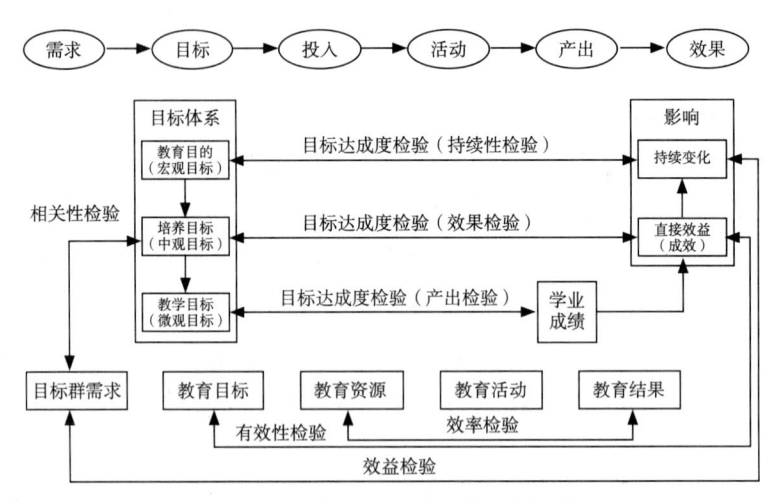

图 1-6 职业教育各要素之间的因果关系

第二章　职业教育质量标准政策文本分析

科学合理评价职业院校的教育质量，是职业教育事业持续健康发展的基础，是规范职业院校办学和稳步提高职业院校教育质量的重要举措，也是职业教育内涵提升的必然趋势。"职业教育质量评估指标体系是职业教育质量标准的具体量度表达，作为衡量职业教育满足个人及社会发展需求程度、判断职业教育结构和运行状况是否科学的参量系统，对保障职业教育活动有效性发挥着'指针'与调控作用。"① 对职业院校教育质量的评估既可以从宏观上对职业院校进行监督与管理，又可以对其教育过程和结果进行反馈与调节，还可以把握教育目标与教育效果之间的内在关系和结果观照。本章节以 21 世纪以来国家颁布的职业院校教育质量评估文件为样本，通过对《教育部办公厅关于全面开展高职高专院校人才培养工作水平评估的通知》(教高厅〔2004〕16 号)、《教育部关于印发〈高等职业院校人才培养工作评估方案〉的通知》(教高〔2008〕5 号)、《教育部关于印发〈中等职业教育督导评估办法〉的通知》(教督〔2011〕2 号)、《国务院教育督导委员会关于印发〈高等职业院校适应社会需求能力评估暂行办法〉的通知》(国教督办〔2016〕3 号)、《国务院教育督导委员会办公室关于印发〈中等职业学校办学能力评估暂行办法〉的通知》(国教督

---

① 马君、崔向娜:《职业教育质量指标的内涵解构》,《职教论坛》2013 年第 34 期。

办〔2016〕2号）5份评估文件的差异特征、共同特点和发展趋势作出分析和判断，为进一步完善质量评估保障体系提供分析框架，为确立科学合理的质量观和树立正确的质量意识提供参考。

第一节 职业院校质量评估指标体系的差异特征

探明评估指标体系的不同之处，在于区分和澄清评估文件背后所蕴含的价值取向和框架结构。仔细比较以上5份文件的评估指标体系发现，它们在评估目的和评估框架设计上是有差异的。评估目的方面，对中职学校主要关注办学规范、办学水平层次，对高职学校聚焦于内涵发展、人才培养层次。可见，评估指标体系随着中、高职学校发展阶段的不同体现出评估目的不同的价值取向。评估框架设计方面，对以学校为评估对象的评估指标体系涵盖"投入—过程—产出"的"结构质量维度、过程质量维度、成效质量维度"；对政府的评估倾向于"投入—产出"的关联。不同的评估对象因其评估框架的差异，评估内容自然不同。

一 中、高职学校评估目的侧重点不同

把握评估目的是准确领会评估文件的重要前提。中、高职由于其发展水平不同，评估的侧重点也各有差异。将5份文件按照教育层次进行分类，关于中职的评估文件有《教育部关于印发〈中等职业教育督导评估办法〉的通知》（教督〔2011〕2号）、《国务院教育督导委员会办公室关于印发〈中等职业学校办学能力评估暂行办法〉的通知》（国教督办〔2016〕2号）；评估高职的有《教育部办公厅关于全面开展高职高专院校人才培养工作水平评估的通知》（教高厅

〔2004〕16号)、《教育部关于印发〈高等职业院校人才培养工作评估方案〉的通知》(教高〔2008〕5号)和《国务院教育督导委员会办公室关于印发〈高等职业院校适应社会需求能力评估暂行办法〉的通知》(国教督办〔2016〕3号)。通过对评估文件名的关键词提取发现,中职的2份文件以"教育督导""办学能力"为关键词,其关注的主体是"学校";高职的3份文件以"人才培养""适应社会需求能力"为关键词,无论是"人才培养"还是"适应社会需求能力",其关注的主体都是"人"。要把握对中、高职学校评估的不同侧重,须放在整个评估体系框架下透视每一份文件的评估目的(见表2-1)。

表2-1　　我国职业院校相关评估文件、关键词与评估目的

序号	文件名称	教育层次	文件关键词	评估目的
1	《教育部办公厅关于全面开展高职高专院校人才培养工作水平评估的通知》(教高厅〔2004〕16号)	高职	人才培养	学校层面: 1. 总结人才培养工作 2. 明确办学目标和定位
2	《教育部关于印发〈高等职业院校人才培养工作评估方案〉的通知》(教高〔2008〕5号)	高职	人才培养	学校层面: 1. 加强内涵建设 2. 深化校企合作、产学结合的人才培养模式
3	《国务院教育督导委员会办公室关于印发〈高等职业院校适应社会需求能力评估暂行办法〉的通知》(国教督办〔2016〕3号)	高职	适应社会需求能力	学校层面: 1. 充分发挥办学主体作用,加强内涵建设 2. 促进产教融合、校企合作,激发学校办学活力,提高高等职业院校人才培养能力 3. 服务地方经济社会发展,适应行业发展需要
4	《教育部关于印发〈中等职业教育督导评估办法〉的通知》(教督〔2011〕2号)	中职	教育督导	各地政府层面: 1. 履行发展中等职业教育的职责 2. 进一步推动中等职业教育的发展
5	《国务院教育督导委员会办公室关于印发〈中等职业学校办学能力评估暂行办法〉的通知》(国教督办〔2016〕2号)	中职	办学能力	各地政府层面: 1. 全面了解中等职业学校办学情况 2. 促进各地改善学校办学条件,指导学校加强自身建设,规范学校管理,不断提升学校办学水平和质量

通过分析发现，高职学校的评估目的与中职学校的评估目的总体上不同：高职学校侧重于学校的"内涵发展、人才培养、服务社会"，恰恰体现了新时期高等教育应体现的"人才培养、科学研究、服务社会、文化传承与创新"功能；中职学校评估对象主要在地方政府层面，但从关注点可知中职学校侧重于"办学条件、办学规范、办学水平"。

二 学校和政府的评估框架结构不同

20世纪60年代，美国系统论学者多纳贝蒂安开创性地提出了医疗质量的三维内涵：结构质量、过程质量、成效质量。"结构指医疗机构中各类资源的静态配置关系与效率，如制度、床位数、设备与人力配置、服务项目及范围、服务量等；过程则概括医疗机构动态运行的质量与效率，如临床治疗和处理的路径、各项活动的检测与评鉴、员工培训教育等；结果是对医疗机构与运行最终质量的测度，包括病人满意度测定、再住院率、发病率、死亡率、剖宫产率、病人的候诊时间等等。"[①]根据多纳贝蒂安的结构质量（提供产品或服务的基础、规模和潜在能力）、过程质量（服务流程，过程是将结构这一输入转化为输出的相互关联或相互作用的活动）、成效质量（为服务对象提供服务行为后，服务对象呈现的反应和结果，它反映的是提供的服务对服务对象及社会产生的影响），分析5份文件发现，以学校为评估对象的评估文件，其评估指标分别从结构质量（办学思想与基础能力）、过程质量（师资队伍建设、课程教学建设、专业建设、校企合作）、成效质量（学生发展、办学效果）三方面评估学校的教育质量，使评估的核心要素组成了一个有机的整体，具有"整体系统性"的特征。以政府为评估对象的评估文件，其指标数据大多来源于学校，且较为关注结构质量（办学条件）和成效质量（发展水平），按

[①] Donabedian, A., "Evaluating the Quality of Medical Care", *The Milbank Memorial Fund Quarterly*, Vol.44, No.3, 1966, pp.691-729.

照 W. 里昂惕夫（Leontief, W.）的经济学分析方法，该指标具有"投入产出平衡关系"的特点（见表 2-2）。

表 2-2 基于结构—过程—结成效（SPO）模型的 5 份评估文件内容构成

模型 对象 文件名	《教育部办公厅关于全面开展高职高专院校人才培养工作水平评估的通知》	《教育部关于印发〈高等职业院校人才培养工作评估方案〉的通知》	《国务院教育督导委员会办公室关于印发〈高等职业院校适应社会需求能力评估暂行办法〉的通知》	《教育部关于印发〈中等职业教育督导评估办法〉的通知》	《国务院教育督导委员会办公室关于印发〈中等职业学校办学能力评估暂行办法〉的通知》
SPO 模型	高职学校	高职学校	高职学校	政府	中职学校
结构质量	学校办学指导思想	领导作用	办学基础能力	政策制度 经费投入 办学条件	基本办学条件
过程质量	师资队伍建设 教学条件与利用 教学建设与改革 教学管理	师资队伍 课程建设 实践教学 特色专业建设教学管理	"双师"队伍建设 专业人才培养		师资队伍 课程与教学 校企合作
成效质量	教学效果	社会评价	学生发展 社会服务能力	发展水平	学生发展 办学效益

第二节 职业院校教育质量评估指标体系的共同特点

虽然 5 份文件评估指标体系不尽相同，但在差异化的背后，也呈现出共性的特点。

一 评估指标体系的理念体现了全面质量观

对教育质量观的认识，把握"教育质量"的内涵是前提。教育质

以效果为导向的职业教育质量标准研究

量的一般性定义是复杂的、多维的、多层的。G. 米亚拉雷（Mialaret, G.）提出教育质量的一般性定义应强调两方面："一是以一般的或具体的教育而表达的社会期望，二是教育过程的实际特征以及在学习水平上所观察到的变化。"[①]之后，人们常常将教育质量理解成"学生的学业成就水平和学生在学校中所获知识、技能及态度为其离开学校以后的生活做准备的适切性(relevence)；而且人们常常将在学生数量扩展同时的质量降低归因为学习条件的不理想。"[②]《教育大辞典》对教育质量的解释为："教育水平高低和效果优劣的程度"，"影响它的因素主要是教育制度、教育计划、教育内容、教育方法、教育组织形式和教育过程的合理程度；教师的素养、学生的基础以及师生参与教育活动的积极程度，最终体现在培养对象的质量上"，"衡量的标准是教育目的和各级各类的培养目标"。[③]基于此有必要分析两个有代表性的定义："（1）教育质量是指教育所提供的成果或结果（即学生所获取的知识、技能和价值观）满足教育目标系统所规定标准的程度。（2）教育质量是指学生获取的知识、技能及价值观与人类和环境的条件及需要所相关的程度。"[④]这两个定义的"质量"都局限在学生的学业成就上，而没有考虑决定质量的因素。事实上，如果希望改进质量，则必须考虑影响质量的师资、校舍、设备、课程、教材以及教与学过程的各个方面。因此，教育质量的一般性概念应包括三个内在相关的维度：为教学所提供的人与物的资源质量（结构质量）；教学实践的质量（过程质量）；成果的质量（成效质量）。石中英也认为，"义务教育质量是指一个国家义务教育目标的实现程度，是义务教育的实际投入、产出与预期或既定的义务教育目标完成情况相匹配、相符合的程度"[⑤]。世界银行基于"结构质量—过程质量—成效质量"视角提出了一种概念

---

① 转引自朱益明编译《教育质量的概念分析》，《比较教育研究》1996 年第 5 期。
② 朱益明编译：《教育质量的概念分析》，《比较教育研究》1996 年第 5 期。
③ 顾明远主编：《教育大辞典》（增订合订本）（上），上海教育出版社 1998 年版，第 798 页。
④ 朱益明编译：《教育质量的概念分析》，《比较教育研究》1996 年第 5 期。
⑤ 转引自许丽艳《义务教育质量的提升——中国教育学会中青年理论工作者分会第十八届学术年会观点综述》，《中小学管理》2010 年第 3 期。

模型，其中就提到决定学校效能的因素、影响教学过程的因素以及影响学校氛围的因素（如学校的领导力与教师的影响力因素等）。"在其模型中的'输入环节'包括父母和社区、课程教材、教学设备的相关支持等具体内容，还提到学校的效能最终通过'教育成果'来评价，评价一般是通过学生的参与情况、专业成绩、社交能力和经济表现予以综合评估。"①可见，对教育质量的评价指标主要包括学校的设施与资源、教与学、学生成绩、学生的后续发展。

目前，以学校为评估对象的4份文件都采取了"结构质量—过程质量—成效质量"三方面相互联动、环节互通的横向逻辑质量维度。"结构质量"是指学校办学的基础、规模和潜在能力以满足人才培养目标所需要的条件和要素，包括办学思想、办学条件、基础能力；"过程质量"是指开展教育教学活动与实施过程中的关键要素，包括师资队伍、课程教学、校企合作等；"成效质量"是教育质量的结果、成果和影响，如学生发展、社会评估、教学效果等。虽然评估政府从"结构质量和成效质量"两个维度展开，但其评估内容仍然涉及影响教育质量的各方面因素。由此发现，5份文件的评估指标体系是一个全面的系统化质量工程，其构建的质量体系包含"教育输入、教育过程、教育输出"的"结构质量、过程质量、成效质量"，形成了全方面、全过程质量管理体系的全面质量观。

二 评估指标体系的内容

评估指标体系的内容较关注办学条件与基础能力、师资队伍建设、课程教学改革、学生发展、社会评价与服务能力。按照5份文件的质量维度进行排序，指标频次最高的为"师资队伍建设"，之后是"社会评价与服务能力、办学条件与基础能力"，然后是"教育教学、课程建设、学生发展"，"办学思想、人才培养、特色创新"等

---

① 邱均平、艾杨：《教育质量：三类概念模型的探析与启示》，《重庆大学学报》（社会科学版）2016年第22期。

散见于各指标体系中。作为一所职业院校,其核心工作包括办学条件、师资队伍、课程教学、学生发展和社会服务,形成了既重视硬件和软件建设,又重视内涵提升和社会服务的学校教育体系。在国家颁布的各类教育文件中,对职业院校的核心工作都提出了相关要求。在办学条件方面,《中华人民共和国职业教育法》指出,职业学校的设立必须符合下列基本条件:"有组织机构和章程,有合格的教师,有符合规定标准的教学场所、与职业教育相适应的设施及设备;有必备的办学资金和稳定的经费来源";在师资队伍建设方面,教育部等六部门《关于印发〈现代职业教育体系建设规划(2014—2020年)〉的通知》(教发〔2014〕6号),要求"完善'双师型'教师培养培训体系,根据职业教育的特点完善教师资格标准、专业技术职务(职称)评聘办法。……到2020年,有实践经验的专兼职教师占专业教师总数的比例达到60%以上"。在课程教学方面,《教育部关于深化职业教育教学改革全面提高人才培养质量的若干意见》(教职成〔2015〕6号)指出,要"完善专业课程衔接体系……注重中高职在培养规格、课程设置、工学比例、教学内容、教学方式方法、教学资源配置上的衔接。合理确定各阶段课程内容的难度、深度、广度和能力要求,推进课程的综合化、模块化和项目化"。在学生发展和服务社会方面,教育部等六部门《关于印发〈现代职业教育体系建设规划(2014—2020年)〉的通知》提出,要"开展以人才培养质量和服务贡献为主要内容的职业院校绩效考核"。比对当前的5份文件,基本上从"办学条件与基础能力、师资队伍建设、课程教学改革、学生发展、社会评价与服务能力"五个方面评估一所学校的教育质量,蕴含着"学校核心工作与评估质量维度"的高度相关性和一致性,体现出"以评促建、以评促改、以评促管、评建结合、重在建设"的评估目的。

三 中、高职评估指标体系的核心评估要素具有相似性

以质量维度在5份文件中频率最高的师资队伍建设为例,对高职

院校师资队伍的评估主要关注"生师比、专兼职教师数量、双师型教师比、名优教师比例",对中职学校师资队伍也是从"生师比、专兼职教师数量、双师型教师比、名优教师比例、学历达标率"等要素进行评估。同时,对中、高职师资队伍的评估不仅关注以上静态的数据比例,还倾向于"师资建设"上,如高职的"质量与建设"和中职的"教师培训规模"。进一步分析,评估要素在中、高职学校的相似性与国家出台的"教师"和"职业教育"方面的政策文件是密不可分的。《国务院关于大力发展职业教育的决定》(国发〔2005〕35号),在加强师资队伍建设方面强调,"实施职业院校教师素质提高计划……制定和完善职业教育兼职教师聘用政策,支持职业院校面向社会聘用工程技术人员、高技能人才担任专业课教师或实习指导教师。加强'双师型'教师队伍建设,职业院校中实践性较强的专业教师,可按照相应专业技术职务试行条例的规定,申请评定第二个专业技术资格,也可根据有关规定申请取得相应的职业资格证书"。《国务院关于加强教师队伍建设的意见》(国发〔2012〕41号)指出,"职业学校教师队伍建设要以'双师型'教师为重点,完善'双师型'教师培养培训体系;支持符合条件的职业学校和高等学校兼职教师申报相应系列教师专业技术职务"。《职业学校兼职教师管理办法》(教师〔2012〕14号)指明,"兼职教师占职业学校专兼职教师总数的比例应在学校岗位设置方案中明确,一般不超过30%"。《中等职业学校教师专业标准(试行)》(教师〔2013〕12号)从"专业理念与师德、专业知识、专业能力"方面提出了中职学校教师队伍建设的基本依据。上述政策文件在不同时期共同突出了中、高职"兼职教师、'双师型'教师队伍培养",而在对职业院校评估时也分别体现了这些评估要素,显示出"中、高职"教师队伍评估要素横向内容和纵向层次的一致性(见表2-3)。

表 2-3　　我国职业教育相关文件中"师资队伍"的评估要素

序号	名称	评估对象层次	质量维度	评估要素
1	《教育部办公厅关于全面开展高职高专院校人才培养工作水平评估的通知》	高职	师资队伍（建设）	1.结构（学生与教师比例、专任教师结构、兼职教师数量与结构） 2.质量与建设（师德师风、教育教学水平、科研能力等）
2	《教育部关于印发〈高等职业院校人才培养工作评估方案〉的通知》	高职	师资队伍（建设）	1.专任教师数量及占教师总数的比例 2.兼职教师数量及占教师总数的比例
3	《国务院教育督导委员会办公室关于印发〈高等职业院校适应社会需求能力评估暂行办法〉的通知》	高职	师资队伍（建设）	1.生师比 2."双师型"教师比例
4	《教育部关于印发〈中等职业教育督导评估办法〉的通知》	中职	师资队伍（建设）	1.专任教师生师比 2.省市级专业带头人或骨干教师的比例 3."双师型"教师比例 4.高级专业技术职务教师比例 5.教师学历达标率 6.兼职教师比例 7.教师培训规模
5	《国务院教育督导委员会办公室关于印发〈中等职业学校办学能力评估暂行办法〉的通知》	中职	师资队伍（建设）	1.生师比 2."双师型"教师比例

第三节　职业院校教育质量评估指标体系的发展趋势

总体来看，通过制定科学、系统的评估指标体系，对职业院校办学能力和教育水平进行评估，从而引导、反馈、监督和调控职业院校教育质量已成为促进职业教育科学发展的基本趋势。《国务院教育督导委员会办公室关于印发深化教育督导改革转变教育管理方式意见的通知》（国教督办〔2014〕3号）指出，"建立教育督导部门归口管理、专业机构提供服务、社会组织多方参与的专业化教育质量评估监测体系，对各级各类教育进行科学、系统、权威的评估监测，为改进教育教学、管理、决策提供依据和支撑"。可见，加快构建科学的职业教育评估指标体系既是教育督导的迫切任务也是现代职业教育发展的内在要求。分析5份文件，发现评估指标体系有以下发展趋势。

一 评估价值取向上注重人的发展

当前，我国职业教育质量观的价值取向经历了从满足"适应需求—市场取向—学生发展"的转变，在人才培养定位上也实现了从"技术应用型人才"到"高素质技术技能型人才"的转变。以两个转变为标志，5份文件的价值取向经历了三个阶段：第一阶段是培养"适应生产、建设、管理、服务第一线需要的高等技术应用型专门人才"的适应需求取向的教育质量观。按照"高等技术应用型专门人才"标准进行人才培养，只要产品符合标准就是合格的，产品的规格也作为评价学校人才培养工作水平的基本标准。第二阶段是"以服务为宗旨，以就业为导向，走产学结合发展道路"的市场取向的教育质量观。"随着买方市场和过剩经济的出现，使很多'合规定性的产品'不能进入市场成为商品，于是，企业的用工需求是职业教育质量标准制定的依据，就业率的高低成为衡量质量好坏的重要指标。"[1]第三阶段是"以立德树人为根本，以服务发展为宗旨，以促进就业为导向"的学生发展取向的教育质量观。从适应劳动力市场对合格劳动力的需求，到培养高素质技术技能型人才以推动经济结构转型和产业升级的转变，体现出"通过培养可持续发展的人，引导社会通过自身的改革与创新适应发展需要的教育质量观，是一种注重主体发展的兼容国家、市场、个体的教育质量观"（见表2-4）[2]。

---

[1] 肖凤翔、薛栋:《中国现代职业教育质量保障体系的研究框架》,《江苏高教》2013年第6期。
[2] 胡弼成:《高等教育质量观的演进》,《教育研究》2006年第11期。

表 2-4　　　　　我国职业教育相关文件的评估指导思想

序号	名称	评估指导思想
1	《教育部办公厅关于全面开展高职高专院校人才培养工作水平评估的通知》	以适应生产、建设、管理、服务第一线需要的高等技术应用型专门人才作为评价学校人才培养工作水平的基本标准
2	《教育部关于印发〈高等职业院校人才培养工作评估方案〉的通知》	"以服务为宗旨,以就业为导向,走产学结合发展道路",保证高等职业教育基本教学质量,促进院校形成自我约束、自我发展的机制
3	《教育部关于印发〈中等职业教育督导评估办法〉的通知》	督促省级人民政府及相关部门认真履行发展中等职业教育的职责,进一步推动中等职业教育的发展
4	高等职业院校适应社会需求能力评估指标及说明	"以立德树人为根本,以服务发展为宗旨,以促进就业为导向",全面提高高等职业院校适应社会需求能力和水平
5	中等职业学校办学能力评估暂行办法	"以立德树人为根本,以服务发展为宗旨,以促进就业为导向",全面提升中等职业学校办学能力

二　评估指标性质上趋向多元综合

综合来看,5份文件的评估指标体系兼顾定量指标和定性指标,《教育部办公厅关于全面开展高职高专院校人才培养工作水平评估的通知》(教高厅〔2004〕16号)在指标性质上强调"定性指标",《高等职业院校人才培养工作评估指标体系》(教高〔2008〕5号)和《中等职业教育督导评估办法》(教督〔2011〕2号)具有"定性指标+定量指标"相结合的特点,《高等职业院校适应社会需求能力评估指标及说明》(国教督办〔2016〕3号)和《中等职业学校办学能力评估暂行办法》(国教督办〔2016〕2号)主要依托现代信息技术和相关数据进行评估,因此在评估指标性质上关注不同内容的"定量指标"。可见,评估指标性质逐渐实现了不同类型指标的有效结合(见表2-5)。

表 2-5 评估要素与指标性质比较

名称	评估要素	评估指标性质
《教育部办公厅关于全面开展高职高专院校人才培养工作水平评估的通知》	1.1 学校定位与办学思路 1.2 产学研结合 2.1 结构 2.2 质量与建设 3.1 教学基础设施 3.2 实践教学条件 3.3 教学经费 4.1 专业 4.2 课程 4.3 职业能力训练 4.4 素质教育 5.1 管理队伍 5.2 质量控制 6.1 知识能力素质 6.2 就业与社会声誉	参考权重进行等级评价（优秀、良好、合格、不合格）
《教育部关于印发〈高等职业院校人才培养工作评估方案〉的通知》	1.1 学校事业发展规划 1.2 办学目标与定位 1.3 对人才培养重视程度 1.4 校园稳定 2.1 专任教师 2.2 兼职教师 3.1 课程内容 3.2 教学方法手段 3.3 主讲教师 3.4 教学资料 4.1 顶岗实习 4.2 实践教学课程体系设计 4.3 教学管理 4.4 实践教学条件 4.5 双证书获取 5.1 特色 6.1 管理规范 6.2 学生管理 6.3 质量监控 7.1 生源 7.2 就业 7.3 社会服务	定性指标 + 定量指标

续表

名称	评估要素	评估指标性质
《国务院教育督导委员会办公室关于印发〈高等职业院校适应社会需求能力评估暂行办法〉的通知》	1. 年生均财政拨款水平 2. 生均教学仪器设备值 3. 生均教学及辅助、行政办公用房面积 4. 信息化教学条件 5. 生均校内实践教学工位数 6. 生师比 7. "双师型"教师比例 8. 课程开设结构 9. 年生均校外实训基地实习时间 10. 企业订单学生所占比例 11. 年支付企业兼职教师课酬 12. 企业提供的校内实践教学设备值 13. 专业点学生分布 14. 专业与当地产业匹配度 15. 招生计划完成质量 16. 毕业生职业资格证书获取率 17. 直接就业率 18. 毕业生就业去向 19. 政府购买服务到款额 20. 技术服务到款额	定量指标
《教育部关于印发〈中等职业教育督导评估办法〉的通知》	1. 职业教育规划 2. 联席会议制度 3. 就业准入与职业资格 4. 教产合作与校企合作 5. 学生资助与免学费 6. 质量保障与评价考核 7. 教育管理与教师队伍管理 8. 中职预算内教育经费占预算内教育经费总量的比例 9. 教育费附加安排用于职业教育的比例 10. 中职生预算内教育事业费与普通高中之比 11. 中职生预算内公用经费占生均预算内教育事业费的比例 12. 师资队伍建设师均投入经费年增长率 13. 免学费的中职学生数占在校生总数的比例 14. 获得国家助学金的中职学生数占在校生总数的比例 15. 中等职业学校办学条件达标率 16. 生均实训基地建筑面积 17. 生均仪器设备值 18. 教学用计算机拥有量 19. 专任教师师生比 20. 省市级专业带头人或骨干教师的比例 21. "双师型"教师比例 22. 高级专业技术职务教师比例 23. 教师学历达标率 24. 兼职教师比例 25. 教师培训规模 26. 高中阶段招生职普比 27. 职业培训规模 28. 中职毕业生一次就业率 29. 中等职业教育的社会满意度 30. 中等职业教育发展特色	定性指标 + 定量指标

续表

名称	评估要素	评估指标性质
《国务院教育督导委员会办公室关于印发〈中等职业学校办学能力评估暂行办法〉的通知》	1. 年生均财政拨款水平 2. 生均教学仪器设备值 3. 生均教学及辅助、行政办公用房面积 4. 信息化教学条件 5. 生均校内实践教学工位数 6. 生师比 7. "双师型"教师比例 8. 课程开设结构 9. 年生均校外实训基地实习时间 10. 企业订单学生所占比例 11. 年支付企业兼职教师课酬 12. 年专任专业教师企业实践时间 13. 企业提供的校内实践教学设备值 14. 毕业生计算机等级考试通过率 15. 毕业生职业资格证书获取率 16. 三年巩固率 17. 直接就业率 18. 专业点学生分布 19. 专业与区域产业匹配度	定量指标

三 评估指标导向上重视结果本位

与 2016 年之前出台的 3 份文件关注教学效果、社会声誉、教育质量相比，2016 年出台的 2 份文件中，质量维度新增了"学生发展"，指标指向毕业生计算机等级考试通过率、职业资格证书获取率、三年巩固率、直接就业率等。由此可见，"职业教育评估的发展趋势是从教育学、经济学、社会学、顾客和管理等多元视角建立更加全面的、结果本位的职业教育评估指标体系，并对职业教育教学过程的有效性及学生的教育结果给予更多关注。"[①]

当前，我国职业教育发展正处于质量提升的内涵发展阶段，建立规范、科学的质量评估指标体系是全面提高职业教育质量和深化职业教育改革发展的重要任务。通过对 5 份文件教育质量评估指标的综合分析发现，质量评估指标体系的建立要考察职业教育发展的经济社会背景，应结合我国职业教育政策发展的核心领域和改革重点，把职业教育质量评估作为完整的教育体系进行系统开发，并重视从结果的维度对职业教育质量发展情况进行评估。

---

① 李玉静、岳金凤:《国际职业教育评估指标体系比较分析》，《职业技术教育》2014 年第 19 期。

第三章 职业教育质量关键指标及测量

第一节 职业教育与产业适应性

一 职业教育与产业适应性研究综述

计划经济时代，我国地方政府或者行业根据本地区、本部门的人才需求制定教育发展规划，职业教育成就斐然，对居民有着很强的吸引力。改革开放后，随着市场经济的发展，多部门、多行业共同举办职业教育的格局进一步确立，社会力量大举进入，职业教育进入蓬勃发展期。

然而，20世纪90年代中后期，诸多因素的交织导致职业教育逐步陷入困境。一方面，市场经济改革继续深化，国企改革、工人下岗很大程度上降低了居民选择职业教育的意愿。同期，义务教育和高等教育成为教育发展的主要关注对象，高校扩招带来了普高热，"抑职扬普"观点不断升温，国家对于职业教育的政策支持力度有所下降，各种计划经济时期的就业优惠政策被陆续取消。从教育体系自身的角度来看，市场经济要求职业教育冲破计划培养时代的藩篱，与市场紧密联系，这需要在人事制度、薪酬体制、专业设置、课程体系全方面做出调整，以适应市场经济发展的需要。

另一方面，随着近年来投入水平、办学条件、学生规模的迅速改善，职业教育发展中的核心矛盾越来越聚焦于效益维度，即职业教育是否适应我国社会经济发展的需要[①]？2013年，《中共中央关于全面深化改革若干重大问题的决定》中提出："加快现代职业教育体系建设，深化产教融合、校企合作，培养高素质劳动者和技能型人才。"2014年，《国务院关于加快发展现代职业教育的决定》要求："同步规划职业教育与经济社会发展，协调推进人力资源开发与技术进步，推动教育教学改革与产业转型升级衔接配套。突出职业院校办学特色，强化校企协同育人。"2017年12月，《国务院办公厅关于深化产教融合的若干意见》认为，"受体制机制等多种因素影响，人才培养供给侧和产业需求侧在结构、质量、水平上还不能完全适应"，明确提出"统筹职业教育与区域发展布局"。相关政策文件的表述说明，区域产教融合已经成为中央政策关注的焦点所在。

关于职业教育适应区域经济发展的产业和企业要素，有学者从工业经济活动与区位之间的关系入手，如阿尔弗雷德·韦伯在1909年出版的《工业区位论》一书，从微观企业区位选址的角度提出了产业区位理论。[②] 在完全竞争且产品价格固定的假设下，工业活动的区位选择取决于生产成本。如何找出工业区位产品的生产成本最低点，作为配置工业企业的理想区位，是工业区位论的核心内容。韦伯认为，影响工业区位的区域性因素（即第一类因素）主要是运输成本和劳动力成本，这两种成本分别产生运输指向和劳动力指向的效果，影响工

---

① 教育适应论在国内高教学术界有过巨大的争议（参见展立新、陈学飞《理性的视角：走出高等教育"适应论"的历史误区》，《北京大学教育评论》2013年第1期；王洪才《论高等教育"适应论"及其超越——对高等教育"理性视角"的理性再审视》，《北京大学教育评论》2013年第4期；冯向东《走出高等教育"适应论"意味着什么——对教育"适应论"讨论的反思》，《北京大学教育评论》2014年第4期），就职业教育来说，其发展需要适应经济社会发展，即使仍有争议，也会远小于高等教育。从多个中央政策文件的表述中可以看出，适应经济社会发展被视为衡量职业教育发展情况的首要标准。

② 李纯英：《从韦伯的工业区位论看我国乡镇企业的发展与布局》，《调研世界》2004年第6期。

业区位的决定①。工业化早期,由于劳动力可以流动,运输成本在生产成本中所占比例较高,往往是决定工业区位的首要因素,最早的工业区往往在沿海地区。随着交通运输便捷性的提升及其在生产成本中所占比例的下降,劳动力因素的重要性也随之提升,成为影响工业经济活动最重要的因素,工业企业也开始不断向内陆尤其是劳动力充沛供给的内陆区域转移。职业院校和校企合作的存在,可以面向区域产业扩大劳动力尤其是中高技能人才、特定技能人才的供给,从而影响劳动力成本并最终影响企业选址和产业聚集。

国内学者对职业教育融入区域产业的理想思路,是收集职业院校专业结构、校企合作、就业去向三个方面的信息,分别测度其与企业的关系,构建职业教育产教关系的综合性测度指标。然而,限于数据,常见的思路是从职业学校专业结构出发,讨论专业结构与区域产业的协同度。部分研究区分三次产业,讨论了不同产业与专业结构的对应关系。蒋德喜发现湖南省2002—2005年第二产业与高职专业对应情况向好②。龚森则发现福建第一产业、第二产业专业布点不足,第三产业在校生比例过剩。③也有研究基于细分的产业专业结构进行分析。郑美丽发现河南高职院校设置的二产类专业存在不足,2009年在河南省高职高专所开设的专业目录中仅有14.9%的专业是与第二产业发展最紧密相关的生化与药品类、材料与能源类、制造类及电子信息类专业。④程嘉辉以广东省各产业GDP的百分比及相关高职专业的百分比为指标,测量了广东各产业所涉专业结构与产业结构的协调性,发现电子信息与电气机械及专用设备两大产业的对应专业数量与其对经济的贡献和所占比例相符,石油化工以及纺织服装两项的匹配

---

① 参见刘军、吉敏《产业聚集理论研究述评》,《经济问题探索》2011年第8期。
② 蒋德喜:《高职专业结构与产业结构适应性研究——以湖南省为例》,《职教论坛》2007年第12期。
③ 龚森:《福建高职教育专业结构与产业结构契合度实证研究》,《教育评论》2016年第11期。
④ 郑美丽:《河南省高等职业教育专业结构与区域产业结构的协调性研究》,《河南科技学院学报》2011年第2期。

程度较低、对应专业配置偏少,而汽车及摩托车则相对偏高。① 王春燕则以毕业生人数与新增就业岗位需求数的匹配程度来衡量职业教育专业结构与产业结构的吻合度,并根据其吻合度指标测度了专业和行业人才的供求平衡关系,指标在 –0.2 到 0.2 之间,被认为是供求平衡;指标大于 0.2,被认为是供大于求;指标小于 –0.2,被认为是求大于供。② 基于职业教育专业结构(专业布局结构、专业规模结构、专业层次结构)和产业结构(产值结构、劳动力结构)的关系,梁丹和徐涵分析了辽宁省职业教育专业结构和产业结构间的协调度,发现 2014 年相比 2011 年辽宁职业教育产教关系协调度指标略有下降,产业结构呈现先逐年下降后有所回升的趋势,而由于生源下降、专业布点缩减,职业教育专业结构的综合发展水平呈直线下降的趋势。③

从文献梳理中可以发现,在职业教育专业结构设置与产业匹配性的问题上,已经陆续有各地学者探讨了本地的情况,而且在测度工具上也有所创新。但是,目前的研究还存在若干问题未能解决:(1)以省为主要分析对象,而对于区域产教关系的测度而言,省域实在太大,并非合适的研究对象。(2)均采用的是宏观数据,缺乏基于微观数据的测度。(3)缺乏对空间距离的考量。一所中职学校即使专业结构与某企业需求完全匹配,若相隔千里,其联系必然也十分微弱。(4)缺乏对特定行业、专业匹配情况的考量。不同的产业,哪怕同是加工制造业,也有着不同的人才需求结构。

限于校企合作数据、就业去向数据的可得性,本研究暂时也只能沿用常见思路,从职业学校专业结构出发,讨论专业结构与区域产业的协同度。不过,本研究通过整合职业学校专业数据、就业数据、工业企业数据等各种数据库,并加入了对校企空间距离的考虑,解决了

---

① 程嘉辉:《高职专业结构与区域产业结构适应性研究——以广东省为例》,《广东交通职业技术学院学报》2012 年第 4 期。
② 王春燕:《职业教育专业设置与区域重点产业吻合度的测算与分析》,《职教论坛》2014 年第 15 期。
③ 梁丹、徐涵:《职业教育专业结构与产业结构的协调性评价研究——以辽宁省为例》,《现代教育管理》2016 年第 12 期。

当前职业教育融入区域产业关系测度中存在的上述问题。

二 研究设计：数据来源与描述、指标设计

本章以河南设备制造业为例。限于校企合作数据、就业去向数据的可得性，沿用常见思路从职业学校专业结构出发，讨论专业结构与区域产业的协同度，作为区域职业教育质量体系的内容。

（一）数据来源与描述

本研究使用的数据包括三类：职业院校专业结构数据、就业数据、工业企业数据。所有数据均采用2013年数据，故分析结果反映的是2013年的情况。职业院校专业结构数据根据学校管理数据整理得到（仅为中职学校的情况）。就业数据为某招聘网站上登记并就业匹配成功的数据，包含雇主和雇员双方信息，如求职者的学历、专业、工作经历、企业所属行业、岗位要求等，我们仅采用2013年中职学生的招聘信息。工业企业数据基于国家统计局"规模以上工业统计报表"取得的相关资料整理而成，统计对象为规模以上工业法人企业，2013年全国样本量接近35万，包括全部国有和年主营业务收入2000万及以上的非国有工业法人企业，与《中国统计年鉴（2014年）》的工业部分和《中国工业统计年鉴（2014年）》中的覆盖范围一致。

由于职业教育主要立足于服务区域经济发展，职业院校办学管理体制以地方为主，特别是中等职业学校以县级为主，对产教融合度选择区域内职业院校的专业结构与产业结构的匹配度更具有可行性。

图3-1呈现了河南省2013年的中职学校招生情况。作为国家职业教育改革试验区，河南省于2009年实施了职业教育攻坚计划，职业教育强县（市）的评选对地方政府产生了比较强的激励和约束，在一些县职业教育甚至是"书记工程"。但是，即使是高强度的考核压力，也并未带来县域职业教育的普遍好转[①]。从招生总数来看，大规模职业学校集中在河南的北部地区，郑州、洛阳等区域中心城市有着最

---

① 田志磊、黄春寒：《中职教育学生资助政策评估报告》，《教育学术月刊》2017年第11期。

第三章 职业教育质量关键指标及测量

大规模的中职教育。进一步考察其专业结构，则会发现，河南的中职学校学生集中在教育、信息技术、交通运输、医药卫生、加工制造和财经商贸等专业（见图3-2）。

图3-1　2013年河南省中职学校招生

资料来源：河南省中职学生数据库。

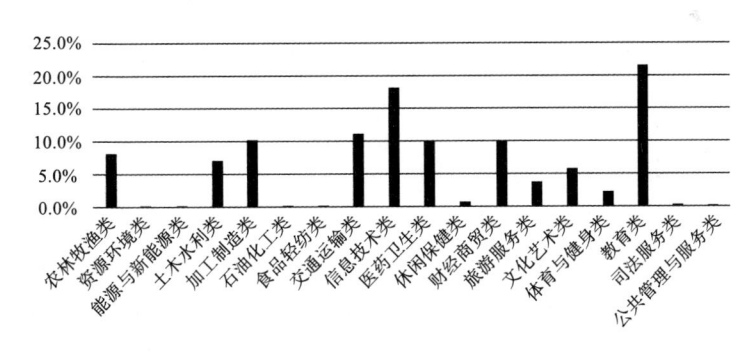

图3-2　2013年河南省中职学校招生专业结构

资料来源：河南省中职学生数据库。

图3-3呈现了2013年河南省设备制造业、仪器仪表和自动化制造业、电子设备制造业、汽车制造业四大行业的企业空间分布情况。设备制造业规模以上企业2010家，产值4840亿元，从业人数86.5

· 71 ·

万人。仪器仪表和自动化制造业企业总数186家，产值260亿元，从业人员7万人。电子设备制造业企业总数223家，产值2390亿元，从业人员24.5万人。汽车制造业企业总数573家，产值1920亿元，从业人员24.3万人。可以看到，多数企业位于河南北部，主要是郑州、洛阳、焦作、新乡等地。仅从企业产值和中职学校招生的地域分布来看，河南中职教育与产业的关系比较紧密。

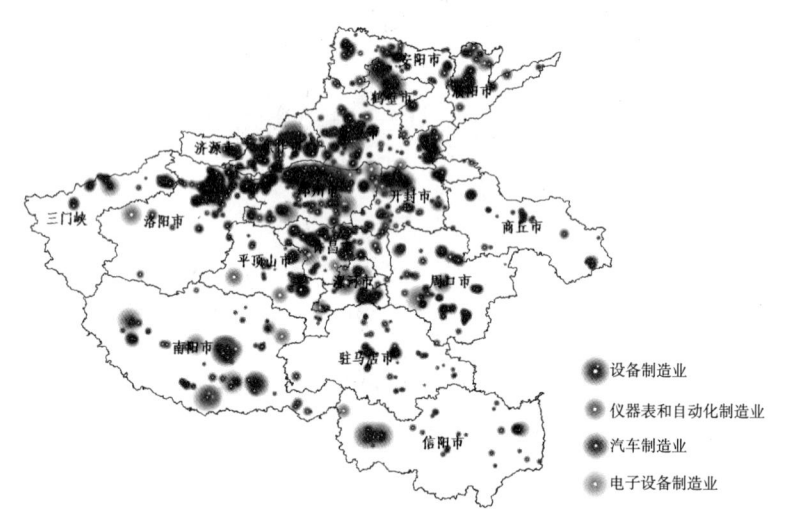

图3-3 2013年河南省四大行业企业的分布情况

资料来源：全国规模以上工业企业数据库。

（二）指标设计

基于就业数据中分行业的信息，我们计算了不同专业职业教育学生在行业招聘总人数中的占比，乘以"就业数据库中该专业招聘总人数除以该专业招生数"，作为职业教育各专业的行业权重。其含义是，特定专业的权重由在劳动力市场上的供求关系和在特定行业里的重要性两部分构成。计算公式如下：

专业权重W=（行业中此专业人数/行业招收总人数）×（专业招聘人数/专业招生人数）

基于职业学校专业结构数据和校企地理数据，根据特定学校按照该企业对应的行业权重（w）加权汇总之后的学生数（s），再除以学校与企业的距离（D），作为特定中职学校对特定企业的支持度。汇总全部职业院校的支持度，作为该企业获得的中职教育支持度指标（E）。计算公式如下：

$$E = \sum_{i=1}^{n} \frac{\sum_{j=1}^{m} s \times w}{D_{ne}}$$

其中，下标 i 代表第 i 个学校，全部学校为 n 个。下标 j 代表第 j 个专业，全部专业为 m 个。下标 1 代表第 1 个企业。

在单个企业的中职教育支持度指标的基础上，根据该企业产值（r）在区域行业总产值中的比重进行加权，本研究构建了区域产业中职教育支持度指标（Z）。计算公式如下：

$$Z = \sum_{l=1}^{t} E_L \times \frac{rl}{\sum_{l=1}^{t} rl} / 1000$$

其中，下标 1 代表第 1 个企业，该区域产业全部企业数为 t。

不过，区域产业的中职教育支持度指标仅考虑了学校人才培养的专业结构对区域产业的潜在支持情况，而未考虑区域产业用人需求。上述指标除以区域产业的从业人数（a），可以在一定程度上将区域产业的用人需求包含进来，测度区域产业的产教关系。调整后的区域产业中职教育支持度指标（Z^{fixed}）计算公式如下：

$$Z^{\text{fixed}} = \frac{\sum_{l=1}^{t} E_l \times \frac{rl}{\sum_{l=1}^{t} rl}}{\sum_{l=1}^{t} a_l}$$

上述指标的设计，并不完美。首先，我们没有考虑中职教育专业人才供过于求的情况，而是认为供给越大越好。其次，专业权重的设计虽然考虑了该专业在整个劳动力市场上的供求关系和特定行业里的重要性两个部分，但是由于就业数据库中匹配上的中职学历求职者总样本量不多，计算某些专业权重时样本量可能偏少，这可能会对此类专业权重的有效性带来影响。最后，从设计理念上，区域产业的中职教育支持度指标是从产业视角出发、而非职业院校视角出发的，假定满足区域产业的人才需求是职业院校的应然之举。然而，在现实中，当区域产业提供的就业岗位技能水平、薪资待遇过低时，职业院校没有义务也不可能为其培养人才。不过，上述指标虽然存在各种问题，但是通过校企微观数据的使用，构建了区域产教关系测度指标的微观基础，仍然在一定程度上改善了此前指标存在的不足。下面将以河南省设备制造业和中职学校的产教关系为研究对象，展示课题组所构建指标的运用价值。

三　测算结果：以河南设备制造业为例

河南是我国中部工业大省。根据2013年河南省国民经济和社会发展统计公报，全省全部工业增加值为15960.60亿元，其中，轻工业增长11.5%，重工业增长11.9%，轻、重工业比例为33:67。其中，规模以上工业企业平稳增长，全省汽车、电子、装备制造、食品、轻工、建材六大高成长性产业增加值同比增长超过一成。在河南的主要工业门类中，课题组选取了设备制造业（合并专用设备和通用设备制造业）作为研究对象。随着东部腾笼换鸟，河南地处中原交通便利、劳动力充裕的优势凸显，再加上政府服务配套体系不断完善，河南承接产业转移条件更加成熟，工业发展的集聚效应不断增强。

选择河南的设备制造业，源于两个方面的考量。首先，河南设备制造业的规模以上企业总数高达2010家，产值4840亿元，从业人数86.5万人，占河南规模以上工业的10%左右，体量巨大。其次，设备制造业作为第二产业的重要组成部分，其高端设备制造一直是"卡脖子"的重点领域。研究该产业与职业教育的关系，思考该产业的中高技能人才供给问题，对于突破我国高端设备制造业的"卡脖子"难题有一定的现实意义。

根据前文介绍的计算方法，基于设备制造业企业的就业数据和职业学校数据，课题组计算了设备制造业的中职教育专业权重。根据设备制造业就业数据的特点，课题组对中职专业做了一些调整，并没有完全根据官方公布的专业大类进行区分。根据计算结果，专业权重较高的有机械制造技术（9.690）、电气技术应用（2.173）、电子技术应用（0.601），权重较低的有交通运输类（0.002）、资源环境类（0.001）、农林牧渔类（0.000）（见表3-1）。

表 3-1　　　　　设备制造业的中职教育专业权重

专业	权重	专业	权重
机械制造技术	9.690	计算机应用	0.030
电气技术应用	2.173	财经类相关	0.025
电子技术应用	0.601	能源与新能源类	0.021
机械加工技术	0.540	商贸类相关	0.017
焊接技术应用	0.217	轻纺食品类	0.012
石油化工类	0.135	土木水利类	0.007
模具制造技术	0.081	电子电器应用与维修	0.006
汽车制造与检修	0.057	加工制造类其他*	0.004
机电技术应用	0.055	交通运输类	0.002
数控技术应用	0.035	资源环境类	0.001
计算机软件与网络技术	0.034	农林牧渔类	0.000

注：*加工制造类"其他"是指除了机械制造技术、电气技术应用等在表中列出的加工制造业专业。

根据前文计算方法，课题组继续计算了河南各区县设备制造业的区域产业中职教育支持度（Z指数）和调整后的区域产业中职教育支持度（Z^{fixed}指数）。两个指标的相关系数仅为0.07，前者测度的是各区县设备制造业从中职教育中得到的支持程度，后者则根据产业从业人数进行了调整（从业人数越高，则同等支持力度得到的Z^{fixed}得分就越小），具体见表3-2。

表 3-2　　　2013年河南各区县设备制造业的中职教育支持度

区县	Z指数	Z^{fixed}指数	区县	Z指数	Z^{fixed}指数
濮阳市台前县	5.81	6.47	漯河市召陵区	13.58	1.67
濮阳市范县	6.84	23.75	安阳市滑县	13.64	2.07

续表

区县	Z 指数	Z^{fixed} 指数	区县	Z 指数	Z^{fixed} 指数
三门峡市灵宝市	7.32	2.52	平顶山市湛河区	13.69	2.48
南阳市桐柏县	7.53	5.04	焦作市马村区	13.70	13.39
驻马店市新蔡县	7.84	4.34	商丘市梁园区	13.70	5.57
信阳市潢川县	7.89	18.66	许昌市鄢陵县	13.79	4.69
信阳市罗山县	7.90	14.08	焦作市修武县	13.92	3.98
信阳市固始县	7.91	1.90	焦作市解放区	13.94	5.84
信阳市平桥区	8.18	4.30	焦作市中站区	13.98	9.87
信阳市息县	8.21	9.16	许昌市禹州市	14.07	1.03
濮阳市南乐县	8.23	5.37	漯河市源汇区	14.10	1.65
驻马店市泌阳县	8.33	13.47	郑州市登封市	14.19	2.49
三门峡市陕县	8.43	3.69	新乡市卫滨区	14.34	7.02
三门峡市湖滨区	8.45	1.29	许昌市许昌县	14.35	2.88
南阳市淅川县	8.52	1.79	开封市禹王台区	14.40	54.12
南阳市西峡县	8.70	3.08	许昌市襄城县	14.50	8.12
信阳市光山县	8.73	9.93	新乡市牧野区	14.54	5.75
濮阳市清丰县	8.89	3.22	洛阳市伊川县	14.60	6.20
驻马店市正阳县	9.09	5.56	新乡市新乡县	14.61	0.93
南阳市唐河县	9.11	1.57	焦作市山阳区	14.62	1.53
信阳市浉河区	9.14	1.77	鹤壁市淇滨区	14.69	3.83
驻马店市确山县	9.22	6.77	开封市金明区	14.70	4.57
驻马店市平舆县	9.41	4.53	南阳市社旗县	14.94	9.00
濮阳市濮阳县	9.50	4.04	焦作市武陟县	14.94	1.68
商丘市永城市	9.50	5.40	周口市商水县	15.09	2.79
南阳市镇平县	9.55	17.59	许昌市长葛市	15.29	1.07
信阳市淮滨县	9.61	30.81	商丘市柘城县	15.35	44.76
南阳市南召县	9.67	5.25	焦作市博爱县	15.46	7.30
洛阳市洛宁县	9.85	23.97	新乡市获嘉县	15.53	1.44
周口市鹿邑县	9.91	77.45	平顶山市新华区	15.73	11.08
安阳市内黄县	9.97	1.51	新乡市红旗区	15.86	1.09
南阳市新野县	9.98	8.36	平顶山卫东区	15.89	3.18
濮阳市华龙区	10.05	0.90	焦作市孟州市	15.95	3.91

续表

区县	Z 指数	Z^{fixed} 指数	区县	Z 指数	Z^{fixed} 指数
周口市沈丘县	10.30	1.69	新乡市延津县	16.12	2.15
商丘市宁陵县	10.41	13.79	洛阳市偃师市	16.14	2.74
驻马店市驿城区	10.43	2.74	洛阳市洛龙区	16.61	1.80
平顶山市舞钢市	10.48	6.26	漯河市郾城区	16.66	3.05
濮阳市范县	10.49	31.23	周口市郸城县	16.66	11.64
南阳市内乡县	10.54	10.72	郑州市惠济区	16.92	16.10
商丘市民权县	10.58	5.06	郑州市上街区	16.92	0.97
南阳市邓州市	10.65	8.04	洛阳市孟津县	17.06	0.65
驻马店市遂平县	10.73	9.49	洛阳市宜阳县	17.26	3.26
驻马店市汝南县	10.73	2.71	郑州市新密市	17.28	2.78
三门峡市渑池县	10.75	11.19	洛阳市西工区	17.29	1.26
周口市太康县	10.91	1.87	新乡市封丘县	17.36	1.19
周口市淮阳县	10.94	4.10	焦作市温县	17.38	1.31
安阳市龙安区	10.97	5.58	新乡市原阳县	17.52	3.87
周口市项城市	11.04	1.90	洛阳市西工区	17.76	150.51
安阳市安阳县	11.08	18.84	洛阳市老城区	17.96	10.31
开封市杞县	11.08	11.83	南阳市宛城区	18.17	9.78
安阳市林州市	11.16	1.52	许昌市魏都区	18.32	2.79
安阳市北关区	11.26	16.95	济源市	18.38	2.44
漯河市舞阳县	11.29	6.05	郑州市新郑市	18.79	3.09
驻马店市西平县	11.51	8.01	洛阳市高新开发区	18.81	31.24
平顶山市宝丰县	11.53	45.55	周口市川汇区	19.13	37.72
驻马店市上蔡县	11.54	11.73	郑州市中牟县	19.20	5.03
鹤壁市鹤山区	11.68	1.98	新乡市凤泉区	19.44	28.72
南阳市方城县	11.81	5.17	洛阳市涧西区	19.45	0.29
三门峡市义马市	11.96	1.35	焦作市沁阳市	19.63	1.41
平顶山市汝州市	12.00	59.13	开封市尉氏县	19.80	2.48
开封市兰考县	12.01	1.52	郑州市荥阳市	20.54	0.37
周口市扶沟县	12.06	6.27	郑州市高新区	20.67	111.75
洛阳市嵩县	12.21	49.65	漯河市临颍县	20.72	4.82

续表

区县	Z 指数	Z^{fixed} 指数	区县	Z 指数	Z^{fixed} 指数
安阳市汤阴县	12.27	6.27	郑州市经济技术开发区	21.50	3.75
洛阳市汝阳县	12.43	8.30	郑州市中原区	21.58	1.04
鹤壁市淇县	12.56	19.15	郑州市管城回族区	22.55	4.07
平顶山市郏县	12.58	3.47	郑州市金水区	22.96	28.99
鹤壁市山城区	12.67	1.80	洛阳市瀍河回族区	23.46	34.35
周口市西华县	12.84	6.55	南阳市南阳新区	24.64	51.98
商丘市睢阳区	12.91	26.61	郑州市巩义市	24.73	1.51
信阳市商城县	13.16	9.11	开封市通许县	25.25	8.44
安阳市文峰区	13.18	1.85	开封市顺河回族区	26.11	4.93
鹤壁市浚县	13.18	11.01	南阳市卧龙区	26.22	3.24
新乡市辉县市	13.27	3.03	洛阳市高新区	27.63	38.81
新乡市卫辉市	13.37	11.44	郑州市二七区	31.40	4.18
平顶山市鲁山县	13.41	8.53	洛阳市新安县	33.19	1.38
平顶山市叶县	13.41	11.39	新乡市长垣县	49.77	1.08

资料来源：根据前文公式，综合运用工业企业数据、中职学生管理数据、招聘信息数据计算得到。

按照区域设备制造业中职教育支持度（Z指数）排名，前十名是：新乡市长垣县（49.77）、洛阳市新安县（33.19）、郑州市二七区（31.40）、洛阳市高新区（27.63）、南阳市卧龙区（26.22）、开封市顺河回族区（26.11）、开封市通许县（25.25）、郑州市巩义市（24.73）、南阳市南阳新区（24.64）、洛阳市瀍河回族区（23.46）。按照从业人数调整后的区域产业中职教育支持度（Zfixed指数）排名，前十名是：洛阳市西工区（150.51）、郑州市高新区（111.75）、周口市鹿邑县（77.45）、平顶山汝州市（59.13）、开封禹王台区（54.12）、南阳市南阳新区（51.98）、洛阳市嵩县（49.65）、平顶山宝丰县（45.55）、商丘市柘城县（44.76）、洛阳市高新区（38.81）。在两个指标的前十名中，重叠的仅有南阳市南阳新区和洛阳市高新区。

不过，由于上述指标仅考虑了一个行业，而其他行业可能还有大量的用人需求，所以调整后的区域产业中职教育支持度（Zfixed 指数）高得分的现实含义有限。有意义的是关注低得分地区。按照 Zfixed 指数排名，后十名的区县是：洛阳市涧西区（0.29）、郑州市荥阳市（0.37）、洛阳市孟津县（0.65）、濮阳市华龙区（0.90）、新乡市新乡县（0.93）、郑州市上街区（0.97）、许昌禹州市（1.03）、郑州市中原区（1.04）、许昌市长葛市（1.07）、新乡市长垣县（1.08）。这些地区，相对于其区域设备制造业企业的用人需求，职业教育人才供给可能相对不足。

四　进一步的讨论：以长垣县为例

长垣县是一个典型案例。在 Z 指数中，长垣县排名第一，而在 Z^{fixed} 指数中，长垣县位列倒数。结合长垣县的设备制造业和职业教育发展情况，我们可以更好地理解上述指标的内涵。

长垣位于河南东北部，东邻黄河，2019 年撤县划市。就长垣早期发展而言，其工业基础、自然资源和交通位置并未有任何优势，同时黄河滩区的大片盐碱地从根本上阻滞了当地农业的发展，这也就形成了当地人"逃荒创业"的习惯。

然而，从 20 世纪 90 年代至今，该地区打造出了起重机械设备、建筑防腐和卫生材料三大产业名片，共吸纳了 25 万人就业。尤其是在起重机械设备行业，长垣成为我国的"起重之乡"，拥有着国内产业规模最大、集聚度最高、链条最完善的起重机械制造基地。

与此同时，长垣的职业教育在与产业协同发展的历程中，探索出了以中职为主的产教融合路径。目前，长垣拥有两所职业院校，长垣职业中专和长垣烹饪职业技术学院。前者形成了与本地产业相对应的机电工程系、生物技术与医疗器械工程系和建筑防腐工程系等专业，其中机电工程系为国家示范校重点建设专业和省级重点专业。后者以劳务输出为目的设置了烹饪技术系、食品工程系和旅游管理系等专业。相比之下，长垣职业中专已完全融入区域的产业发展中。就机电工程系而言，已与多家大型起重设备公司建立关系，多家企业在学校设立了实训中心。

以效果为导向的职业教育质量标准研究

在产业端，长垣的起重设备行业对参与职业教育一直保持着较高的意愿。长垣最早期的起重设备企业家以维修起重设备起家，逐渐发展到起重设备配件和整机的生产。成长于小作坊的本地籍企业家深谙技能对于企业发展的重要性。2007年，在当地起重行业的推动下，河南长垣重工业区就已开始筹建"长垣县起重机械职业技术学院"，甚至部分企业为培养技能人才自己成立了职业培训学校。当地政府在职业教育上的动作更是频频。受益于产业的良好发展，政府"家底"较厚，受经济发展的需要和当地企业的意愿影响，长垣政府为职业教育投入了大量的资源。在2008年河南省实施职业教育攻坚计划中，长垣政府则成立了以当地一把手为组长的职教攻坚小组，建立以常务副县长为组长的县职教工作领导小组，并负责校企对接工作。而为了增加职业教育的资源动员能力，当地政府副县长更是兼任职业学校的一把手。同时，长垣将职教招生转变为政府行为，县级政府与下级政府签订招生目标责任书，将招生工作纳入目标管理，实行责任追究。财政投入和编制岗位也向职业学校倾斜。在学校端，机电技术应用专业作为起重设备行业的合作专业，校方对起重行业专业岗位需求进行调查分析，面向当地起重设备行业的机械加工操作、设备维修与保养、机械加工质量检测等职业岗位群，在机电技术应用专业建立对应的发展方向。

这就使得单独从职业学校来看，长垣县的职业教育支持度指标非常好，在企业对大批量技术人员的需求下，设备制造产业相关专业招生规模大。比如长垣职业中专设立的与本地产业融合紧密的六个专业现有6000余名在校生，这也是长垣县的Z指数排名第一的原因。

长垣本地以起重为主的设备制造业发达，整机生产企业123家，相关配套企业1000余家，行业从业人员8万多人。与此同时，长垣规模以上工业增加值增长一直保持较高的水平。近年来，该地的设备制造产业也吹响了"转型升级号角"，庞大的规模基数、增长速度和产业升级带来大量的设备制造业技能人才需求。然而，职业学校升学热很大程度上冲击了当地的产教融合，升学比率最高攀升到了81%。当地政府虽然意识到这种趋势，也一直在着手扩大职业教育的规模，并将长垣职业中专升格为技师学院。但是，政府的调整要滞后一段时期，这就导致了在此次测算中长垣的较低 Z^{fixed} 分值。

第二节 学生职业能力

一 研究背景

对职业教育与产业之间适应性的研究，主要侧重于毕业生数与企业岗位新增劳动力需求数量之间的匹配性研究，而对学生职业能力与企业岗位要求之间的适合性问题缺少研究。

2011年前国内文献中主要是对澳大利亚、英国等国职业能力评价的目的与内容、评价模式与原则、具体方法和评价途径等进行介绍，[1]或者是对职业院校学生职业能力评价的现状进行梳理[2]和对存在的问题进行评述[3]。2010年前后，以德国不来梅大学为首的国际科研小组开发了职业能力测评模型（KOMET），这个模型在中国的北京、四川、广州等地开展了测试。北京师范大学赵志群等人作为职业能力测试项目的重要成员，在此之后持续跟进研究并开展大面积的试测。职业能力测评模型分为三个能力等级、八项评价指标和近四十个评分点（二级指标），它们共同构成了对职业能力进行解释的框架，能力级别同时显示了独立的能力特征，即名义能力、功能性能力、过程性能力、整体化的设计能力。职业能力测评模型对诊断职业院校的教学、提高职业院校毕业生的职业能力水平具有积极意义。

效果导向的职业教育质量评价是按照既定标准对教育的结果和影

---

[1] 参见庞世俊《职业教育视域中的职业能力研究》，博士学位论文，天津大学，2010年。
[2] 参见孙若兰《对中职学生职业能力测评的思考》，《教育与教学研究》2009年第4期。
[3] 参见杨菊、袁金明《饭店管理专业学生职业能力评价与策略研究》，《商业经济》2011年第3期。

以效果为导向的职业教育质量标准研究

响进行判定，对职业院校专业的组织、程序和系统运行质量进行评价，在此基础上对整个职业院校专业的教育教学过程进行优化。效果导向质量评估的核心内容包括：按照岗位职业能力要求对学生的学习结果进行测量（关注"职业效度"而不仅仅是"课程效度"）。

为了科学、有效地开展评价职业院校专业的质量评估，课题组组织有关企业一线技术技能人员开展职业分析，开发了"职业能力测评"工具。职业能力测评是通过建立科学的能力模型，对评估结果和人才培养模式之间的关系进行分析，测量和评价被试学生在特定职业领域的认知特征的测量工具，它是按照教育性目标和职业规范的双重要求，采用开放式题目，以相关背景数据为基础进行的。

二 职业能力测评方案

（一）能力模型及其建模的理论基础

职业能力测评的模型有三个维度，即能力要求维度、能力内容维度和行动维度[①]（见图3-4）。

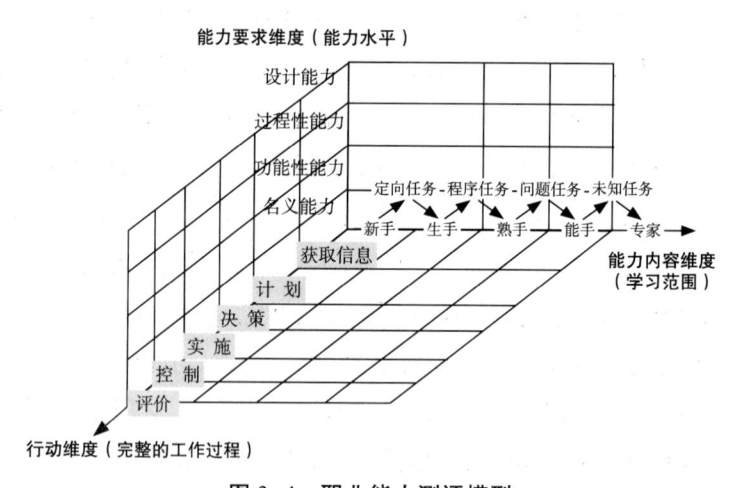

图3-4 职业能力测评模型

---

① 庄榕霞、赵志群：《职业院校学生职业能力测评的实证研究》，清华大学出版社2012年版，第38—42页。

能力内容维度：包括"职业定向性的任务"、"程序化的任务"、"蕴含问题的特殊任务"和"不可预见的未知任务"四个职业工作范围，对应四个学习范围，即"定向和概括性知识"、"关联性知识"、"具体与功能性知识"和"学科系统化的深入知识"。

能力要求维度：包括4个能力级别，即名义能力、功能性能力、过程性能力和整体化的设计能力。

行动维度：包括获取信息、制订计划、做出决策、实施计划、控制和评价六个阶段。

职业能力测评模型建立在一系列公认的现代（职业）教育理论基础之上，这既包括大家熟知的"情境学习"和"多元智能"等教育学理论，也包括当代职业教育研究的重要思想和成熟理论。

（二）职业能力测评的测试内容

1. 测试任务卷

测试任务卷是职业能力测评的主要测试工具，每位被测学生需要完成两道开放式的综合性题目。它源于职业的典型工作任务，且符合职业教育培养目标的要求，其形式与实际工作中的合同类似（具体案例见附录）。测试题目具有足够的复杂性和综合性，能够体现典型工作任务所包含的职业工作和学习内容。

职业能力测评考查学生的是"冰冻三尺非一日之寒"的能力。每个专业的测试任务分为四种，即A、B、C、D，由计算机系统随机发给被试考生，每个考生完成两个任务，完成每个任务用时两个小时。考生按照要求提出完成任务的解决方案，采用"纸笔答题方式"呈现这一方案，并解释采取该方案的理由。在解决方案呈现过程中，可以利用草图、文字描述、表格和清单等技术语言进行说明。测试任务是开放性的，允许并鼓励学生给出合理的答案。

2. 背景情况调查问卷

参加测评的被试学生需填写一份背景情况调查问卷（通过计算机信息系统），用于搜集和确定职业能力发展的背景条件，包括被试的个人背景状况、实习实训企业状况、职业学校的特点（见表3-3）。背景情况调查问卷对学生职业认同感以及在此基础上建立的职业承诺进行评价。

表 3-3　　　　　职业能力测评的背景情况问卷的主要内容

个人背景状况	实训实习企业状况	职业学校的特点
社会经济背景	企业的一般特征	学校的基本数据
在校成绩水平和就业前学历	企业实习的工作过程导向	教学情境特征
接受职业教育动机	企业内的实习情况	工作过程导向

3. 考场情况问卷

监考教师通过计算机信息系统填写考场情况问卷，用于了解该班级被试的测试动机和测试氛围。

（三）评分表和问题解决空间

为了评价被试者提供的"任务解决方案"的等级和层次，职业能力测评设计了由 8 个能力指标构成的 4 个能力级别（见图 3-5）。

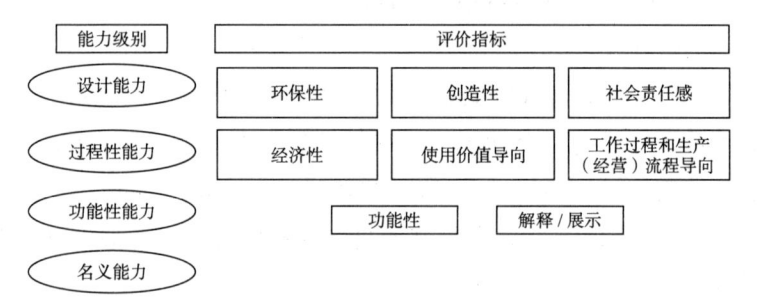

图 3-5　职业能力级别与评价指标

每个能力级别与能力指标的具体含义如表 3-4 所示。

表 3-4　　　　　　　能力级别与能力指标的含义

能力级别	能力指标的含义
设计能力 有设计能力者具有丰富的工作经验和专业知识，能创造性地完成工作	**创造性** 创造性来自学生在特定情境下为完成任务预留的设计空间，不同职业对"创造性"指标的解释与评判不同；解决方案的创造性也体现在对问题情境的敏感性方面；在职业工作中，专家有时会对具有不寻常创造性的解决方案提出质疑，解决方案在满足创造性要求的同时要有助于目标的实现 **环保性** 环保性不仅是一般的环保意识，而且要针对工作过程和生产结果提出特定的要求，同时要考虑解决方案多大程度上使用了对环境无害的材料，以及工作计划多大程度上符合环保要求；解决方案还要考虑节约能源和废物回收与再利用

续表

能力级别	能力指标的含义
过程性能力 有过程性能力者,可以独立完成任务,并且知道为什么要这样做,知道他的工作在整个生产流程中的位置	**社会责任感** 社会责任感主要指人性化的工作设计与组织、健康保护以及其他超越工作本身的社会因素(如委托方、客户和社会的不同利益),同时考虑劳动安全、事故防范以及解决方案对社会环境的影响等
	企业工作过程和生产流程导向 本指标针对企业的上下级结构以及不同的生产部门,具有十分特殊的意义,以企业生产流程为导向的解决方案会考虑与上下游过程之间的衔接,考虑跨越每个人的工作领域的部门间的合作
	经济性 在工作行动中,需要估算经济性并考虑各种成本因素,决策时最重要的是权衡支出与收益间的关系,并考虑未来可能产生的后续成本,具有经济责任感的行动,还体现在考虑对宏观国民经济发展有积极的影响
	使用价值导向 职业行动、行动过程、工作过程和工作任务始终要以顾客为导向,有较高使用价值的解决方案除了要满足用户的直接使用要求和减少使用中的故障外,还要考虑后期保养和维修的便利性,解决方案还要有持久性和扩展的可能性
功能性能力 有功能性能力者,可以(在没有他人指导下)独立完成任务,但还不知道为什么要这样做	**功能性** 解决方案要想满足任务要求,实现功能是最基本的,也是决定性的,功能性指标包括工具性的专业能力、与具体情境无关的学科知识以及专业技能
	解释/展示 在计划和准备阶段,技术工人通过语言或文字描述,利用图纸和草图条理清晰、结构合理地向委托方展示完成工作任务后的结果,使委托方(上级领导或顾客)能针对这一建议性方案提出意见并做出评价
名义能力 有名义能力者,有一定的知识,但还不能独立完成任务,需要有他人的指导	名义能力是能力等级的最初级,处于这个能力级别的测评对象已经属于职业的"风险群体",因此不再设二级能力指标进行细化评级

为了使上面的 8 项指标具有可操作性,职业能力测评为每项指标设置了 5 个观测评分点,总计 40 个,这些指标都是经过心理测评技术的信度和效度验证的。例如,"功能性"这个二级指标的观测评分点为 5 个(见表 3-5)。

表 3-5　　　　　　　　功能性指标的 5 个评分点

1. 解决方案是否满足功能性要求
2. 是否达到"技术先进水平"
3. 解决方案是否可以实施
4. 是否（从职业活动的角度）说明了理由
5. 表述的解决方案是否正确

评分者按照观测评分点给学生的测评解决方案打分。每个观测评分点设有"完全不符合"、"基本不符合"、"基本符合"和"完全符合"四个档次，对应的得分为 0 分、1 分、2 分、3 分。一般来说，如果解决方案里没有提及该评分点的相关内容，则判定为"完全不符合"（即 0 分），简单提及但没有说明的判定为"基本不符合"（即 1 分），提及并说明怎么做的判定为"基本符合"（即 2 分），明确提及且解释理由的则判定为"完全符合"（即 3 分）。

为了确保评分能够达到足够高的评分者信度，评分者常常希望得到一份试题的"标准答案"帮助其进行评分。但是由于职业能力测评采用的是开放性题目，不可能存在这样一份唯一的"标准答案"，于是职业能力测评方案为每道试题设计了一个"评分指标参考"。评分指标参考描述了开放性测试题目可能出现的各种解决方案，它可以提示评分者，在按照 8 个能力指标进行评分时应重点考虑哪些方面。

三　测试及其结果

（一）测评对象

为保证学生职业能力测试样本的代表性，试测方案确立了选择三年级在校学生作为测试对象，各试测专业每个学校按照等距抽样选择 60—90 人参加测试，不够 60 人的专业点所有学生参加测试，最终参加测试的学生数为 2373 人。根据阅卷后的最终统计，共获得有效试卷 4560 份（每名测试学生做两份试卷），样本数、有效试卷数及学校和专业分布见表3-6。

表3-6 职业能力测试学生数、有效试卷数及学校和专业的分布

专业	东部Z省 学校代码	东部Z省 人数	东部Z省 卷数	中部H省 学校代码	中部H省 人数	中部H省 卷数	西部Y省 学校代码	西部Y省 人数	西部Y省 卷数	合计 人数	合计 卷数
园艺技术	A	70	136	D	8	16	I	69	135		
	B	56	107	F	35	68	E	34	67		
	C	78	151	J	66	124	G	9	17		
				H	22	44					
	合计	204	394		131	252		112	219	447	865
模具设计与制造	A	65	119	O	35	68	S	49	94		
	B	45	88	P	25	50	T	32	62		
	K	62	118	Q	50	100					
	C	88	162	H	28	51					
	合计	260	487		138	269		81	156	479	912
物流管理	A	60	119	R	60	114	T	58	112		
	B	81	158	J	61	117	U	66	128		
	K	79	154	Q	60	112	V	58	96		
				H	60	117					
	合计	220	431		241	460		182	336	643	1227
护理	A	70	135	D	88	159	W	86	166		
	M	89	169	P	64	124	X	90	179		
	N	60	120	Q	64	125	Y	65	129		
				R	60	116	Z	68	134		
	合计	219	424		276	524		309	608	804	1556
总计		903	1736		786	1505		684	1319	2373	4560

（二）学生职业能力水平测试结果

职业能力测试题的信度、效度在试题开发阶段已进行了测试和检验，此次试测主要是对各学校之间相关专业学生整体综合职业能力发展水平进行测试并进行学校之间的比较，分析各学校之间的差异。以园艺技术专业测试结果为例。

以效果为导向的职业教育质量标准研究

1. 总体情况

参与此次测评的园艺技术专业有10所学校总计447名学生（有效答卷），其中东部Z省3所（学校A、B、C），中部H省4所（学校D、F、J、H），西部Y省3所（学校I、E、G）。结果显示：参评学校学生职业能力总体上发展良好，没有学生处于名义能力水平，且多数学生达到了过程性能力和设计能力水平。总的来看，不同省份之间学生的职业能力水平分布存在显著性差异，其中东部Z省学校情况明显好于其他两省，中部H省和西部Y省没有明显差别，但是参与测评的10所学校之间存在明显的差距。

东部Z省参评学校学生职业能力发展水平较高，表现最好的A职业技术学院，达到设计能力水平的学生比例高达98.57%。而且学生能力轮廓图饱满，得分离散度小，表明该校学生职业能力全面发展，学校的课程和教学组织工作卓有成效。其余各校学生职业能力轮廓的形状基本相当，说明学生职业能力结构没有显著差异，即学生的综合职业素养与专业知识技能相比发展相对弱一些，但总的来说发展还是较为平衡。

值得注意的是，很多学校学生的设计能力（KG）发展并不比过程性能力（KP）差，显示出了该专业学生与其他专业相比不同的能力结构特点，这可能与现代农业专业人才的特点有关，其背后的原因值得进一步探究。

需要说明的是，个别学校参评学生人数过少，这会影响该校在本次能力测评中结果的信度和效度。

2. 各校学生综合职业能力水平分布

从各校学生职业能力得分的百分比分布图（见图3-6、图3-7）可以看出，10所参评学校的平均值分布在36分到55分，体现了较大的校际差距。A职业技术学院、B职业技术学院和C职业技术学院的整体情况较好。A职业技术学院得分较为集中，大部分学生超过了50分，表明该校园艺技术专业学生大多达到了较高的能力水平。中部H省J职业技术学院的学生职业能力水平平均值最低，且分布比较分散，超过25%的学生得分低于30分，与其他院校存在较大差距。

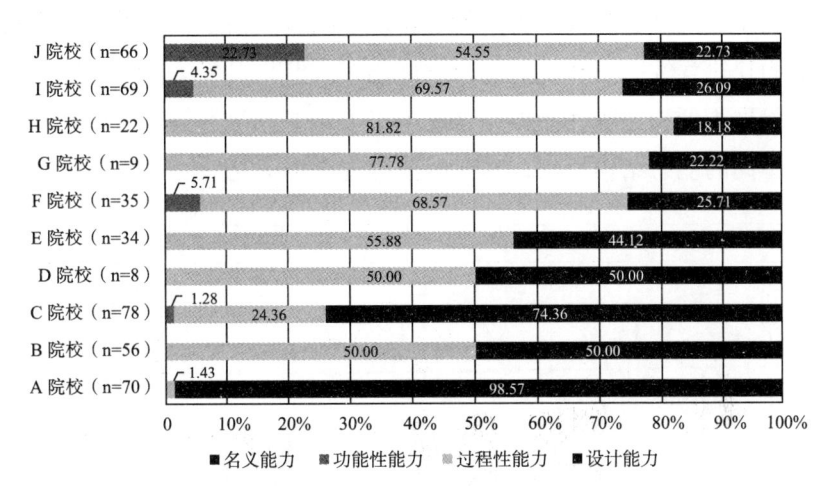

图 3-6 园艺技术专业各学校学生职业能力水平分布

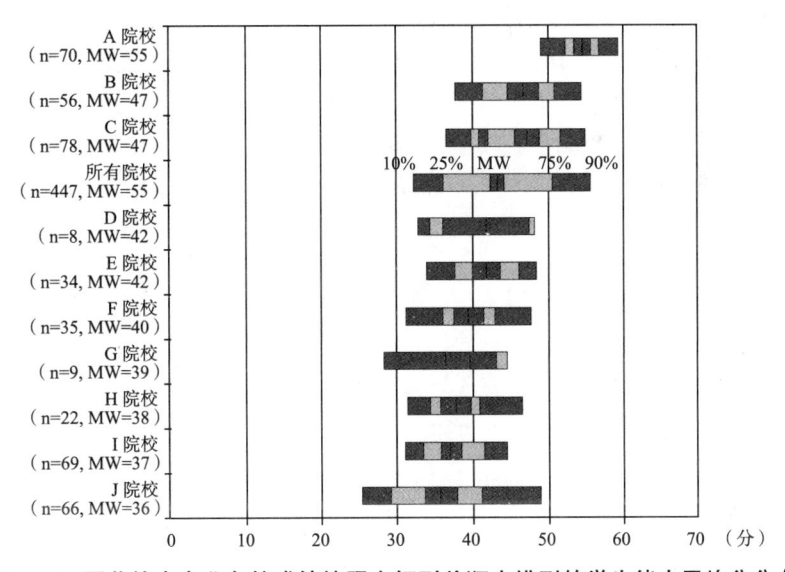

图 3-7 园艺技术专业各校成绩按照由好到差顺序排列的学生能力平均分分布

3. 各校学生综合职业能力轮廓图

综合职业能力轮廓图可以清晰地反映各学校学生职业能力的级别

以效果为导向的职业教育质量标准研究

（功能性能力、过程性能力和设计能力）。从图 3-8 的轮廓图可见，功能性能力维度比过程性能力维度和设计能力维度更丰满，但除了 A 职业技术学院外，各校学生的能力轮廓形状基本相当，即学生的功能性能力比过程性能力和设计能力发展稍好，但是很多学校学生的设计能力发展不低于过程性能力，这显示出了该专业学生与其他专业学生相比不同的能力结构特点，其原因值得进一步探究。

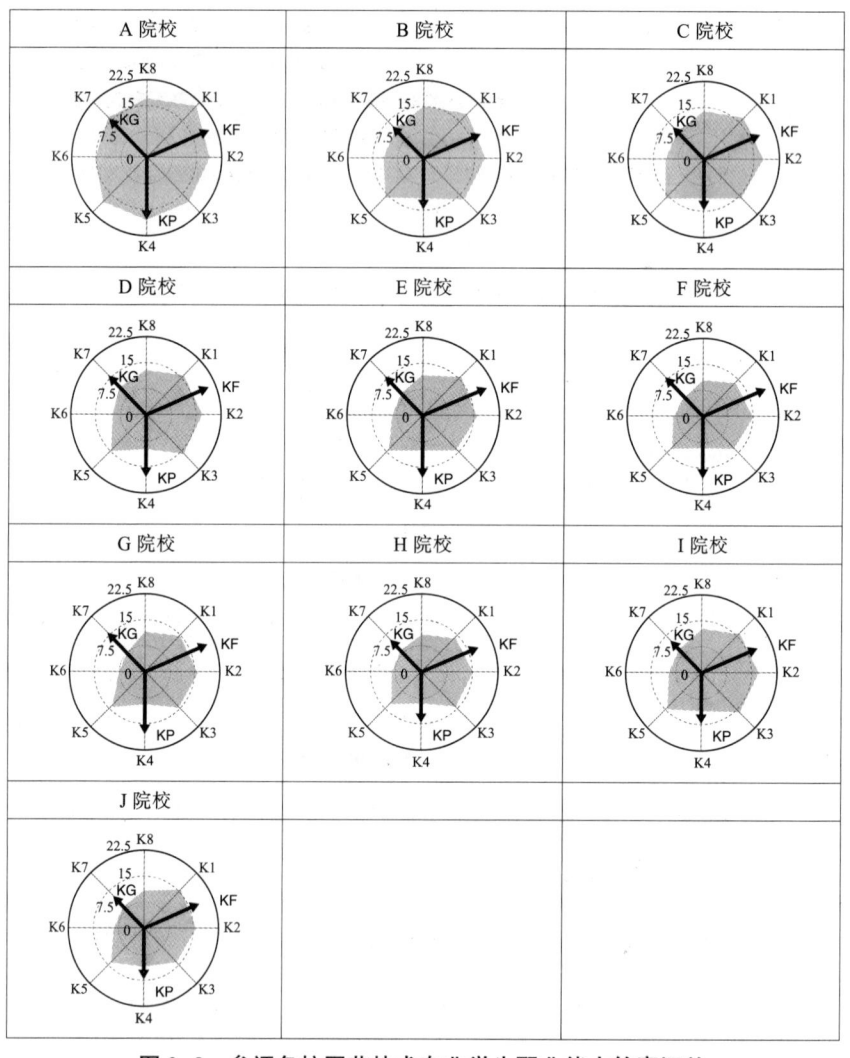

图 3-8　参评各校园艺技术专业学生职业能力轮廓汇总

除了 A 职业技术学校，其他九所学校园艺专业学生在 K1（直观性和展示）、K2（功能性）、K3（使用价值导向）和 K5（企业工作过程和生产流程导向）方面的能力水平较高，但在 K4（经济性）、K6（社会接受度）、K7（环保性）和 K8（创造性）四个方面的能力较弱。从区域来看，东部 Z 省三所学校园艺技术专业学生的职业能力轮廓发展较好，尤其是 A 职业技术学院，其 K4（经济性）、K6（社会接受度）、K7（环保性）和 K8（创造性）明显优于其他院校，轮廓图丰满；而中部 H 省、西部 Y 省的学校还有待进一步发展。

四 结论与发现

1. 测试结果表明，此次测评采用的能力测评方案可以较好地区分不同地区不同院校学生职业能力发展水平，不但可以为教育行政部门提供有关人才培养质量的重要实证依据，也可以为职业院校加强内涵建设和质量保障提供咨询和建议。

2. 对学生职业能力测试，旨在客观测量各测试学校相关专业学生职业能力发展水平并分析各学校专业教学的侧重点。

试测结果表明，学生职业能力测试体现了职业教育的特点，突出了以学生为中心、能力为本位、结果为导向的指导方针，改变了单纯以学校办学条件投入为主要衡量标准的评估理念。与各类评估相比，学生职业能力测试客观公正，避免了评估过程中主观人为因素的影响。师生也欢迎职业能力测试，学生反映测试内容与实习所遇到的情景和工作任务非常契合。

3. 测试结果与客观事实一致，特别是学生职业能力测试成绩与掌握的客观事实具有一致性。

（1）四个测试专业中，东部 Z 省 A 职业技术学院园艺技术、物流管理、护理三个专业学生职业能力得分均排名第一，模具设计与制造专业排名第二，这与 A 职业技术学院在 Z 省优质校建设评审中整体排名第一的成绩具有一致性。

（2）四个测试专业中，Z 省 K 职业技术学院模具设计与制造专业学生职业能力测试成绩名列第一。K职业技术学院所在地区是中国模具制造产业集聚地，集聚了上千家模具加工制造和贸易企业，模具产业产值占到全国模具产业总产值的40%以上，K职业技术学院模具设计与制造专业与当地的模具企业建立了紧密的产教融合、校企合作关系。学生职业能力测试成绩排名第一，是K职业技术学院模具设计与制造专业教学质量的真实反映。

（3）护理专业测试学校中，东部Z省M职业技术学院护理专业学生职业能力测试整体成绩不仅低于Z省其他两所测试学校的护理专业，而且还低于中部H省和西部Y省一些职业院校。如果从整体办学条件来看，Z省M职业技术学院无论是从办学历史还是办学条件都是很好的，为何学生职业能力测试成绩较低？从职业能力轮廓图来看，该校学生"功能性能力"（基本知识）的得分很高，说明学生对专业基本知识的理解掌握程度很高，反映出学校很重视学科知识的学习，这一结果可能与该学校很长时间以来想升格本科院校，突出学科化的课程体系有关。

（4）在四个测试专业中，模具设计与制造专业学生测试成绩整体低于其他三个专业。测评结果显示，模具设计与制造专业学生具备一定的专业知识和技能，与其他专业相比差距不是很大，但是过程性能力和设计能力较弱。这一测试结果表现出来的差异在前期测试题库开发阶段就有所反映。在前期开发测试题目和开展试题试测时，职业院校模具设计与制造专业的教师在培养目标和教学内容上与企业生产一线的技术人员就表现出认识上的差异，高职院校的教师强调模具理论体系，而生产企业技术人员强调生产制造，学生职业能力测试是以模具生产制造企业工作任务为导向的。测试结果在一定程度上反映出模具设计与制造专业整体人才培养方案设计上存在一定偏差。

4. 测试结果客观反映了专业点之间的差异。专业之间、学校之间存在差异，能够对各专业点教学质量进行甄别和排序。学生职业能力测试呈现了各学校各专业学生职业能力的轮廓，诊断出各学校相关专业教学中关注的重点和优缺点，为学校进一步改进教育教学提供了科学依据和明确方向。如果专业评估和学校教学诊断与改进工作有机结合，更有利于促进学校加强内涵建设，切实改进教育教学，提升教育质量。

5. 结果表明此次测试中西部地区也有高质量的专业点。中西部地区的一些专业学生职业能力水平高于平均水平并名列前茅，这是以前评估中少有的现象，这将给予中西部地区职业院校以很大的促进和鼓励，有利于推进高等职业院校将发展重点从以基本条件建设为重点转到以内涵建设和教育教学改革为核心的轨道上来。

五 问题与建议

1. 问题

每个专业学生职业能力测试题库只有 10—12 道题，学生选择空间有限，题目所涉及的典型工作任务大多是各专业通用工作岗位的基本任务，由于各专业生产结构与生产技术存在区域差异，一些专业测试题目在区域差异性方面还体现得不够，如园艺技术专业无法涵盖所有区域的园艺生产活动，模具设计与制造专业对不同生产领域、不同生产技术之间的差异性体现得不够，无法满足不同模具设计制造方向的要求。

学生职业能力测试采取纸笔开放题测试，这给测试组织增加了很大工作量，也给试卷评卷增加了难度。

2. 建议

一是继续开发职业能力测试题，扩大职业能力测试题库量，使得学生有更充分的选择，同时也减少测试题目在同一学校多次测试中的重复率，降低泄题风险。

二是进一步研究职业能力测试题目适应区域差异、产业差异，处理好专业方向与产业布局之间的关系，扩大职业能力测试的适应性和覆盖面。

三是进一步研究职业能力测试的形式，降低组织工作和试卷评阅难度。

3. 研究不足

因为时间条件的限制，此次未对学生的后续表现（企业表现及给企业带来的贡献）进行跟踪，因此也尚未揭示出学生在校获得的能力水平与学生就业后的表现及对企业的贡献关系。

第四章 国际职业教育质量标准研究

第一节 联合国教科文职业教育质量评估指标体系

一 联合国教科文职业教育质量评估的框架文件

联合国教育、科学及文化组织（United Nations Educational, Scientific and Cultural Organization, UNESCO）是联合国专门机构之一，简称联合国教科文组织。该组织于1946年成立，总部设在法国巴黎，其宗旨是促进教育、科学及文化方面的国际合作。

长期以来，联合国教科文组织一直把职业教育作为其促进教育发展的关键领域，并站在促进整个世界职业教育［近年来，联合国教科文组织一直把职业教育称为技术和职业教育与培训（Technical and Vocational Education and Training, TVET）］发展的角度，努力通过一系列行动建议、标准规范、国际会议、合作网络建设和公共出版物等推动世界职业教育走向合作、创新与可持续发展。

加强对世界职业教育发展质量的监控，推动世界各国职业教育的国际化、可比性与国际交流，一直是联合国教科文组织促进世界职业教育发展的重要举措。进入21世纪后，UNESCO对职业教育发展质量进行了越来越多的关注和专门研究，提出职业教育指标体系应该具

以效果为导向的职业教育质量标准研究

有良好的质量。

2006年8月22—23日，联合国教科文组织国际职业技术教育与培训中心（International Centre for Technical and Vocational Education and Training，UNESCO-UNEVOC）在马来西亚柔佛州组织马来西亚、印度尼西亚、菲律宾、澳大利亚等国的200多名职教专家召开了主题为"技术和职业教育与培训的质量：人力资本发展的问题与挑战"的国际会议。会议旨在促进对技术和职业教育与培训领域问题和挑战的信息交流与经验共享，主要包括以下几个议题：

（1）确定并理解职业教育和培训质量的变化趋势及其对劳动力准备策略的影响；

（2）对职业教育和培训项目的变化进行规划，以使其紧跟当前知识和科技的发展；

（3）通过整体评估发展职业教育与培训的质量保障策略；

（4）在就业能力背景下，通过相关研究探索并产生新的职业教育与培训思想。

2009年1月，50多名来自国际组织、联合国教科文组织及其成员国的技术和职业教育与培训专家学者，参加了在波恩召开的"国际技术和职业教育与培训专家咨询会议"。会议的主要目的是为联合国教科文组织制定技术和职业教育与培训战略提供信息支持，这一战略开发进程始于2008年。《联合国教科文组织关于技术和职业教育与培训的发展战略》是挪威教育与研究部法斯德·哈夫丹（Halfan Farstad）先生在会上的主题发言。在职业教育的质量监测与评估方面，他指出，联合国教科文组织应在其技术和职业教育与培训战略中强调各国应该有覆盖不同类型和层次培训的共同国家标准，有建立在系统的监测和评估基础之上的国家认证和质量保障体系。

2009年12月，联合国教科文组织非洲地区办事处发布《技术和职业教育与培训数据信息系统开发的地区贡献——质量改进策略的诊断和比较分析》（*Regional Contribution to Information Statistical System Development for Technical and Vocational Education and*

Training—Diagnosis and Comparative Analysis for Identifying Quality Improvement Strategies）报告。报告探讨了技术和职业教育与培训数据信息系统建立的重要意义、主要方式、原则及措施，并为评估各国技术和职业教育与培训发展情况设计了一套完善的指标体系。该指标体系共包括 8 个维度 54 个指标（见表 4-1）[1]。

报告提出，设计有效的技术和职业教育与培训体系是技术和职业教育与培训发展战略和政策的核心，这一新的体系应把体现其特定特征的所有方面都纳入进来。与其他任何领域的政策一样，数据统计系统都是对整个技术和职业教育与培训体系进行评估和管理的必要工具。一个运作良好的数据统计系统对于诊断技术和职业教育与培训体系是否健康发展是不可或缺的。实际上，为了提高效率，技术和职业教育与培训体系应基于更为精准的诊断之上。诊断是技术和职业教育与培训规划的一个重要阶段，因为它是经过详细的形势分析对技术和职业教育与培训所面临的问题作出判断，并最终达到解决问题的目的。换句话说，通过诊断技术和职业教育与培训面临的问题和需求，可以为制定新的战略提供解决方案。因此，基于数据统计系统的分析诊断可以引导技术和职业教育与培训体系朝着更好的目标前进。《职业教育与培训数据质量评估框架》是基于联合国教科文组织统计研究所（UIS）、世界银行和国际货币基金组织（IMF）共同设计的评价指标矩阵开发的，这一矩阵对有关统计数据质量进行评估主要基于六个方面的考虑：质量的先决条件；真实、完整性；方法适当；精确可靠；功能性；易操作、易获得。报告还提出，要为技术和职业教育与培训建立质量监测指标体系，并在传统普通教育指标的基础上提出关于技术和职业教育与培训特定性质的指标——培训与就业之间的关系，这涉及两个指标，一是技术和职业教育与培训完成者的职业融合率，二是培训与就业间的匹配度。为建立有效的技术和职业教育与

---

[1] UNESCO Regional Bureau for Education in Africa, *Regional Contribution to Information Statistical System Development for Technical and Vocational Education and Training*, December 2009.

培训数据统计系统，需要收集两方面的数据：一是所有范围的正规技术和职业教育与培训数据，二是劳动力市场数据。

二 《职业教育与培训数据质量评估框架》认证标准与程序

联合国《职业教育与培训数据质量评估框架》从机会与范围、技术和职业教育与培训体系内部效率、人力与物质资源、经费、职业融合率、教育与就业一致性、教育与就业间关系以及劳动力市场8个维度构建了评估一国职业教育与培训发展情况的54个指标（见表4-1）。

表4-1　联合国教科文组织职业教育质量评估指标体系

维度	指标
机会与范围	1. 过渡率从初中层次技术和职业教育与培训过渡到高中层次技术和职业教育与培训，从高中阶段技术和职业教育与培训过渡到高等教育阶段技术和职业教育与培训） 2. 毛入学率 3. 初中和高中教育阶段技术和职业教育与培训学生数量在初中和高中学生总数中所占比例 4. 初中阶段技术和职业教育与培训学生数和高中阶段技术和职业教育与培训学生数分别在初中和高中教育阶段学生总数中所占比例 5. 学生在私立初中和私立高中阶段技术和职业教育与培训机构中所占比例 6. 中等教育阶段进入技术和职业教育与培训机构的女孩/妇女所占比例 7. 技术和职业教育与培训机构中学生数量的年度增长率（中等和高等层次）
体系内部效率	8. 升级率 9. 复读率 10. 辍学率 11. 毕业考试成功率 12. 毕业率 13. 学生的年级保持率 14. 生均学习时间 15. 技术和职业教育与培训学校增长率 16. 私立学校在技术和职业教育与培训体系中所占比例 17. 内部效率系数
人力与物质资源	18. 学生/教师比例 19. 学生/教室比例 20. 学生与实习车间或实验室比例 21. 合格教师比例 22. 对设备平均满意水平 23. 对学校设施平均满意水平 24. 教师接受过新的教学或学习方法再培训的比例 25. 技术和职业教育与培训机构所拥有的平均合作伙伴数

续表

维度	指标
经费	26. 教育在公共支出中所占份额 27. 技术和职业教育与培训在教育总预算中所占份额 28. 技术和职业教育与培训支出在教育总支出中所占比例 29. 技术和职业教育与培训生均公共教育支出在人均 GDP 或 GNP 中所占比例 30. 技术和职业教育与培训不同用途经费（经常性支出、资本支出等）分别在技术和职业教育与培训总支出中所占比例
职业融合率	31. 毕业 X 年后不同行业或专业领域净职业融合率
教育与就业一致性	32. 培训与就业领域一致性比例
教育与就业间关系	33. 中等和高等教育层次学生在双元制培训中所占比例 34. 中等和高等教育层次学生在继续培训中所占比例 35. 技术和职业教育与培训课程中具有强制性在企业进行实践培训的比例 36. 技术和职业教育与培训学校中每年至少开展一次到企业实地参观的比例 37. 技术和职业教育与培训学校中每年至少组织一次开放日活动所占比例 38. 技术和职业教育与培训学校中具有企业孵化器（或小型企业）或任何其他涉及学生职业活动的比例 39. 选择性比例 40. 继续学习同一学科者所占比例
劳动力市场	41. 有经济行为能力人口在不同年龄群体分布情况 42. 人口的积极活动率 43. 总就业数量 44. 就业率 45. 失业人口数量 46. 失业率 47. 总失业率 48. 长期失业率 49. 长期失业率可能发生情况 50. 有经济活动能力人口职业分布情况 51. 就业供给的吸引力或紧张率 52. 就业更新率 53. 就业安置率 54. 就业机会率

资料来源：UNESCO Regional Bureau for Education in Africa, *Regional Contribution to Information Statistical System Development for Technical and Vocational Education and Training,* December 2009。

总体来看，联合国职业教育质量评估体系主要通过数据采集和指标计算的方式来对一国职业教育与培训发展情况进行评估。

在数据采集阶段，该评估体系主要对正规职业教育体系、非正式职业教育与培训体系、劳动力市场（包括职业教育的完成者、雇主等）等多项数据进行收集。而在指标计算阶段，联合国职业教育质量评估指标体系则在每一指标后都注明了指标计算公式和数据来源[①]，以便对各国职业教育发展状况进行评估时做出测算。

第二节 经合组织高等教育质量认证与评估体系

一 经合组织高等教育质量认证与评估的历史发展

从严格意义上来说，经济合作与发展组织尚未开发专门针对高等教育某一专业的认证与评估体系。然而，2008年，经合组织策划、推出了国际高等教育学习结果测评项目（Assessment of Higher Education Learning Outcomes，AHELO），拟对全球高校即将取得学士学位的学生的学习结果进行测评，明晰高等教育机构办学效果及问题，监测全球高等教育质量。因此，可以说高等教育学习结果测评对于高等教育专业认证与评估体系的国际借鉴具有重要的意义。

国际高等教育学习结果测评的研发并非偶然的创想，而是随着高等教育发展之势应运而生。世界高等教育经历从精英阶段到大众化、普及化阶段的转变，国际上关注教育质量的呼声愈来愈高，如何在扩大规模的同时亦能保证质量，成为世界高等教育界急需解决的重要问题。进入21世纪以来，经合组织多次举办国际论坛及会议讨论高等教育质量对于高等教育发展的重要性。2006年，经济合作与发展组织教育部长会议就高等教育质量、平等和效率之间的关系展开讨论，呼吁高校既要保证高等教育公平，又要关注学生学习结果，重视高等教育质量。会议进一步论证了高等教育学习结果的重要性以及对高等

[①] UNESCO Regional Bureau for Education in Africa, *Regional Contribution to Information Statistical System Development for Technical and Vocational Education and Training*, December 2009.

教育学习结果进行测评的必要性。最终，会议决定，就高等教育学习结果开发新的测评工具。这是经济合作与发展组织首次提出高等教育学习结果测评概念。

2008年，经济合作与发展组织在日本东京举行教育部长会议，成立国际专家组，集中讨论高等教育质量评估对于高等教育发展的重要作用。会上，各国教育部长一致认为，经济合作与发展组织具备组织、开展国际测评的丰富经验，拥有世界上最大和最值得信赖的统计数据比较来源，这不仅为高等教育学习结果测评的开展提供了重要借鉴，而且使其进一步的发展具备坚实基础。经过三轮磋商，国际专家组最终决定，设立、研发高等教育学习结果测评项目。同时，针对全球高等教育机构种类繁多、语言和文化背景各异的特点，会议决定启动高等教育学习结果测评可行性调查，对项目在世界范围全面开展的可行性问题进行调研。

高等教育学习结果测评既是经合组织高等教育机构管理项目（Programme for Institutional Management in Higher Education，IMHE）的子项目，也是其主要工作内容之一。高等教育机构管理项目成立于1969年，实施会员制管理，会员来自世界50多个国家250多个高等教育机构。该项目定期举行国际论坛，是高等教育领域专家进行学术交流和经验交流的平台。目前，项目在如下三个方面开展研究和测评：教学质量和学习结果评估、区域高等教育以及高等教育国际化管理。经合组织高等教育机构管理项目近半个世纪的发展历史和丰富的国际研究经验，为高等教育学习结果测评提供可靠的坚实基础和良好的发展土壤。[①]

二 经合组织高等教育学习结果测评项目

2008年，经合组织教育部长会议在东京举行，其中高等教育质

[①] 徐静：《从教学评价走向学习结果评价——OECD国际高等教育学习结果测评项目述评》，《比较教育研究》2015年第10期。

量评估是会议的重要议题。在咨询国际专家的意见之后，经合组织最终做出决定，即组织"高等教育学习结果测评"项目的研发工作，并将其作为经合组织在高等教育领域的最大项目。

经合组织秘书处负责高等教育学习结果测评项目的前期筹备、监督、管理和协调工作，具体负责后期可行性研究的则是高等教育机构管理项目。澳大利亚教育研究委员会（Australian Council for Educational Research，ACER）领导的国际化专家团体——教育援助委员会（The Council for Aid to Education，CAE）、经合组织和参与国的国家团队协作管理这项工作的进行。

高等教育学习结果测评的测评对象是即将获得学士学位的大学生，参与其中的准毕业生们将面临两个方面的测评，即所有大学生都应该具备的"通用技能"（Generic Skills）和不同专业学生所必须掌握的"学科专业技能"（Discipline-Specific Skills）。按照时间计划表，高等教育学习结果测评项目在2010年1月至2011年6月完成测评工具的开发并对其进行小规模的有效性检测，2011年6月至2012年12月在参与此项目的高校进行测评，2012年底讨论可行性研究结果。目前，已有17个国家和地区、248个高等教育机构、4900名教师和23000名学生参与其中。尽管从一开始，项目研发就存有争议，但是这丝毫不能掩盖一个事实："学习成果的确是意义教育之关键，也是预示诊断和提高教学过程和学生学习之必备。"[1]

（一）高等教育学习结果测评项目认证标准

高等教育学习结果测评项目对大学本科准毕业生的学习结果进行测评，意在掌握学生四年来的学习效果和能力水平。经过专家调研和小规模测试，经济合作与发展组织最终将测评工具确定为学生的通用技能、学科技能和背景信息三个方面。其中，通用技能测试面向所有专业的学生，学科技能测试只面向相应学科背景的学生。高等教育学

---

[1] 陈涛：《一种全新的尝试：高等教育质量测评的国际动向——OECD"高等教育学习成果测评"的设计与实施》，《比较教育研究》2015年第2期。

习结果测评可行性调查阶段，经合组织研发出经济学技能和工程学技能两个学科技能测试。

1.通用技能

通用技能也被称作"核心技能""关键技能"，与学科技能同等重要，是学生通过一定的认知活动形成的、具有跨学科性质的一般性的能力、技巧和素养。通用技能是学生在某一学科学习、锻炼而获得的技能，但又不拘泥于某一学科，具有广泛性、持续性、灵活性和可迁移性等特点。根据经济合作与发展组织的调查，具备较高水平的通用技能的学生在工作中更加优秀，而越来越多的高校也意识到培养学生的通用技能的重要性。高等教育学习结果测评项目通用技能测试主要评价学生的4项核心认知能力：批判性思维能力、分析推理能力、解决问题的能力以及书面交流的能力。通用技能测试题中的任务型测试和客观题测试互为补充，又各有侧重。任务型测试重点考查学生的批判性思维能力和写作能力；客观题测试重点考查学生的分析推理能力。

为了更好地体现学生的核心能力，通用技能中的任务型测试有意弱化学习者对已有知识的依赖，采用可读性强又不为学生所熟知的阅读材料。为了使测试适用于不同国家的文化，确保测试的国际有效性，经合组织在确定通用技能测试的多选题时，将提前咨询各参与国家的意见，依据易于翻译和跨文化的原则确定题型。

通用技能测试中，被测学生需完成1项任务型测试和25个多项选择题。其中，任务型测试改编自国际化专家团体——教育援助委员会开发的大学学习测试（Collegiate Learning Assessment，CLA）；以澳大利亚教育研究委员会为首的高等教育学习结果测评项目国际联盟（International Consortium）则负责确定多选题的测试范围和内容。①

---

① 徐静：《从教学评价走向学习结果评价——OECD国际高等教育学习结果测评项目述评》，《比较教育研究》2015年第10期。

2. 经济学技能测试

经济学技能测试主要评价学生的5种学习能力：理解、掌握抽象概念的能力，熟练运用经济学研究方法收集、分析复杂数据的能力，与经济学专家进行学术交流的能力，学以致用的能力，独立学习的能力（见表4-2）。

表4-2 高等教育学习结果测评项目经济学技能测试的五项学习能力

学习能力	具体内容
学科知识和理解	清晰连贯地掌握经济学语言，包括清晰地定义宏观和微观经济学领域中的标准术语，解释基本概念的能力
	清晰连贯地掌握宏观和微观经济学的原理，同时在经济学论辩中具备用清晰且让人信服的语言阐释观点的能力
	解释经济主体（个人、家庭、公司、政府等）如何做出选择，并解决相关的经济决策问题
	有能力解释经济系统的基本运作方式，并分析政策在这个系统中扮演的角色
	有能力找出模型和分析方法的缺点与不足
学科知识与运用	在特定研究领域中有效地应用经济学推理和方法的能力（如市场、财政、环境、健康、劳动力市场、国际贸易等）
	运用经济学推理形成和评估经济方面的建议和政策，上述建议既包括针对个人的，也包括针对公共部门的
有效运用相关数据和定量分析方法	对经济学和社会数据信息来源有足够的了解，包括如何找到和在哪里找到这些数据，以及分析处理数据的能力
有效交流	向专业和非专业人士传达和解释经济学参数的能力，既包括口头表达也包括书面表达，可能涉及运用网络、电脑和投影设备的能力
习得独立学习技能	就某一系列经济学问题进行战略性和批判性思考
	在经济学领域提出和探索问题的能力，包括判断问题的研究价值，知道运用合适的方法进行研究并得出结论的能力

资料来源：OECD, "Tuning-AHELO Conceptual Framework of Expected and Desired Learning Outcomes in Economics", https://www.oecd-ilibrary.org/docserver/5kghtchwb3nn-en.pdf?expires=1630378878&id=id&accname=guest&checksum=245ED45EE62A714267D3623DDCED-DE91, 2011年2月21日。

经济学技能测试具有如下特点：第一，能广泛反映当前经济学领域专家的观点、思想；第二，能反映学生学科教育的成绩；第三，不仅考查学生对基本概念的理解力，而且考查学生运用学科知识的综合技能；第四，能综合考量不同参与国家的文化、语言等背景因素，有利于开展跨国、跨文化的测评。

经济学技能测试中的任务型测试综合考查学生的5种学习能力；多选题型的测试范围更为广泛，测试内容更为丰富，以其快捷、高效、易于评分的特点，与任务型测试相得益彰。

3. 工程学技能测试

工程学技能测试涵盖不同难度的题型，主要评价学生的5项工程学核心技能：工程学通用技能、工程分析、工程设计、工程实践和工程学基本素养。工程学技能测试中的任务型测试和客观题测试各有偏重，其中，任务型测试侧重考查学生的前4项综合技能；客观题测试用于考查学生的第5项核心技能。任务型问卷要求学生根据要求进行简单工程学设计，描述、分析过程，同时对复杂数据进行评价并给出相关建议或解决办法（见表4-3）。该测试为被测者提供真实的工程学案例情境，配以专业的工程学图片、图表和地图，使学生在具体的工程学环境下分析、解决问题。作为对任务型测试的补充，客观题测试侧重考查学生是否理解、掌握基本的工程学知识以及能否运用基本的工程学理论迅速、有效地收集工程数据。工程学基本素养是学习者进一步提高技能水平的必要前提，因此，客观题测试同时验证被测学生在任务型测试中体现的能力是否牢固以及是否具有偶然性[1]。

表4-3　高等教育学习结果测评项目工程学技能测试的五项学习能力

学习能力	具体要求
一般技能	在团队中有效地行使自己职权的能力
	与工程师团体及其他社团进行有效交流的能力
	在今后的生涯中意识到并切实参与终身学习
	对与工程学相关的多学科背景有一定了解

---

[1] 徐静：《从教学评价走向学习结果评价——OECD国际高等教育学习结果测评项目述评》，《比较教育研究》2015年第10期。

续表

学习能力	具体要求
基本技能和工程科学	对所在分支工程学的科学和数学规则有一定的了解和掌握
	对所在分支工程学的关键方面和概念有系统的理解
	对所在分支工程学有全面的了解，包括最新的热点话题
工程分析	应用所掌握的知识，通过已有的方法来鉴别、表达和解决工程学问题
	应用所掌握的知识来分析工程学产品、过程和方法
	选择和应用相关的分析与模型方法
	有能力进行文献检索，会使用数据库和其他来源信息
	设计并进行恰当的实验、解释数据并得出结论的能力
工程设计	为满足特定要求，应用所掌握的知识来设计恰当的方案
	理解设计方法学，并知道如何将其运用于实践当中
工程实践	选择恰当的工具、设备和方法，并将理论与实践相结合以解决工程学问题
	理解技术和方法的应用以及它们的局限性
	理解工程实践中的非技术含义
	有能力掌握车间和实验室的各项技能
	理解工程实践中的健康、安全、法律以及责任问题，理解工程解决方案对社会和环境的影响，并对职业道德、责任以及规范恪守承诺
	了解项目管理和商业惯例，如危机管理等

资料来源：OECD, "A Tuning-AHELO Conceptual Framework of Expected Desired-Learning Outcomes in Engineering", https://www.oecd-ilibrary.org/docserver/5kghtchn8mbn-en.pdf?expires=1630379171&id=id&accname=guest&checksum=4F5A6DC60A036EA97E228EB844DC1086, 2011年2月21日。

（二）高等教育学习结果测评项目认证程序

经合组织国际高等教育学习结果测评以自愿为基础，通过网上测试平台，对全球各类高等教育机构学生的学习结果进行测评。其测试框架包括通用技能测试、学科技能测试和背景信息调查，其中，通用技能测试和学科技能测试为项目的核心测试。项目的网上测试平台是实施测评的核心媒介，学生答测评问卷、调查数据的传输与收集、问卷的评定与评分等工作都通过网上测试平台进行。

高等教育学习结果测评问卷分为两种题型：开放性问答题和多项

选择题，其中，开放性问答题为主观题，又称"任务型测试题"，要求被测者根据一定的阅读材料自主回答问题，通过角色扮演，完成相关任务；多项选择题为客观题，要求被测者从 4 个选项中选出最佳选项。为了提高测评的信度和效度，高等教育学习结果测评项目分别对被测学生、教职工、高等教育机构和参与国家的背景信息进行调查。高等教育学习结果测评背景调查问卷的设计遵循三个原则：第一，反映参与国的政治、文化特点；第二，反映被测人群的人口学特点；第三，反映被测高等教育机构的地域特点和办学特点。通用技能和学科技能的测试时间分别为 120 分钟和 90 分钟；被测者作答背景调查问卷的时间为 10 分钟至 15 分钟。高等教育学习结果测评项目测试结构如表 4-4 所示。

表 4-4　　　　高等教育学习结果测评项目测试结构

测试项目		测试题型	测试内容	测试时间	测试途径	背景信息
通用技能		1 项任务型测试	批判性思维能力和写作能力	120 分钟	网上测试平台	针对被测学生、教职工和高等教育机构和参与国家的背景的调查问卷
		25 个多选题	分析推理能力			
学科技能	经济学技能	1 项任务型测试	理解、掌握抽象概念的能力；分析、推理和归纳能力；经济学量化能力；运用经济学原理解决现实问题的能力	90 分钟		
		45—50 个多选题	运用经济学知识的综合能力			
	工程学技能	1—3 项任务型测试	工程学通用技能、工程分析、工程设计和工程实践	90 分钟		
		30—40 个多选题	工程学基本素养			

资料来源：OECD, "About the OECD Higher Education Programme：Brochure of AHELO", http://www.oecd.org/edu/imhe/aboutimhe.htm, 2016 年 8 月 4 日。

第三节　欧盟职业教育质量保障与评估体系

一　欧盟职业教育质量保障与评估的历史发展

欧盟各成员国之间的交流合作并不局限于政治经济领域，也涉及文化教育方面。为加强对各成员国职业教育质量保障的管理与协调，同时促进职业教育质量保障事务之间的交流合作，欧盟专门制定了共同文件，以使各成员国的职业教育质量达到一个"统一而稳定"的标准。

2002年11月召开的欧盟职业教育与培训部长会议通过的《哥本哈根宣言》要求各成员国在提高职业教育与培训的质量方面加强合作。随后，一个由欧盟各成员国和社会团体代表组成的技术工作小组历经两年完成了《哥本哈根宣言》所确定的相关政策的执行细化工作，其主要成果之一便是制定了"通用质量保障框架"（Common Quality Assurance Framework）。2004年12月，欧盟教育委员会通过决议，确定未来工作的重点就是要采用通用的方法、标准和原则来完善质量保障体系，加强不同质量保障与评估方法之间的融合衔接；明确将"建立一系列达成一致的质量保障与评估标准、程序和指导方针"作为欧洲教育的首要工作。之后，欧盟继续对"通用质量保障框架"实施改进，并将其正式命名为《欧洲职业教育与培训质量保障参考框架》（*European Quality Assurance Reference Framework for Vocational Education and Training*，EQARFVET，以下简称《参考框架》）。2009年6月，欧洲议会和欧盟理事会正式提出了建立《参考框架》的倡议并被各成员国所接受。

为推动《参考框架》的贯彻落实，欧盟专门成立了一个名为"欧洲职业教育与培训质量保障"（European Quality Assurance in Vocational Education and Training，EQAVET）的非正式组织。它是一个将欧盟各成员国、社会合作机构以及欧洲委员会汇集起来，致力于为提高职业教育与培训的质量而相互合作的"实践社区"（community of practice）。其使命是：第一，协助各成员国开发有效方法以支持《参考框架》的实施；第二，帮助各成员国培育质量文化，使其达到欧盟的平均水平；第三，为各成员国落实《参考框架》提供支持。作为一个实践团体，其团体会员和专家可以在此就教育质量保障与评估的通用原则、参考标准、评估指标等的改进而相互学习、分享成果和建立共识。

二 《欧洲职业教育与培训质量保障参考框架》

《参考框架》作为保障和提升欧洲职业教育与培训质量的一个指导性框架，它建立在目前与教育关系最为密切的质量保障模型的基础之上，能够帮助决策者和实践者更加清楚地获取质量保障方面的详细信息，鉴别发现需要改进之处，并依据通用的定量和定性参考指标来做出改进的决定。它允许对各成员国内部以及成员国之间的先进经验进行分享，可被应用于职业教育与培训系统内部以及职业教育与培训的实施机构本身，因此可以被作为对职业教育与培训的效率和质量进行评估的工具。它强调对职业教育与培训在提高受教育者的就业能力、改进劳动力供需之间的匹配、提供更好的终身培训机会等方面"结果"和"产出"的评价。总体来说，《参考框架》的应用提高了各个成员国内部及成员国之间职业教育与培训系统的有效性、透明度和信任度。《参考框架》所确立的考质量保障与评估运行机制由质量保障模型、自我评估、监测系统以及评估指标体系等构成。

三 《欧洲职业教育与培训质量保障参考框架》认证标准与程序

1. 认证标准

为确保评估质量，《参考框架》制定了一组定量与定性相结合的

以效果为导向的职业教育质量标准研究

通用指标来帮助各成员国改进评估工作。该评估指标制定的依据有两点：一是便于质量管理系统在职业教育院校和职业教育系统两个层面得以应用；二是指标内容要体现已在欧盟层面达成共识的职业教育政策所确定的目标。为此，作为《参考框架》的一个特色，每项评估指标之后都有相关政策条款作为依据和对照（见表 4-5）。

表 4-5　　　　　　　　《参考框架》评估指标

指标模块	一级指标	二级指标	政策依据（相关部分）
质量保障的总体指标	1. 职业教育与培训实施机构自身的质量保障体系	1.1 设有内部质量保障体系的教育实施机构的比率 1.2 通过认证的教育与培训机构的比率	培育质量文化，提高教育透明度，增进教育互信等
	2. 师资培训投入	2.1 师资中参加进修培训的比率 2.2 投入的资金数量	增强质量意识和对市场需求的敏感度等
与职业教育和培训政策目标有关的指标	3. 职业教育与培训项目的参与度	3.1 接受职业教育培训的学生数 3.2 教育项目类型及学生信息	提高接受职业教育与培训的机会等
	4. 职业教育与培训项目学生毕业率	4.1 成功完成学业及中途弃学的学生数	把成功完成学业作为质量目标之一等
	5. 职业教育与培训项目学生就业率	5.1 毕业生就业去向 5.2 毕业生就业率	提高就业率和对市场需求变化的敏感度等
	6. 所学技能在工作岗位的应用	6.1 毕业生所从事的职业分布 6.2 学生及雇主对技能的满意度	提高学生的就业能力，开展多样化培训等
背景信息	7. 未就业率	7.1 依据学生个体特征分类统计	为教育决策提供背景信息
	8. 弱势群体的参与度	8.1 弱势群体学生入学比例及年龄、性别分布 8.2 弱势群体学生毕业率及年龄、性别分布	保障弱势群体学生的受教育机会等
	9. 社会需求的识别机制	9.1 社会劳动力需求变化的信息识别机制 9.2 上述机制有效运作的证据	提高对劳动力市场需求变化的敏感度，提升学生就业能力等
	10. 提升职业教育与培训机会的计划	10.1 现有计划的相关信息 10.2 上述计划有效实施的证据	提高职业教育与培训的覆盖面等

资料来源：转引自王永林《美国、欧盟职业教育评估的取向与特征评析——以评估体制与指标为基础》，《高等教育研究》2015 年第 3 期。

2. 认证程序

通常，《参考框架》的认证与评估包括自我评估和外部监测两大部分。

（1）自我评估。自我评估机制包括职业教育实施机构和职业教育体系两个层面。在职业教育实施机构层面，自我评估可以帮助它们分析自身面对挑战和问题时所采取的应对举措和成效。在职业教育体系层面，自我评估有助于改进管理，合理分配资源，审视教育效果并适时提供反馈，促使职业教育实施机构做出回应并进行必要的变革。

（2）外部监测。自我评估是一个"自我反省"的内部评估过程。因此，它需要与由国家、地区或者第三方独立机构实施的周期性监测系统结合起来。这种结合是确保职业教育与培训评估结果的可信度、合法性和认可度的必要条件，并有助于评估反馈与改进工作的开展。外部监测既要包含严密的控制与会计核算措施，也应包括更加开放的指标。监测的系统、机制以及程序是管理调节功能的一部分，它们可以因国家系统、分支系统和机构的不同而多样化。在许多国家，督查（inspection）是公立职业教育与培训系统作为自我评估补充的一项外部监测措施。分权管理、鼓励并依靠地方的创造性、外部保障与内部保障之间越来越多的战略互补是未来的发展趋势。作为一种特殊的监测措施，对职业教育实施机构进行认证在欧盟许多成员国被广泛应用，该措施强制职业教育实施机构达到设定的一系列最低标准，这对于质量保障规定较少的继续职业教育与培训而言显得尤为重要。质量体系的第三方认证如ISO9000认证和欧洲质量管理基金会（EFQM）的业务卓越模型也在一些国家被应用。同行评价是质量监测的一个重要工具。同行评价过程有助于发现和评估好的做法，并评估好的做法如何被有效地推广，有利于职业教育与培训系统层面和教育机构层面相互学习。[1]

---

[1] 王永林:《我国高职教育评估的价值取向研究——兼论评估制度的重构与监测评估的应用》，博士学位论文，上海交通大学，2014年，第121—122页。

第四节　国际工程联盟教育质量标准

国际工程联盟（International Engineering Alliance，IEA）是一个全球性的非营利组织，由来自27个国家的36个辖区的成员组成，涉及7个国际协议。这些国际协议规定了对工程教育标准和职业（专业）能力的认可。通过"教育协定和能力协议"，国际工程联盟的成员建立并实施了工程教育的国际标准和工程实践的预期能力。明确"成果导向"理念、"实质等效"原则和三类教育不同的问题解决范畴、工程活动范畴、专业知识组成、毕业生特质、职业能力描述等。

一　国际工程联盟的产生及组成协议

国际工程联盟的产生与工程技术的细分密切相关，而工程技术的细分又可追溯至工业革命。工业革命既是世界历史的一个重要分水岭，也是工程技术再细分的分水岭。在工业革命期间，由于技术进步，社会分工进一步细化，工程从业群体也发生了分裂，分为负责机械概念和设计的工程师、熟练掌握工程技术的技术人员。这一分类一直持续到20世纪下半叶，又出现了一个分支——工程技术专家，他们能熟练地应用已有的技术，有别于以科学为基础的专业工程师。因此，从工业革命至今，专业工程师、工程技术专家和工程技术员的角色一直存在于许多国家。

与这些工程人员角色相伴而生的是工程认证机构的出现。最早的工程认证机构可追溯至19世纪初。直到20世纪，许多国家才开始建立自己的认证系统。比较而言，工程技术从业人员的国际认证发展缓慢，早期的国际认证体系主要有美国（1932年）、加拿大（1965年）

和英国（1977年），直到20世纪后期才扩展到许多国家。

经济全球化需要各国一致承认的工程类人才，国际工程联盟就是顺应全球化发展在工程技术领域建立的有关教育基准、工程技术人员国际注册的全球性非营利国际组织，宗旨是共同努力提高教育质量，增强工程职业人员的全球流动性。截至目前，国际工程联盟由三项教育协定、四项能力协议和一套质量标准组成。三项教育协定是指《华盛顿协定》、《悉尼协定》和《都柏林协定》，四项能力协议是指《国际职业工程师协议》（IPEA）、《亚太经合组织工程师协议》（APEC EA）、《国际工程技术专家协议》（IETA）、《国际工程技术员协议》（AIET）。它们之间的关系见图4-1。这些协议并非同时产生，图4-1传达了一个形成信息：教育协定和能力协议先以单独协议的形式存在，然后才发展合并为国际工程联盟——一个致力于促进全球教育认可和职业能力认证的组织。一整套质量标准是指毕业生素质范例、职业能力范例，以及支持七项协议实现国际工程联盟目标的规则和程序。

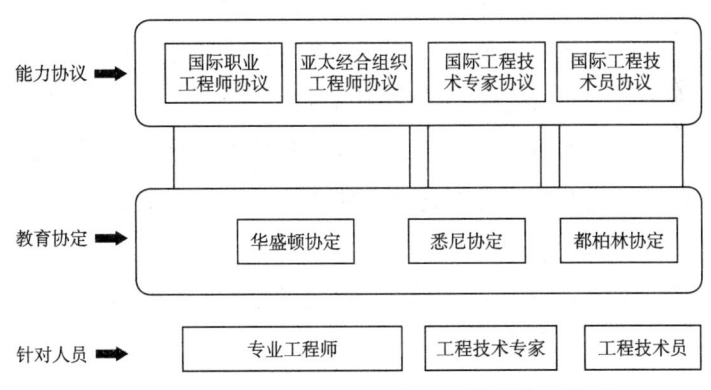

图4-1 国际工程联盟教育协议和能力协议关系

资料来源：IEA, "A History of the International Engineering Alliance and Its Constituent Agreements: Toward Global Engineering Education and Professional Competence Standards", http://www.ieagreements.org。

在1997—2003年已达成六项协议，到2007年6月，各协议的成员国最终签署了"多方协议"（Multi-party Agreement），多方协议规定由一个秘书处为所有六项协议提供服务，为此设立专门理事会小组，国际工程联盟这一名称就是由理事会小组作为教育协定和能力协议的一个方便的集体名词所创造。

在国际工程联盟内部和外部工程界，以毕业生素质和职业能力为形式的共同标准的制定以及对成员资格认证和注册制度的评估等都被视为一种设定基准。

二 工程从业人员的职业发展阶段

工程是满足人们的需要、经济发展和向社会提供服务所必需的活动。典型的工程活动①需要几个角色，包括工程师、工程技术师（技术专家）和工程技术员，在许多管辖区域被公认为专业注册类别，②任何类别的工程专业的发展都是一个正在进行的过程和重要的识别阶段。

第一阶段是获得认可的教育资格，即毕业生阶段。工程教育的根本目的是建立一个知识库和属性，使毕业生能够继续学习，并继续进行形成性发展，这将发展独立实践所需的能力。

第二阶段是经过一段时间的形成性发展，即专业注册阶段。形成性发展的根本目的是建立在教育基础之上培养独立实践所需的能力，毕业生与工程实践者一起工作，从辅助角色发展到承担更多的个人和团队责任，直到有能力证明达到注册水平。一旦注册，执业人员必须持续发展其专业能力。

第三个阶段适用于工程师和工程技术专家，是获得由各个法律授权持有的国际注册资格（见图 4-2）。

---

① 本部分将术语"工程"用作广义的活动，将"工程师"用作各类专业和特许工程师的简写。人们认识到，工程师、工程技术师（技术专家）和工程技术员在个别管辖范围内可能具有特定的职称或名称和不同的法律授权或限制。

② ICE, "A History of the International Engineering Alliance and Its Constituent Agreements: Toward Global Engineering Education and Professional Competence Standards", https://www.ieagreements.org/assets/Uploads/Documents/History/25YearsWashingtonAccord-A5booklet-FINAL.pdf.

第四章　国际职业教育质量标准研究

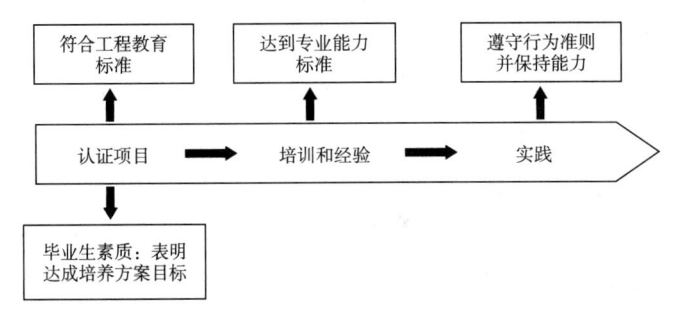

```
符合工程教育           达到专业能力          遵守行为准则
    标准                  标准              并保持能力
     ↑                    ↑                    ↑
  认证项目  →→→→→   培训和经验  →→→→→   实践
     ↓
 毕业生素质：表明
 达成培养方案目标
```

图 4-2　工程专业发展阶段

资料来源：https://www.ieagreements.org/assets/Uploads/Documents/History/25YearsWashingtonAccord-A5booklet-FINAL.pdf。

国际工程联盟的毕业生素质和职业能力范例都是在工程人员专业发展阶段理论指导下开发、发展而来。

三　教育协定

在教育协定中，《华盛顿协定》具有基础地位，可以说是其他协定协议的范本。

1.《华盛顿协定》

在全球化进程中，1989 年签订的《华盛顿协定》(*Washington Accord*，WA) 是全球经济和专业活动的一个重要分水岭（该协议在 1993 年前称为《六国协议》）。那一年冷战结束，国际政治经济秩序发生了变革，以前封闭的经济向世界开放，开放经济变得更加开放。《华盛顿协定》的温和开端在不经意间恰逢其时。《华盛顿协定》签署国相互承认/认可的教育项目旨在为专业工程师提供教育基准。2016 年 6 月，中国科学技术协会成为正式成员。

2.《悉尼协定》和《都柏林协定》

1998 年，大部分华盛顿签署国建议成立一个针对技术专家及技术员教育的工作小组，因首次会议在渥太华举行而得名渥太华意向工作组。1999 年 11 月，该工作组在悉尼再次举行会议时，拟定了关于承认工程技术专家教育方案的协议草案，因此，该协议被称为《悉尼协定》，最终于 2001 年签署。《悉尼协定》及其规则和程序基本上

· 115 ·

遵循了《华盛顿协定》1997年版的结构。《悉尼协定》申明，使用的"工程技术专家"，在特定的司法管辖区内，可有不同称呼，如被称为助理工程师，大多数是三年制高等教育以上学历，毕业生素质范例是指定义广泛的工程问题。

2002年5月，加拿大、爱尔兰、南非和英国4个创始签署国在爱尔兰都柏林签订《都柏林协定》。《都柏林协定》是关于工程技术员教育的国际协议，它遵循了与《悉尼协定》类似的路线。与其他协议一样，签署方致力于发展和认可工程教育方案认证的最佳实践，它也认识到工程技术员扮演一个更广泛的工程团队的角色的重要性。《都柏林协定》申明，"工程技术员"角色在特定管辖范围内可能有不同称谓，如工程助理。从2007年起，《华盛顿协定》《悉尼协定》《都柏林协定》统一了规则和程序。《都柏林协定》针对的资格证书是两年制中学后的文凭，毕业生素质范例指的是定义明确（狭义）的工程问题。

3.《华盛顿协定》的基础作用

从国际工程联盟协议的内容以及签署国或成员来看，都可以追溯到《华盛顿协定》，可以说《华盛顿协定》是国际工程联盟的第一个也是最基本的协定，它发挥了基础作用，这种作用主要表现在以下6个方面。

（1）确立了实质等效的核心理念。1989年以前，一些工程机构认识到需要通过双边协议相互承认毕业生。后来，由英国工程理事会和美国工程技术认证董事会（Accreditation Board for Engineering and Technology，ABET）发起，于1988年和1989年制定了一份标题为"承认导致认可工程学位的方案/课程的等效性"的协议（1993年以前被称为《六国协议》，从2007年起被称为《华盛顿协定》），有澳大利亚、加拿大、爱尔兰、新西兰、英国和美国六个创始签字国。创始签字国承认这份协议不同于原来的双边协议，而是一份确立实质等效的多边协议。实质等效含义是：签署国同意，在各自管辖范围内，认可彼此的教育方案和毕业生，以便注册或获得许可，促进毕业生在签署国管辖区之间的流动。也就是说，承认专业工程师教育基础的实质等效。实质等效是原则、是核心理念，但不是内容和结果的精确对应。

（2）促进专业工程师的国际注册。《华盛顿协定》的意义不仅在于确立了实质等效的教育认证，还在于专业工程师的国际注册。由于《华盛顿协定》签署国中除了教育认证外还负责专业工程师的注册，因此，签署国之间提出了一项调查相互承认注册专业工程师机制的建议，这项建议最终促成了"工程师流动论坛"（Engineers Mobility Forum，EMF）。同样，《华盛顿协定》的签署国中，大多数既对工程技术教育感兴趣，也对工程技术类人员的注册感兴趣，于是《华盛顿协定》的签署方又发起了"工程技术专家流动论坛"（Engineering Technologists'Mobility Forum，ETMF），该论坛后来发展为《悉尼协定》。

（3）确立成果导向的毕业生素质范例。一些签署国在20世纪90年代后期制定了以成果为基础的标准，并从2000年起采用这些标准对方案进行认证，进而发展为《华盛顿协定》毕业生素质范例，针对定义复杂的工程问题。后来的《悉尼协定》和《都柏林协定》的毕业生素质范例均参照《华盛顿协定》的关键要素制定。毕业生素质标准的采纳实际上在《华盛顿协定》内树立了成果导向的评估范式。虽然毕业生素质不是《华盛顿协定》的正式组成部分，但由一个签字人对方案（课程）进行的认证实质上等同于毕业标准，这本身就是对达到毕业标准的毕业生的一种重要认可形式。

（4）确立了通用规则和程序。《华盛顿协定》的运作模式，由双边到多边，从彼此认可、注册的规则和程序发展为协议体系内的互认、注册的一套规则和程序，为《悉尼协定》和《都柏林协定》的运作模式提供了示范。到2007年，《华盛顿协定》通过了一套通用的扩展规则和指南，还建立了一个共同秘书处。所以，《华盛顿协定》的实质等效不仅指教育基准，还包括保障协议执行和发展的规则、程序的实质等效。自此，共同秘书处与组成协议一起被称为国际工程联盟。

（5）明确了成为两级成员的标准。在2007年规则和指南的基础上，经过改进，截至2014年版本，确定了临时阶段和签署阶段适用的接纳标准。获得临时地位的标准是：必须通过书面材料证明其具有工程认证机构应具备的关键特性，并拥有至少一套特定特征的认证系统。申请必须得到作为提名人的两个签字人的支持。取得签署国地位，需要对其认证程序进行现场审查，并且必须满足三个关键要求：第一，认证制度必须按照最佳做法的指标运作；第二，受审查机构对经认可的方案所要求的标准必须与《华盛顿协定》的毕业生素质要求大致相同；第三，该机构必须证明它作出了决定，并承诺将这样做。

（6）具有显著的示范辐射作用。《华盛顿协定》的影响潜力是显著的，它不仅影响《悉尼协定》《都柏林协定》，满足了对各种工程人才认可的需要，它还被视为全球专业工程师的标准，人们普遍对它产生了浓厚的兴趣。虽然认可只适用于签署国领土范围内提供的教育项目，但为了适应需要，2009年通过制定新规则，增加了新的服务对象——新兴经济体。

总之，《华盛顿协定》是国家组织（签约国）之间的一项自治、自主的协议，这些组织为高等教育项目提供外部认证，使其毕业生有资格进入专业工程实践，在工程实践经历中，分为工程师、工程技术专家、工程技术员三个不同类别，当然，在各个法律管辖区域内可能会有不同的称呼，这也是进行国际认证的一个主要原因。

四 职业（专业）能力协议

1. 工程师流动协议

为促进工程师的国际流动，1995年，《华盛顿协定》启动了后来发展为促进工程师流动协议的进程。一个是"香港工作小组"负责的"工程师流动论坛"，另一个是亚太经合组织人力资源开发工作组负责的"亚太经合组织工程师协议"。

（1）工程师流动论坛与国际专业工程师（International Professional Engineer，IntPE）注册。1996年3月，《华盛顿协定》各签署国成立了"香港工作小组",探索相互承认经验丰富的工程师的机制;1997年10月,设立了"工程师流动论坛"。2003年,论坛通过《章程》,2005年"香港论坛"对《章程》进行了修订,新增国际专业工程师注册等内容。国际专业工程师注册的标准实际上超出了成员管辖区一般要求的工程师注册标准,即明确的教育地位和独立实践能力的证明:一个已经在本国注册的国际注册申请人自毕业以来至少有七年的工作经验,至少有两年负责重大工程项目的经验,并保持了持续的专业发展。

(2)亚太经合组织工程师协议。1995年11月,在大阪召开的亚太经合组织领导人会议决定采取行动促进工程师在成员经济体之间的流动。根据这一动议,亚太经合组织人力资源开发部长会议指示亚太经合组织人力资源开发工作组推进这一工作,并新成立了工程师项目指导委员会。该委员会通过调查得知,高等教育系统及其运作的质量保证框架之间存在巨大的差异。1996年,日本牵头在东京举行了一个小型会议,参会者都认识到,亚太经合组织成员间的项目可以提供相互承认经验丰富的专业工程师的途径。

随后的亚太经合组织工程师项目以不同寻常的速度发展,指导委员会于1998年11月在悉尼举行了第一次会议,并达成《亚太经合组织工程师协议》,其目标是:促进专业工程师的实践,基于对每个经济体内职业实践评估制度的完整性的信任,建立相互承认的制度,并通过对这些制度的持续相互监督、评估和核查而得到保障。《亚太经合组织工程师手册》第一版于2001年印发。

(3)影响与合作。"工程师流动论坛"和"亚太经合组织工程师项目"互相受益,共同促进了《华盛顿协定》成员的数量和多样性迅速扩大。随后一系列国际协议的发展和趋同,以及国际工程联盟的出现,很大程度上要归功于亚太经合组织工程师项目的运行范式:基于相互承认的实质等效的结果可以超越文化和政治分歧。后来两个项目走向合并。

2. 工程技术专家流动论坛

根据1998年"工程师流动论坛"的建议,1999年悉尼会议和

2001年南非索尔尼布什（Thornybush）会议达成了对有经验的工程技术专家的相互承认框架，并于2001年6月25日在索尔尼布什设立了"工程技术专家流动论坛"。工程技术专家流动论坛的做法类似于工程师流动论坛。2003年6月，在新西兰罗托鲁阿签署《工程技术专家流动论坛协议》，包括建立和保持工程技术专家国际注册的条款。

3. 重新定位流动协议

流动协议的主要目标是通过国际登记机制加强经验丰富的专业工程师和工程技术专家的流动。事实证明，这一愿望难以实现，于是人们开始对流动协议的再思考。2013年的一项研究发现，跨境工程活动的规模在不断扩大，但影响工程从业人员流动的障碍很多。这项研究最终提出一个建设性结论：作为一个基准获得国际公认很可能比作为获得监管当局立即承认更有价值。

因此，"工程师流动论坛""工程技术专家流动论坛"和《亚太经合组织工程师协议》重新审查了2009年至2012年的目标和方针，于2012年6月通过了能力协定的"新章程"，其主要变化在于工作目标从流动性转向基准，并采用2007年以来"教育协定"统一规则和程序的做法。根据这一目标，制定了《国际专业工程师协议》和《国际工程技术专家协议》，并将《亚太经合组织工程师协议》纳入"能力协议"的共同框架，而不再保留先前的"流动协议"。这三项协议于2013年1月正式生效，取代了先前的流动论坛。《国际专业工程师协议》取代"工程师流动论坛"，承认专业工程师独立实践能力标准和质量保证体系的实质等效，适用的能力标准与《亚太经合组织工程师协议》相同。

《亚太经合组织工程师能力协议》取代了《亚太经合组织工程师协议》，承认专业工程师在亚太经合组织经济体内独立实践能力标准和质量保证体系的实质等效。能力标准以《亚太经合组织工程师协议》所规定的国际标准为基准。

《国际工程技术专家协议》取代了"工程技术专家流动论坛"，承认工程技术专家的独立实践能力标准和质量保证体系的实质等效。由

《悉尼协定》的五个基础签署者组成。

4. 国际工程技术员协议

2015年,《都柏林协定》6个签署国签署了《国际工程技术员协议》,以重新定位后的能力协议为蓝本。已经定义的工程技术员毕业生素质和职业能力概要作为《国际工程技术员协议》的范例。《国际工程技术员协议》承认作为完全合格工程技术员的实际能力的实质等效,这一直接认定个人能力的实质等效做法与前面认定能力标准和质量保障体系的实质等效做法是有明显区别的。

至此,3项教育协定和4项职业能力协议全部达成。以上的历史沿革证明国际工程联盟国际协定的构成主要为《华盛顿协定》、《悉尼协定》和《都柏林协定》,每个协定都由教育协定、能力协议组成,这些协议共同遵守一套规则和程序、共用一套具有区分度的毕业素质和能力范例。

五 国际工程联盟毕业生素质与职业能力范例

1. 毕业生素质与职业能力范例共识

毕业生素质与职业能力范例的出现应归功于一些人对工程教育的反思。在20世纪90年代中期,《华盛顿协定》的几个签署国对传统的认证标准提出了质疑,出现了一种关于工程能力和教育需求说明的新共识,即从以投入为中心的认证标准转向以产出为基础的规范。这种想法的结果是成果导向的兴起。这样做的好处是许多领域的认证标准基本上简化为对以下四个关键问题的判断:方案设计是否与方案目标一致;方案成果是否适当,是否正在评估;教与学的质量是否足够;该方案是否有充足的资源和可持续能力。[1] 在这一背景下,2001年,《华盛顿协定》签署国希望对毕业于《华盛顿协定》认证项目的毕业生特点进行描述。2003年6月,新西兰罗托鲁阿(Rotorua)会

---

[1] ICE, "A History of the International Engineering Alliance and Its Constituent Agreements: Toward Global Engineering Education and Professional Competence Standards", https://www.ieagreements.org/assets/Uploads/Documents/History/IEA-History-1.1-Final.pdf.

议期间,《悉尼协定》和《都柏林协定》签署国也确认了类似的需要。东道国新西兰专业工程师协会（Institution of Professional Engineers New Zealand，IPENZ）的一项工作极大地推动了这一倡议,该协会在教育和注册层面制定了基于成果的标准,涵盖专业工程师、工程技术专家和工程技术员。这表明,在教育领域,每个工程角色的成果可以基于相同的要素,例如问题分析、设计、沟通和团队合作,并根据每个角色的预期绩效进行评分。这次会议提出了一种从问题求解和工程活动的角度对教育需求进行分级的方法。

在同一时期,职业能力范例也在开发中,并且采用了教育领域类似的方法来界定工程师、工程技术专家和工程技术员注册对应级别所需的能力。流动协议《新章程》规定签署国可以通过能力评估及所获得的证据,开发一条通往国际注册的替代途径。2003年的罗托鲁阿论坛上,工程师流动论坛和工程技术专家流动论坛决定为工程师和工程技术专家确定可评估的能力集。虽然对工程技术员没有类似的流动论坛,但为工程技术员制定一套相应的标准对于全面说明工程能力也很重要。所以,工程师流动论坛的签署国决定编制基于共识结果的职业能力声明,即注册为职业工程师的标准。

教育协定国以及工程师流动论坛和工程技术专家流动论坛同意于2004年6月举行会议,以寻求制定关于教育和职业能力结果的共识声明。会议以讲习班的形式在伦敦如期举行。在新西兰专业工程师协会方案和部分签署方制定的标准的基础上,与会者编写了毕业生素质和职业能力初稿。为工程技术员制定职业能力标准也是在这次会议上完成的。因此,2004年讲习班实际上是为全部工程从业人员创建了说明相应类别毕业生的素质和职业能力简介。

在2005年6月香港会议上,教育协定、工程师流动论坛和工程技术专家流动论坛批准了毕业生素质和职业能力范例。会议认为,不打算将毕业生素质作为一种规范性标准,而是作为"从认证方案毕业的学生所具备的素质的典范"。作为范例,仍然可以作为在实质等效基础上判断认证机构标准的参考。2009年,在日本京都论坛上,正式通过了"毕业生素质和职业能力"文件，该文件将其中的工程师部分视为在获得注册时应展示的能力范例。

总之，毕业生素质和职业能力范例获得共识，反映了教育成果和职业能力向全球共识迈出了第一步，成果方法使教育提供者在规划设计方面享有自由，并且在认证方面已将最佳做法记录在协议的规则和程序中。"教育协定"和"能力协议"针对工程专业不同层次毕业生应了解的知识、具备的能力特征进行分类，为成员国确定工程教育毕业生的毕业要求和能力要求提供了范本。

2. 毕业生素质和职业能力范例[①]

（1）通用范围和语境定义。三项教育协定各自承认不同类型的工程从业人员、不同的问题解决范围和不同的工程活动范围。确定一个专业是否达到所要求的学习成果的指标，包括毕业生素质概要和知识概要[②]。

问题解决的范围（见表4-6）

表4-6　　　三项教育协定认可的问题解决范围

协定名称	《华盛顿协定》	《悉尼协定》	《都柏林协定》
在毕业生素质和专业能力的双重背景下			
范围界定	复杂工程问题具有WP1特性以及WP2到WP7中的部分或全部（复杂工程问题）	广泛定义的工程问题具有SP1特征和SP2到SP7的一些或全部（广义工程问题）	狭义工程问题具有DP1特征和DP2到DP7的一些或全部（狭义工程问题）
知识深度要求	WP1：如果没有以基本原理为基础的、体现基本原则的分析方法的WK3、WK4、WK5、WK6或WK8中的一个或多个水平的深厚工程知识，则无法解决此问题	SP1：如果没有SK3支持的相当于SK4、SK5和SK6中的一个或多个强调应用先进技术的工程知识，则无法解决	DP1：如果没有DK3和DK4中定义的理论知识支持的DK5和DK6中所反映的广泛的实践知识，则无法解决

---

① 以下内容来自《国际工程联盟毕业生素质与专业能力概要》（英文版），http://www.ieagreements.org，根据研究需要和汉语语法有所调整。
② 庄榕霞、周雨薇、赵志群：《高等职业教育开展〈悉尼协定〉专业认证的思考》，《中国职业技术教育》2018年第1期。

续表

协定名称	《华盛顿协定》	《悉尼协定》	《都柏林协定》
冲突范围要求	WP2：涉及广泛或相互冲突的技术、工程和其他问题	SP2：涉及许多能够导致相互冲突的问题	DP2：涉及一些问题，但是几乎没有导致冲突的问题
分析深度要求	WP3：没有明显的解决方案，需要通过抽象的、富有创造性的分析以建立合适的模型	SP3：可通过运用已被充分证明行之有效的分析技术来解决问题	DP3：可以用标准化方法解决
熟悉程度	WP4：涉及不常遇到的问题	SP4：属于比较常见的问题，可用普遍接受的惯常方法加以解决	DP4：比较常见的问题，很多从业者在实践领域中都很熟悉
适用准则程度	WP5：属于专业工程实践标准及准则涵盖范围以外的问题	SP5：可能部分属于实践标准及准则涵盖范围之外的问题	DP5：属于实践标准及准则涵盖范围之内的问题
利益相关者的参与程度及其需求冲突的程度	WP6：涉及不同需要的利益相关者	SP6：涉及几种利益相关者群体，有不同的、偶有冲突的需求	DP6：涉及有限的几个可能有不同需求的利益者群体
依存关系	WP7：可能包含很多组成要素或者子问题的高水平问题	SP7：复杂工程问题中的部分或子系统	DP7：是工程系统的离散组成部分
此外，在专业能力背景下			
后果（影响）	EP1：在一系列环境中产生重大影响	TP1：在局部产生重要影响，但可能会扩展范围	NP1：在局部产生重要影响，但不会扩散
判断	EP2：在决策过程中需要判断	TP2：在决策过程中需要判断	—

工程活动范围（见表4-7）

表4-7　　　　　　　　　工程活动范围

属性	复杂的活动	广泛定义的活动	狭义（明确）的活动
前言	意味着（工程）活动或项目具有下列特征中的部分或全部	意味着（工程）活动或项目具有下列特征中的某些部分或全部	意味着（工程）活动或项目具有下列特征中的部分或全部
资源范围	EA1：使用多种资源（包括人员、资金、设备、材料、信息和技术）	TA1：涉及多种资源（人员、资金、设备、材料、信息和技术）	NA1：有限的资源（人员、资金、设备、材料、信息和技术）

续表

属性	复杂的活动	广泛定义的活动	狭义（明确）的活动
交互程度	EA2：要求解决广泛的或相互矛盾的技术、工程或其他问题之间产生的重大问题	TA2：需要解决技术、工程和其他问题之间相互影响产生的，很少有冲突的偶尔发生的问题	NA2：需要解决有限的技术和工程问题之间的相互影响产生的，对更广泛的问题很少或根本没有影响的问题
创新性	EA3：以新颖方式创造性地运用工程原理和研究性知识	TA3：以非标准方式使用新材料、新技术或新工艺	NA3：以改良过或新的方式使用现有的材料、技术或者流程
对社会和环境的影响	EA4：在一系列环境中产生难以预计且难以缓解的重大影响	TA4：在本地产生可预测的重大局部影响，并具有扩散性	NA4：具有局部重要性而非深远影响的后果
熟悉程度	EA5：可以通过应用基于原理的方法来扩展以前的经验	TA5：要求了解正规的操作程序和流程方面的知识	NA5：需要具备广泛应用的实际操作流程知识和程序方面的实践性知识

（2）毕业生素质范例（学习成果范围）。毕业生的素质标明了不同水平的工程师、工程技术专家和工程技术员的教育资格，有助于识别与众不同的特征。它是通过一组成果来评估的，而这些成果是毕业生获得相应实践能力的潜力的组成部分。毕业生素质是从一个被认可的项目中毕业时达到的预期素质的范例，是清晰、简洁的预期能力的陈述，它包括知识、素质和能力三部分内容。

毕业生知识要求（见表4-8）

表4-8　　　　三种工程教育类型毕业生的知识要求

《华盛顿协定》毕业生	《悉尼协定》毕业生	《都柏林协定》毕业生
WK1：对适用于该学科的自然科学的系统化的、基于理论的理解	SK1：对适用于本专业所属子学科的自然科学的系统化的、基于理论的理解	DK1：对适用于本专业所属子学科的自然科学的描述性的、基于公式的理解
WK2：适用于本专业所属学科的、用于支撑分析和建模的、以概念为基础的数学、数值分析、统计学及计算机与信息科学的通识内容	SK2：适用于本专业所属子学科的、用于支撑分析和建模的、以概念为基础的数学、数值分析、统计学及计算机与信息科学的通识内容	DK2：适用于本专业所属子学科的程序数学、数值分析和统计学知识

续表

《华盛顿协定》毕业生	《悉尼协定》毕业生	《都柏林协定》毕业生
WK3：本专业所属工程学科所需的系统化的、基于理论的工程基本原理	SK3：本专业所属工程学科所需的系统化的、基于理论的工程基本原理	DK3：本专业所属工程学科所需的系统化的、基于理论的工程基本原理
WK4：专门性工程知识，能够为本专业所属学科的实践性工作提供理论框架和知识体系；大多数处于本学科前沿	SK4：专门性工程知识，能够为本专业所属子学科提供理论框架和知识体系	DK4：专门性工程知识，能够为本专业所属工程子学科提供知识体系
WK5：能够为实践工作中的工程设计提供支撑的知识	SK5：能够为使用实践性技术的工程设计提供支撑的知识	DK5：能够基于实践性技术和流程的工程设计提供支撑的知识
WK6：工程实践领域的工程实践（技术）知识	SK6：适用于本专业所属子学科的工程技术知识	DK6：所涉及实践工作领域中的显性工程实践知识
WK7：理解工程在社会中的作用，辨别本学科工程实践中的显著性问题：如工程师对公众安全的道德和专业责任；工程活动对经济、社会、文化、环境及可持续发展的影响	SK7：理解技术在社会中的作用，辨识应用工程技术中的显著性问题：如职业道德和对经济、社会、环境及可持续发展的影响	DK7：了解工程技能实践中的问题和方法：如职业道德和对经济、社会、环境及可持续发展的影响
WK8：把握所属学科研究性文献中的有关知识	SK8：把握所属学科技术性文献中的有关知识	—
一个专业如果要打造出上述类型的知识体系，并培养出如表4—9所示的毕业生素质，其学习周期通常为4—5年，具体时间取决于学生的入学水平	一个专业如果要打造出上述类型的知识体系，并培养出如表4—9所示的毕业生素质，其学习周期通常为3—4年，具体时间取决于学生的入学水平	一个专业如果要打造出上述类型的知识体系，并培养出如表4—9所示的毕业生素质，其学习周期通常为2—3年，具体时间取决于学生的入学水平

毕业生素质要求

毕业生素质分为12个方面，包括工程知识、问题分析、设计/开发解决方案、研究、现代工具的应用、工程师与社会、环境与可持续性发展、职业道德、个人与团队工作、人际沟通、项目管理和财务管理、终身学习。每一个方面根据不同类别定义了区别特性。表4—9提供了三种工程教育专业的毕业生素质要求，使工程师、工程技术专家和工程技术员的不同角色得以区分。

第四章 国际职业教育质量标准研究

表 4-9　　三种工程教育专业毕业生的素质要求

差异性特征	区别特性	《华盛顿协定》毕业生	《悉尼协定》毕业生	《都柏林协定》毕业生
工程知识	教育的广度和深度以及知识的类型，包括理论的和实践的	WA1：能够将数学、科学、工程基础知识以及某个特定专业的工程知识用于解决复杂工程问题	SA1：能够将数学、科学、工程基础知识以及某个特定专业的工程知识应用于确定的、实用的工程流程、程序、系统和方法	DA1：将数学、科学、工程基础知识以及某个特定专业的工程知识应用于广泛的实践操作性流程和实践工作
问题分析	复杂性分析	WA2：能够应用数学、自然科学与工程科学的基本原理，定义与分析复杂工程问题，检索相关文献，并得出实证性的结论	SA2：能够运用适用于所属学科或专业领域的分析工具，定义与分析广义的工程问题，检索相关文献，并得出实证性的结论	DA2：能够运用所属工作领域特有的显性分析方法，定义并分析狭义的工程问题，并得出实证性的结论
设计/开发解决方法	工程问题的广度和唯一性，即问题原创程度和解决方案以前已被识别或编纂的程度	WA3：能够设计复杂工程问题的解决方案，设计满足特定需求的系统、部件或过程，并能够适当考虑公共健康、安全、文化、社会以及环境等因素	SA3：能够设计广义工程技术问题的解决方案，设计满足特定需求的系统、部件或过程，并能够适当考虑公共健康、安全、文化、社会以及环境等因素	DA3：能够设计狭义工程技术问题的解决方案，设计满足特定需求的系统、部件或过程，并能够适当考虑公共健康、安全、文化、社会以及环境等因素
研究	调查和实验的广度和深度	WA4：能够采用基础研究知识和研究方法对复杂问题进行研究，包括设计实验、分析与解释数据，并通过信息综合得到合理的结论	SA4：能够对广义问题展开研究；从规范准则、数据库及文献中检索并选择出相关数据，设计并进行实验，以得出有效的结论	DA4：能够对狭义问题展开研究；从相关规范准则和目录手册中检索数据，进行标准化测试和测量
现代工具的应用	理解工具适当性的程度	WA5：能够针对复杂工程活动选择与运用适当的技术、资源和现代工程及信息技术工具，包括对复杂工程活动的预测与建模，并能够理解其局限性	SA5：能够针对广义工程活动选择和应用适当的技术、资源和现代工程及信息技术工具，包括对广义工程活动的预测和建模，并能够理解其局限性	DA5：能够针对狭义工程活动应用适当的技术、资源和现代工程及信息技术工具，并能够了解其局限性
工程师与社会	知识和责任水平	WA6：能够基于与工程相关的环境或背景信息进行合理的思考，对专业工程实践和复杂工程问题解决方案在社会、健康、安全、法律以及文化诸方面涉及的因素与应承担的责任进行评价	SA6：能够理解专业工程实践和广义工程问题解决方案在社会、健康、安全、法律及文化诸方面涉及的因素与应承担的责任	DA6：能够了解专业工程实践和狭义工程问题解决方案在社会、健康、安全、法律及文化诸方面涉及的因素与应承担的责任

续表

差异性特征	区别特性	《华盛顿协定》毕业生	《悉尼协定》毕业生	《都柏林协定》毕业生
环境与可持续性发展	解决方案的类型	WA7：能够在社会和环境大背景下，理解和评价解决复杂工程问题的专业工程工作的可持续性和影响	SA7：能够在社会和环境大背景下，理解和评价解决广义工程问题的工程技术工作的可持续性和影响	DA7：能够在社会和环境大背景下，理解和评价解决狭义工程问题的工程技术工作的可持续性和影响
职业道德	认识与实践水平	WA8：能够恪守伦理准则，理解和遵守工程实践中的职业道德、责任及规范，履行责任	SA8：能够恪守伦理准则，理解和遵守工程实践中的职业道德、责任及规范，履行责任	DA8：能够恪守伦理准则，理解和遵守工程实践中的职业道德、责任及规范，履行责任
个人与团队工作	团队的角色与多样性	WA9：能够在具有多样性和多学科背景的团队中作为个体、成员或负责人有效地发挥作用	SA9：能够在具有多样性的团队中作为个体、成员或负责人有效地发挥作用	DA9：能够在具有多样性的技术团队中作为个体、成员有效地发挥作用
人际沟通	根据活动类型进行沟通	WA10：能够就复杂工程活动与同行以及社会公众进行有效的沟通，包括理解和撰写报告，设计文档，做现场报告，理解或发出清晰的指令	SA10：能够就广义工程活动与同行以及社会公众进行有效的沟通，包括理解和撰写报告，设计文档，做现场报告，理解或发出清晰的指令	DA10：能够就狭义工程活动与同行以及社会公众进行有效的沟通，包括理解他人的工作内容，记录自己的工作情况，理解或发出清晰的指令
项目管理和财务管理	不同类型活动所需的管理水平	WA11：能够认识和理解工程管理原理、经济决策，并将其应用于工作中，即作为团队成员和领导者，能够在多学科交叉的环境下进行项目管理	SA11：能够认识和理解工程管理原理，并将其应用于工作中，即作为团队成员和领导者，能够在多学科交叉的环境下进行项目管理	DA11：能够认识和理解工程管理原理，并将其应用于工作中，即作为技术团队成员和领导者，能够在多学科交叉的环境下进行项目管理
终身学习	继续学习的准备和深度	WA12：能够认识到在技术更迭日新月异的大背景下进行宽领域自主学习和终身学习的必要性，并具备相应的积累和能力	SA12：能够认识到在专业技术领域进行自主学习和终身学习的必要性，并具备相应的能力	DA12：能够认识到在专业技术知识方面进行自主学习和终身学习的必要性，并具备相应的能力

（3）职业能力范例

简要说明

职业能力针对工程师、工程技术专家和工程技术员三个类别，由13个元素组成。类似于描述毕业生素质所使用的方法围绕差异特征定义每个元素。范围语句使用复杂工程问题、广义工程问题和狭义工程问题的概念。

职业能力简介没有具体说明绩效指标，也没有具体说明如何解释指标，每个法律管辖区域可自行定义。由于能力的证明可以在不同的实践领域和不同类型的工作中进行，因此，能力陈述与学科无关，对职业能力的描述是通用的，如设计、研究、开发、问题分析、工程管理等，适用于所有工程学科。能力陈述还包括个人素质，如沟通、道德实践、判断、承担责任和保护社会等。

合格能力标准

职业能力范例与毕业生素质一样，采纳的是最低标准，也就是合格标准，不是比较性的标准。为了达到合格能力标准，一个人必须证明他/她能够在他/她的实践领域中胜任，达到合理的职业工程师/工程技术专家/工程技术员所期望的标准。在评估他/她是否符合整体标准时，必须考虑到该人能够在其实践区域中执行以下每个要素的程度（见表4-10）。

表4-10 三类工程人员的合格能力标准

差异性特征	职业工程师	工程技术专家	工程技术员
1. 对普遍性知识的理解和运用：教育的广度和深度，以及知识类型	EC1：能够理解并运用高级通用知识，为良好工程实践提供基础	TC1：能够理解和运用知识，即被广泛接受和应用的流程、程序、系统和方法	NC1：理解和运用知识，即标准化的实践
2. 对区域性知识的理解和运用：本地性知识的类型	EC2：能够针对工程实施地具体的环境和管理条件，理解和运用高级通用知识，为良好工程实践提供基础	TC2：能够针对工程实施地具体的环境和管理条件，理解和运用知识，即特有的流程、程序、系统和方法	NC2：能够针对工程实施地具体的环境和管理条件，理解和运用知识，即特有的标准化实践
3. 问题分析：分析的复杂性	EC3：定义、研究和分析复杂问题	TC3：发现、区分和分析广义问题	NC3：发现、陈述和分析狭义问题
4. 设计与开发解决方案：问题的性质与解决方案的独特性	EC4：设计或开发解决复杂问题的方案	TC4：设计或开发解决广义问题的方案	NC4：设计或开发解决狭义问题的方案

续表

差异性特征	职业工程师	工程技术专家	工程技术员
5. 评价：活动类型	EC5：评估复杂活动的效果和影响	TC5：评估广义活动的效果和影响	NC5：评价狭义活动的效果和影响
6. 社会保护：活动类型与公众责任	EC6：对于复杂活动合理可预见的社会、文化与环境影响有基本认识，能够考虑到持续发展的需要；能将社会保护置于首要位置	TC6：对于广义活动合理可预见的社会、文化与环境影响有基本认识，能够考虑到持续发展的需要；在工程活动中负有避免危及公众的责任	NC6：对于狭义活动合理可预见的社会、文化与环境影响有基本认识，能够考虑到持续发展的需要；运用工程技术专长防止危害公众安全
7. 法律法规：（本特征无差异）	EC7：遵守法律法规要求，能够在工程实践中维护公共健康和安全	TC7：遵守法律法规要求，能够在工程实践中维护公共健康和安全	NC7：遵守法律法规要求，能够在工程实践中维护公共健康和安全
8. 职业道德：（本特征无差异）	EC8：工作中遵守职业道德	TC8：工作中遵守职业道德	NC8：工作中遵守职业道德
9. 工程管理：活动类型	EC9：能够管理一个或多个复杂活动的部分或全部	TC9：能够管理一个或多个广义活动的部分或全部	NC9：能够管理一个或多个狭义活动的部分或全部
10. 沟通：（本特征无差异）	EC10：在工作过程中能与他人清晰明确地交流	TC10：在工作过程中能与他人清晰明确地交流	NC10：在工作过程中能与他人清晰明确地交流
11. 终身学习：继续学习的准备和深度（本特征无差异）	EC11：通过足够的"持续职业发展"活动以保持及拓展个人能力	TC11：通过足够的"持续职业发展"活动以保持及拓展个人能力	NC11：通过足够的"持续职业发展"活动以保持及拓展个人能力
12. 判断能力：掌握现有知识的水平，与活动类型相关的能力和判断力	EC12：认识到问题的复杂性，根据相互矛盾的外部要求和并不完备的知识储备对备选方案进行评价，在复杂活动中表现出很强的判断力	TC12：选择适当的技术来解决广义问题，在广义活动中表现出很强的判断力	NC12：选择和应用适当的技术专业知识，在狭义活动中表现出很强的判断力
13. 决策责任：负责活动的类型	EC13：对于复杂活动的部分或者全部能承担决策的责任	TC13：对于一项或多项定义宽泛的活动的部分或者全部能承担决策的责任	NC13：对于一项或多项定义明确的活动的部分或全部能承担决策的责任

3. 毕业生素质与职业能力范例小结

"毕业"一词并不意味着某种特定类型的资格证书，而是指资格证书的获得水平，无论是学位还是文凭。毕业生的素质是可评估的结果，由签署国编制的水平说明加以支持，使人相信正在实现方案的教育目标。一个方案的质量不仅取决于所定的目标和需要评价的素质，而且还取决于方案的设计，致力于该方案的资源、教学和学习过程以及对学生的评价，包括确认毕业生的素质是令人满意的。

每个签署国都定义了相关水平和类别（工程师、工程技术专家或工程技术人员）的标准，而工程教育方案就是根据这些标准进行认证的。每一种教育协定都是基于实质等效原则，即不是指课程具有相同的结果和内容，而是希望培养出能够就业并适合进行培训和体验学习的毕业生，从而获得职业能力和国内国际注册。所以，毕业生素质只是提供了一个共同参考，以实现实质等效的描述，其本身并不构成认可资格的"国际标准"。

总而言之，从毕业生阶段走向职业形成阶段，需要获得实践注册，也就是进入一国内工程从业人员的注册管理系统，然后经过一段时间的实践之后，满足相应条件，就可以申请国际注册。我们可以这样理解，国际工程联盟为工程人员建立了响应各个发展阶段的基准性标准，使得国际工程联盟成员国可以基于共同的基准设计教育方案、开发国内和国际注册标准、制定保障性规则和程序，在成员国之间实现工程人员的等效流通，消除之前因为教育和注册管理的巨大差异带来的各种影响流通的障碍。这一切，都是在全球化加剧的背景下，由学术组织、认证组织等工程机构通过长期跨国（境）实践努力的结果，意义是非凡的。

六　国内《悉尼协定》研究综述

截至 2018 年 11 月 26 日，在中国知网中以《悉尼协定》（协议）为主题，搜索到 71 篇文章，主要涉及专业（群）建设、质量保障、专业认证、人才培养、教学标准、教学设计、中外合作办学发展方向等主题，聚焦专业（群）建设、质量保障、专业认证的文章居多。

关于专业（群）建设，有人认为目前我国高职工程技术类专业改革转型升级，需依据《悉尼协定》的标准范畴及其认证流程，重塑专业建设理念、修订专业建设规划、再造专业建设流程、完善保障体系

以效果为导向的职业教育质量标准研究

与支撑机制[1]。也有人提出专业群构建要体现跨界的理念；课程体系要体现"通、专、实"的融合目标；师资团队建设要体现综合教学能力；实训实习基地建设要注重"输出"效果；教学资源库建设要对接国际标准规范[2]。

关于质量保障探讨得较多，主要集中在持续改进、质量评价两个主题。学者们探讨了人才培养质量持续改进模式[3]、专业质量保证体系[4][5]以及专业教学质量评价体系[6]。

关于专业认证，有学者提出职业教育急需构建国家层面的专业认证体系，并提出包括以专业建设为基础的总体方案设计、以过程为核心的认证指标构建和扎根于行业实施的专业认证体系的核心要素。[7]也有学者从系统论角度提出必须解决专业认证工作的支持、行业组织与职业资格证书制度同步推进等问题。[8]还有学者认为应选择具有行业背景的高职院校开展专业认证试点，推进专业建设对接行业产业发展。[9]有学者从标准建设角度，提出了肯定与批评[10]，还有学者提出迫切需要建立国家层面的统一标准[11]。

---

[1] 黄旭伟:《引入〈悉尼协定〉加强高职工程技术教育类专业建设》,《高等工程教育研究》2017 年第 3 期。

[2] 周晓龙、张忠伟、孙伟清:《〈悉尼协定〉对我国高职工科专业群建设的启示》,《教育与职业》2018 年第 16 期。

[3] 郑琼鸽、吕慈仙:《基于〈悉尼协定〉的高职人才培养质量持续改进模式探析》,《职业技术教育》2018 年第 8 期。

[4] 吴勇、张连绪等:《〈悉尼协定〉视角下的高职专业质量保障体系建设》,《南方职业教育学刊》2018 年第 2 期。

[5] 朱婷:《〈悉尼协定〉视野下实施高职院校专业诊改的对策思考》,《长沙航空职业技术学院学报》2018 年第 3 期。

[6] 王平、邱腾雄:《高职院校专业教学质量评价体系的构建》,《工程技术研究》2018 年第 3 期。

[7] 徐国庆:《构建中国特色的职业教育专业认证体系》,《教育发展研究》2018 年第 7 期。

[8] 韩冰:《推进中国技术教育专业认证工作的思考》,《江苏高教》2018 年第 5 期。

[9] 邓光、孙兴洋、王万川:《专业认证视角下提升高职人才培养供给的有效性:〈悉尼协定〉的启示》,《黑龙江高教研究》2017 年第 9 期。

[10] 唐正玲、刘文华、郑琼鸽:《〈悉尼协定〉认证标准及其我国高职专业教学标准的启示》,《职业技术教育》2017 年第 4 期。

[11] 郑琼鸽、吕慈仙、唐正玲:《〈悉尼协定〉毕业生素质及其对我国高职工程人才培养规格的启示》,《高等工程教育研究》2016 年第 4 期。

关于人才培养，主要涉及现代学徒制和技能比赛两个主题，如通过研究《悉尼协定》的"毕业生素质"和"职业能力标准"内涵，提出由知识、素质与职业能力三方面构成现代学徒制育人目标标准①。结合《悉尼协定》，提出调整大赛项目设置、竞赛内容和竞赛形式的建议，重构了包含基本专业能力竞赛、职业岗位专项能力竞赛、就业创业素质竞赛、师生真实项目研发成果展示赛、学生专业课题展示赛和学生创业成果展示赛的全国职业院校技术技能大赛体系②。

另外，有学者结合《悉尼协定》认证要求，探讨了成果导向的教育目标、毕业要求、课程体系、教学实施之间的关系和设计原则③，从《悉尼协定》国际认证的视角，探讨了中外合作办学发展方向问题④。

七 关于《悉尼协定》的再思考

1. 专业认证（专业建设）的国际范式形成

《悉尼协定》成员的专业认证标准包括美国 ETAC2017-2018、我国台湾地区 GTAC-AD2018、新西兰 ACC02-2017、韩国 KTC2015、我国香港特别行政区 Higher Diploma2012。综合这些标准，《悉尼协定》认证标准在以下方面达成共识，即专业认证国际范式的基本要素：培养目标、学生毕业要求、课程体系、师资队伍、支持条件和持续改进（见表 4-11）。

---

① 张理晖、张宏彬：《〈悉尼协定〉视域下高职现代学徒制目标标准的研究》，《中国职业技术教育》2018 年第 11 期。
② 李瑜芳：《〈悉尼协定〉背景下的职业院校技能大赛体系研究》，《重庆科技学院学报》（社会科学版）2018 年第 3 期。
③ 邹吉权、刘晓梅、牟信妮：《高职成果导向的教学设计与实施》，《中国职业技术教育》2018 年第 20 期。
④ 柯政彦、罗涛：《〈悉尼协定〉视野下我国高职院校中外合作办学的改进与发展方向》，《上海教育评估研究》2018 年第 4 期。

表 4-11　　　　　　　　《悉尼协定》成员认证标准

专业认证范式	美国	新西兰	韩国	中国香港	中国台湾
培养目标	专业目标	教育目标	培养目标	教育目标	教育目标
学生毕业要求	学生	学习成果 入学标准	学生指导 毕业要求	学生评估 招生标准	学生
课程体系	课程体系	课程	课程体系	课程体系	教学效果及评估 课程组成
师资队伍	师资队伍	师资	教师	师资队伍	教师
支持条件	设施设备 支持条件	经费设备空间 及行政支持	资源及行政支持	资源	设备及空间 行政支援与经费
持续改进	持续改进	持续改进	—	专业标准 专业改进	持续改善效果

资料来源：周凌波于 2017 年 12 月 23 日"《悉尼协定》高职院校应用联盟会议"上的报告。

2.《悉尼协定》学习应用的理性发声

目前，我国高职（专科）有 1400 多所院校，在校生及毕业生人数已经超过了大学本科。怎样才能培养出更加适应社会需求、符合行业发展趋势、走出国门的高职毕业生，这是摆在新时代职业教育面前的新挑战、新课题。

有学者认为，参与国际工程教育"实质等效"的相互认证，也许是一条捷径。但是中国国情决定了目前研究《悉尼协定》的意义大于实践应用的意义，主要原因如下：一是对我国许多高职院校来说，《悉尼协定》还是新鲜事物，国内介绍《悉尼协定》的文献资料不多，主要为国际工程联盟网站上的英文文本，语言的差异以及翻译者的理解都可能影响我们准确把握它的本质内涵，所以，需要通过翻译、学习、研究，消化吸收，内化为汉语语境的又不失其本真的中文，才具有普及意义。二是中国地广人多，经济发展水平不平衡，教育发展水平也不平衡，同一专业，因在不同的区域举办而导致专业质量、毕业生质量差异较大。三是国内目前还没有建立统一的高职专业认证系统，各个学校的毕业标准都是自主定义，获得毕业的学生，以毕业证书是否能在教育部学信网查询作为一种学历资格证明，但这不属于认证，只是佐证。毕业生素质是否达到了国家意义上的合格标准，因为没有统一的高职专业认证系统，而无法评估。更为重要的是，因为没有认证制度，也就不会影响高职毕业生在国内跨区域流动。四是高职工程专业毕业生绝大部分在国内就业，因为工作流动而需要国际注册的微乎其微，而这种微弱实践需求对建立专业认证系统的促进作用究竟有多大还是未知数。正是因为中国目前还没有建立针对高职工程专业的认证体系，所以不具备加入《悉尼协定》的条件。

3. 高职专业国际认证的中国道路

关于高等职业教育专业认证，尽管条件不成熟，但是，可以未雨绸缪，探索中国道路。对于高职院校来说，可以学习研究国际工程联盟教育协定的核心理念以及国际认证范式，包括毕业生素质和职业能力范例、问题和工程范畴、联盟术语、内涵逻辑等，使工程专业毕业生要求具备国际标准特征。但又不必拘泥于这些，而是应从中国特色、本地特色、学校特色等方面进行专业建设。对于国家来说，基于我国高等职业教育产教融合、校企合作的发展模式、办学特色等，研究设计高等职业教育专业认证的中国理念；通过提炼我国高等职业教育专业建设的成功范式，积累专业认证的中国元素。为了服务国家"走出去"战略，职业教育研究要先行，对国际工程联盟标准、实质等效等理念实行立地式研究，学习借鉴《悉尼协定》成员国的最佳做法，开发设计认证方案及程序文件，建立中国的高等职业教育工程专业认证系统。只有参与国际认证，我国高等职业教育专业国际认证才能走出中国道路，才能走向世界，与国际教育标准比肩。

第五节　高等职业教育专业认证比较研究

专业认证最早起源于美国，是指通过检查、评估对高等院校中的专业进行认可，表明达到了可接受的最低质量控制和质量保障的过程。[①]我国高等教育专业认证工作始于20世纪末，但高等职业教育的专业认证工作尚未开展。为进一步提高我国高职专业教育质量和国际影响力，我国亟须推动高等职业教育专业认证工作。本节通过梳理国内外高等职业教育专业认证的时代背景，总结高等职业教育专业认证的基本国际经验，以期为我国高等职业教育专业认证工作的开展提供借鉴与启示。

一　高等职业教育专业认证的时代背景

高等职业教育专业认证是对高等职业教育实行外部质量保障的重要手段，它的起源、迅速发展与国际时代背景有着密不可分的关系。随着时代的推进，我国在教育、社会、经济等方面的变化也为高等职业教育专业认证的开展提供了一定的基础和条件。

（一）高等教育规模发展引发对质量的关注

目前，世界主要发达国家都经历了高等教育从精英化阶段到大众化、普及化阶段的过渡发展，高等教育普及化成为21世纪以来世界高等教育发展的主要趋势。美国于20世纪40年代后期成为世界上最早步入高等教育大众化阶段的国家。2000年以前，全世界共有20

[①] Burton, Clark, and Neave Guy, *The Encyclopedia of Higher Education Vol.2: Analytical Perspectives*, Oxford: Pergamon Press, 1992, p.1305.

个国家和地区的高等教育毛入学率超过50%，进入高等教育普及化阶段。到2013年，共有56个国家和地区的高等教育毛入学率超过50%，其中发达国家为74.14%，转型国家达到55.67%，不发达国家则达到了26.69%。① 而高等教育规模的迅速发展与高等教育标准的放宽具有紧密联系，如英国高等教育普及化的实现主要得益于1992年颁布的《继续教育和高等教育法》，将多科技术学院和部分高等教育学院升格为大学。② 再加上全球化经济活动和同类院校之间日益激烈的竞争环境，人们对高等教育是否能保持高水平的培养质量逐步缺乏信心，这就势必造成了人们对高等教育质量下降的担忧，引发了人们对高等教育质量的关注。

当前，我国已经步入高等教育大众化的中后期，预计在2018—2022年进入高等教育普及化阶段。③ 在我国高等教育大众化的进程中，高等职业教育扮演着主力军的角色。自20世纪80年代中期开始，我国高等职业教育历经30年实现了跨越式发展，高等职业教育规模占到了高等教育的"半壁江山"。然而，在我国高等职业教育实现快速规模扩张的同时，办学条件不达标、专业建设能力薄弱、研发和技术服务能力薄弱等质量问题也随之浮出水面。实现以质量提升为目标的从"规模发展"向"内涵发展"的转变成为当前乃至高等教育普及化阶段下我国高等职业教育发展的重点任务。

（二）"新公共管理运动"兴起呼吁质量保障机制建设

20世纪70年代末80年代初，在以英国、美国为代表的西方国家公共管理领域掀起了"新公共管理运动"。新公共管理理论认为，政府与民众之间应像委托人和代理人的关系；以追求经济、效率和效果为目标；更关注产出和结果；强调绩效可测性；重视"顾客导向"、"结果导向"与"市场导向"；注重提高服务质量和效率，改善公共

---

① UNESCO, "Education: Gross Enrolment Ratio by Level of Education", http://data.uis.unesco.org/index.aspx?queryid=142&lang=en.
② 别敦荣、王严淞:《普及化高等教育理念及其实践要求》,《中国高教研究》2016年第4期。
③ 别敦荣:《普及化高等教育的基本逻辑》,《中国高教研究》2016年第3期。

责任机制，提高公众满意度。① 随着"新公共管理运动"的发展，其改革思想逐渐渗透到高等教育管理领域。利益相关者开始要求高等教育大大提高透明度，并要求高等教育对所使用的社会资源承担更大的社会责任；政府与高等院校的关系被重新定位，政府对高等教育的管理从注重程序遵从转向注重结果评定。② 在这样的理念影响下，20世纪八九十年代以来，大多数经合组织国家开始把战略重点转移到建立以政府认证为主要形式的高等教育质量保障机制上。如1999年在欧洲正式启动的"博洛尼亚进程"，其中一项举措重点强调了所有参与国建立或加强质量保障机制。到2008年，大多数国家都建立了运行良好的评估或认证机构③。

1990年，国家教委发布《普通高等学校教育评估暂行规定》，标志着我国高等教育质量保障体系建设的正式启动④。21世纪以来，为进一步提高高等职业教育的服务质量和效率，提高公众满意度，我国开展了一系列由政府部门主导并组织实施的评估工作。2004年，教育部启动了以推进高职院校办学条件改善为目的的第一轮高职高专院校评估工作，这是我国高等职业教育质量监控和评估工作中具有里程碑性质的举措。2006年，教育部启动了以促进高职院校内涵建设为目的的第二轮高职院校评估工作。2015年，教育部启动了职业院校教学诊断与改进工作。2016年，为深入推进职业教育管、办、评分离和促进政府职能转变，教育部委托第三方开展了高等职业院校适应社会需求能力评估。可以说，21世纪以来我国开展的一系列高职院校评估工作为我国高等职业教育的发展建立了国家质量保障标准，加

---

① 王璐、曹云亮：《新公共管理运动对美国公立高等教育的影响》，《高教探索》2011年第2期。
② 袁潇：《美国公立高等院校内部问责制研究》，博士学位论文，西南大学，2013年，第30页。
③ [摩洛哥]贾米尔·萨尔米：《"老大哥"监视着你吗？——政府在监控与实施质量保障过程中的角色演变》，张建新译，《大学》(研究版)2015年第6期。
④ 郭平、田联进：《我国高等教育质量保障体系现状与对策建议》，《中国高教研究》2011年第12期。

强了对高等职业教育的质量监控。随着我国推进国家治理体系和治理能力现代化，加强高等职业教育的外部质量保障，促进我国高等职业教育质量保障机制建设将显得越发重要。

（三）国际化人才流动促进专业认证的发展

美国是最早建立认证制度的国家。20世纪后期，美国以认证制度为特征的高等教育质量保障体系为世界各国所仿效。认证制度一般包括院校认证与专业认证，院校认证旨在认可院校颁发学位的资质，专业认证旨在确认该专业毕业生达到既定的质量标准，是一种以培养目标和毕业要求为导向的合格性评价。随着20世纪末以来经济全球化进程加快，人才跨国流动日益频繁，各地区实行实质等效的人才互认显得越发重要，促进了各国逐步建立相对成熟的专业认证体系。以工程教育为例，20世纪80年代以来，美国等一些国家发起并开始构筑工程教育与工程师国际互认体系。目前，国际上形成了三大比较公认的工程教育协议，即《华盛顿协定》、《悉尼协定》与《都柏林协定》，成员国的认证机构可对工程类专业进行实质等效的专业认证，保障了工程类专业的教育质量，为国际工程人才的流动提供了互认，成为国际通行的人才质量保证办法。

我国高等教育专业认证工作也始于20世纪后期。以工程教育为例，到2012年，我国共在14个工程教育领域中开展了专业认证试点工作，共认证了406个工程教育专业点。[①] 为推进我国高等工程教育的国际化进程，提高我国工程类专业人才培养质量，2016年我国正式成为《华盛顿协定》第18个成员，我国本科层次的高等工程教育专业认证实现了国际实质等效。然而，目前我国高等职业教育的专业认证工作尚未开展，只有部分院校参加了国际认证机构的高等职业教育专业认证。为提高我国高等职业教育专业人才培养质量，推动获得学历和职业资格的高职毕业生的国际流动，我国亟须开展高等职业教

---

① 姚韬、王红、余元冠：《我国高等工程教育专业认证问题的探究——基于〈华盛顿协定〉的视角》，《大学教育科学》2014年第4期。

育专业认证工作。

二 高等职业教育专业认证的国际经验

目前，世界多数发达国家开展了高等职业教育专业认证。此处主要以美国、德国和荷兰为例，对高等职业教育专业认证的基本经验进行总结与提炼。

（一）认证主体多元且具有中介性

从高等职业教育专业认证主体来看，国际上呈现出了多元化的态势。在美国，高等教育专业认证机构大部分是社会第三方专业机构，由美国高等教育认证协会（Council for Higher Education Accreditation，CHEA）对这些认证机构进行认可。目前，美国高等教育认证协会认可的专业认证机构有47个，对工程教育、医学教育、商学教育等多个领域的副学士、本科、硕士和博士层次的专业项目进行认证。[①] 以工程教育为例，美国负责实施工程教育专业认证的机构是工程技术认证董事会（Accreditation Board for Engineering and Technology，ABET），其下设的应用科学认证委员会（Applied Science Accreditation Commission，ASAC）和工程技术认证委员会（Engineering Technology Accreditation Commission，ETAC）可分别对高等职业教育层次的应用科学和工程技术教育专业进行认证。在德国，认证代理机构负责认证高校（包括应用技术大学）开设的专业，认证代理机构由认证委员会负责认证和监督。如工程科学、信息科学、自然科学及数学专业的认证代理社（ASIIN）可对高校工程类专业进行认证，认证代理社是一家非营利性的、由多家机构（包括大学和各个相关协会）联合而成的注册协会。在荷兰，政府与比利时弗拉芒地区政府联合创建独立的荷兰与弗拉芒地区认证组织（Accreditation Organization of the Netherlands and Flanders，NVAO），是荷兰

---

① Council for Higher Education Accreditation (CHEA), "2017-2018 Directory of CHEA-Recognized Organizations", http://www.chea.org/userfiles/Recognition/directory-CHEA-recognized-orgs.pdf.

高等教育（包括综合研究型大学和应用技术类大学）专业认证的唯一合法机构，属于典型的政府主导型认证机构。

无论国际上高等职业教育专业认证主体是社会主导型还是政府主导型，都表现出一定的中介性特征。如美国和德国的高等职业教育专业认证主体属于第三方机构，而荷兰高等职业教育专业认证机构虽是政府主导型，却具有独立的法人资格，且不直接参与认证，而是通过邀请外部专家组成评估小组进行专业认证。

（二）认证标准兼顾一般性与特殊性

高等教育处于精英化阶段时，高等院校呈现"同质化"的特征。当高等教育处于大众化和普及化阶段后，随着学生数量的增加、高校规模的扩大，高等教育的多样化则成了必然选择。从国际上高等职业教育专业认证标准来看，大多注重了标准的一般性与特殊性相结合，推动了高等职业教育的多样化发展。如美国工程技术认证董事会（ABET）下设的"工程技术认证委员会"（ETAC）的专业认证标准包括了一般标准与专业标准。一般标准指的是工程专业认证应达到的基本要求，包括学生、专业教育目标、学生成果、持续改进、课程、教师、教学设施、制度支持8个方面；专业标准指的是一般标准应用于该专业的特殊性，一般包括适用范围、培养目标、学习成果3个方面，其中培养目标和学习成果分别对副学士学位和本科层次的专业项目进行了区分。工程技术认证委员会对航空工程技术、建筑工程技术、汽车工程技术等24类专业的专业标准进行了界定。[1] 德国的高等教育专业认证标准由认证委员会确定，标准包括了11个方面：专业的培养目标、专业符合相关的规范和要求、专业的培养方案、专业的可完成性、考试制度、与专业相关的合作、人员物质与空间配置、透明性与存档记录、质量保证与发展、特色专业、性别平等和社会公平。其中"特色专业"指的是在应用其他标准时需要照顾到专业的特

---

[1] ABET, "Criteria for Accrediting Engineering Technology Programs, 2017-2018", http://www.abet.org/accreditation/accreditation-criteria/criteria-for-accrediting-engineering-technology-programs-2017-2018, 2019年3月5日。

殊要求①。荷兰与弗拉芒地区认证组织针对已开设的专业项目实行广泛性专业认证和有限性专业认证。广泛性专业认证针对未申请或未通过院校审查的高校专业，认证标准包括预期学习结果、课程设置、师资队伍、教学服务与设置、质量保障、评估系统、已实现的学习结果。有限性专业认证针对通过院校审查的高校专业，其认证标准进一步简化，包括预期的学习结果、教与学的环境、评估系统、已实现的学习结果。高校专业在申请专业认证的同时，还可向荷兰与弗拉芒地区认证组织申请特色评估，包括小规模强化教育、创业教育和国际化三类，以推动高等教育的个性化发展。②

（三）认证内容以学生为中心，以结果为导向

从国际上高等职业教育专业认证的内容来看，认证内容均体现了以学生为中心的重要特点。首先，认证内容以人为本，紧密围绕学生培养。如美国应用科学认证委员会的专业认证、德国高等教育的专业认证以及荷兰与弗拉芒地区认证组织的专业认证，在培养目标方面都关注学生在毕业后所获得的知识、能力等方面的提升。其次，认证内容根据对学生的期望而设计，围绕是否有利于学生达成预期目标。如美国应用科学认证委员会专业认证标准中的"课程""教师""教学设施""制度支持"等内容，都将"是否有利于学生达成培养目标"作为评判原则。德国高等教育专业认证标准中的"与专业相关的合作""人员物质与空间配置"等内容，关注是否能保证专业培养方案的实施与质量。荷兰与弗拉芒地区认证组织专业认证标准中，"课程设置"上关注课程内容能否有助于学生实现预期学习结果；"师资队伍"上关注师资能否保障课程有效实施；"教学服务与设施"上关注其是否能够满足课程教学需要，满足学生学习需求。最后，认证内容以学生学业成就为重点，关注学生"学"得怎么样而非教师"教"得怎么样。如美国应用科学认证委员会专业认证中，

---

① 孙进：《德国高等教育认证——机构、程序与标准》，《高等教育研究》2013年第12期。
② 刘学东、汪霞：《荷兰高等教育认证发展研究》，《教育研究》2016年第9期。

"学生"标准中明确要求学生成就能够被测量，这就要求建立一个有效的学生成就评估体系。德国高等教育专业认证中的"考试制度"体现了同一理念。

国际上高等职业教育专业认证内容的另一个特点是以结果为导向，即关注"产出"而非关注"投入"，"投入"以实现"产出"为目的。美国应用科学认证委员会专业认证中，要求"专业教育目标"与"学生成果"必须对日常教学活动起导向作用，专业必须有明确的、可衡量的"学生成果"，且通过适当分解能够直接引导教学计划的设计。德国高等教育专业认证中，要求专业的培养方案需要围绕培养目标来设计。荷兰与弗拉芒地区认证组织专业认证中，要求专业要有具体化的预期学习结果，并要证明其已实现的预期学习结果，课程设置、师资队伍、教学服务与设施等则要以学生的学习结果为导向来安排。

（四）认证机制注重内外部评估相结合

国际上高等职业教育专业认证机制的一个显著特点是注重内部评估与外部评估的有机结合，即通过专业举证、专家查证的方法来进行专业认证。也就是说，待认证专业首先需对自身的专业质量状况进行自评，提交自评报告，再由专家小组在自评报告的基础上考察专业质量。美国应用科学认证委员会专业认证中，首先由高校向应用科学认证委员会提交专业认证申请，申请接受后，待认证专业需按照相关要求开展专业自评，起草并提交专业自评报告。随后，由应用科学认证委员会遴选出的专家评估组进校实地考察专业，在自评报告的基础上起草评估报告，经与被评专业核对后形成最终评估报告。应用科学认证委员会根据最终评估报告形成认证结论。荷兰与弗拉芒地区认证组织专业认证中，认证组织不直接参与专业评估，而是根据专业自评报告和专家评估报告做出综合评估，形成认证结论，因此其认证实质是建立在专业内部评估和外部评估有机结合的基础上。德国高等教育专业认证也是采取了内部自评和外部专家评估相结合的机制。

而为了实现专业举证，国际上高等职业教育专业认证的做法是要求被评专业提供通过制度化的内部评价机制积累的材料来证明目标的达成，列举任何标志性成果对证明都没有价值。这就意味着被评专业要建立内部评价机制，且它是以评价目标达成度为工作重点的。美国应用科学认证委员会专业认证标准中的"持续改进"、德国高等教育专业认证标准中的"质量保证与发展"、荷兰与弗拉芒地区认证组织专业认证标准中的"质量保障"与"评估系统"等，均体现了这一要求。

三 对我国高等职业教育专业认证的启示

高等职业教育质量的关键在专业。因此，在当前时代背景下，我国亟须借鉴国际经验，推动高等职业教育专业认证工作的开展。

（一）厘清政府职能边界，推进管、评分离

从国际上高等职业教育专业认证的主体来看，有社会主导型也有政府主导型。而无论政府与专业认证主体的关系如何，都确保了专业认证机构的独立性与中介性特征，政府不直接参与认证过程。我国 21 世纪以来开展的第一轮和第二轮高职院校评估工作，其评估主体均是集高等职业教育管理、执行、监督权于一身的教育行政主管部门。为大力推进教育治理体系和治理能力现代化，2013 年 11 月，《中共中央关于全面深化改革若干重大问题的决定》对深化教育领域综合改革提出了"深入推进管办评分离"的要求；2015 年 5 月，教育部发布了《关于深入推进教育管办评分离，促进政府职能改变的若干意见》，提出"要主动委托第三方开展全面、深入、客观的评估"。今后，第三方评估将成为政府管理的常态。为深入推进职业教育管办评分离，教育部已经开始委托第三方开展了高职院校评估工作。而在今后的高等职业教育专业认证或评估中，政府需进一步厘清职能边界，做到管、评分离，与专业认证机构在问责性与独立性之间保持平衡，避免双方走极端。一方面，政府应将专业认证交给专业机构，不再列入权力清单，给予专业认证机构充分的自主权来履行职责；另一方面，专业认证机构需保持自身的边界，政府应避免过度依赖认证结论而造成简单机械的决策管理。

（二）加强元认证制度建设，保证专业认证质量

国际上高等职业教育专业认证的主体呈现出多元化的态势，但均对认证机构实行了元认证制度，以保证专业认证的质量。美国由高等教育认证协会对认证机构进行认可；德国由认证委员会对认证代理机构进行认证和监督，认证委员会本身也会受到专家的审核；荷兰与弗拉芒地区认证组织虽是由政府创建，但由政府下设的高等教育视导团负责元认证工作，对认证组织进行监督。[①]我国高等教育专业认证工作虽早有开展，但如何建立专业认证机构、如何对专业认证机构进行认证却缺乏相应的规定。自2015年教育部出台《关于深入推进教育管办评分离，促进政府职能改变的若干意见》之后，我国第三方认证机构迅速发展，质量参差不齐，但政府对第三方认证市场如何监管尚缺明确的办法，因此加强高等职业教育专业认证的元认证制度建设显得尤为迫切。首先，应建立适合我国国情的高等职业教育专业认证政策制度，包括界定专业认证机构的性质、职能和地位，并制定专业认证机构和社会组织参与专业认证的资质认证标准和认证产品的市场准入标准。其次，应加强高等职业教育专业认证人才队伍的建设。相比本科层次的专业认证，我国高等职业教育专业认证的人才队伍尤其薄弱，政府需在专业认证人才培养、技术引进、机构建设、项目合作等方面给予政策支持，引导高等职业教育专业认证质量的整体提升。最后，应健全行业组织，充分发挥行业协会的自律管理作用。随着我国第三方评估机构的发展，行业组织应加强自身建设，确立行业规范和标准，进行行业自律，保证第三方专业认证市场的良性发展。

（三）强化专业举证，促进内部质量保障机制建设

国际上高等职业教育主要通过专业举证、专家查证的方法来进行专业认证，注重内部评估与外部评估的有机结合，要求专业建立制度化的内部评价机制。从世界范围来看，具备先进质量保障体系

---

① 谢晓宇：《荷兰高校教学质量评估：政策与实践》，《外国教育研究》2013年第11期。

的国家，高等教育有着良好的内部质量保障过程，同时将提高质量的战略重点，与国家标准的外部质量保障或认证机构保持一致。经济发展较快的经合组织成员国属于此类。①从我国开展的多轮高职院校评估工作来看，都只是强化了高等职业教育质量保障机制的外部性。即使在评估中要求高职院校提交自评报告，其内容大多也是列举标志性成果，而非通过制度化的内部评价机制积累的目标达成度的证明材料。政府和评估机构是评估中的主体，而高职院校中的教学、教师、学生等成为了评估中的客体。高职被动地接受评估，甚至为了迎接评估做一套"临时方案"，而评估结束后又是另一套方案。很显然，这种"走过场"式的评估对于高职教育质量的真正提升作用微乎其微。因此，为切实提升高职专业质量，我国高职专业认证应借鉴采用内外部评估相结合的认证机制，强化专业举证，促进专业内部质量保障机制建设。这就要求专业认证要重点关注被评专业是如何基于内部评价机制"证明要求的达成"，而非关注"列举标志性成果"。

（四）引进国际理念，构建中国特色的专业认证体系

随着经济全球化发展和国际人才流动的日益频繁，一些国家致力于推动高等教育专业认证与国际接轨，以提升专业教育的质量并促进专业人才的国际流动。以工程教育专业为例，美国应用科学认证委员会于1989年发起并签署面向本科层次工程类教育的《华盛顿协定》，于2009年成为面向专科层次（或副学士学位层次）工程类教育的《悉尼协定》的成员组织。2015年，我国成立了中国工程教育专业认证协会，建立了与国际实质等效的工程教育认证体系，并于2016年成为了《华盛顿协定》的成员组织。目前，我国高等职业教育的专业认证工作尚未开展，为提升我国高职专业教育质量和国际竞争力，有必要引进国际先进理念构建中国特色的高等职业教育

---

① ［摩洛哥］贾米尔·萨尔米：《"老大哥"监视着你吗？——政府在监控与实施质量保障过程中的角色演变》，张建新译，《大学》（研究版）2015年第6期。

专业认证体系。一方面，借鉴《华盛顿协定》《悉尼协定》中"以学生为中心、以结果为导向、持续改进"等核心理念，与国际标准接轨，并结合我国国情，开发我国高等职业教育专业认证标准和内容；另一方面，积极开展国际交流与合作，熟悉国际认证程序和方法，学习国际认证经验，为我国高等职业教育专业认证体系的构建和走向世界打好基础。

第五章　职业院校教育质量标准研究

第一节　职业院校教育质量内涵解析

对于职业院校而言，质量就是其灵魂与生命线，特别是在推进供给侧改革的时代背景下，职业院校教学质量日益获得社会各界的广泛关注。"职业院校内部质量保证体系诊断与改进"中有关"内部质量保证体系"所指的对象就是职业院校教学质量。本节以解读"教育"与"教学"的科学内涵为论述基点，基于文献综述与比较研究，着重分析中西方文化视域下对"教育质量"、"高等教育质量"、"教学质量"与"高职院校教学质量"的阐释，界定"职业院校教学质量"的基本内涵、主要特征及目标定位，从而为科学、全面、深入地理解与把握职业院校"内部质量保证体系诊断与改进"（以下简称"诊改"）中"教学质量"这一"关键概念"奠定理论基础。

一　教育

众所周知，教育既是一门培养人的学问，又是一门最复杂的艺术。什么是教育？从古至今，众说纷纭、莫衷一是，不同的教育家有各自的解说。要科学解读与准确认知教育的内涵，就要追溯古今中外思想家、教育家对"教育"的阐释与论述。

(一)中国文化视域中的"教育"

在中国,从语言学的视角分析,很多人认为"教育"来自甲骨文中"执鞭监督和养育儿童"之。在现存历史文献中,最早记载"教育"一词的是《孟子·尽心上》:"君子有三乐,而王天下者不与存焉。父母俱存,兄弟无故,一乐也;仰不愧于天,俯不怍于人,二乐也;得天下英才而教育之,三乐也。"此后,我国古代思想家、教育家在许多典籍、文献中对"教育"进行阐释,如"天命之谓性,率性之谓道,修道之谓教。道也者,不可须臾离也,可离非道也";"自诚明,谓之性。自明诚,谓之教"(《中庸》)。"以善先人者谓之教"(《荀子·修身》)。"教也者,长善而救其失者也"(《学记》)。"教,上所施,下所效也";"育,养子使作善也"(《说文解字》)。在中国古代"教"主要指的是"教育者的教诲"与"受教育者的效法","育"则强调使受教育者向好的方向发展。可见,我国古代把"教"看作教育者和受教育者的共同活动,"育"则被看作由"教"引起的受教育者的变化。

(二)西方文化背景下的"教育"

在西方,教育一词源于拉丁文"Educate",原意为"引出""导出",寓意通过一定的手段,把某种本来潜在于身体和心灵内部的东西"引发""引导"出来。在古希腊语中,"教育"一词与"教仆"相关,"教仆"是陪送奴隶主子弟上下学的奴隶的专门称呼。从词源上说,西方"教育"(Education)一词是"内发"之义,引申为"教育"是"一种顺其自然的活动,旨在把自然人所固有的或潜在的素质,自内而外引发出来,以成为现实的发展状态"。西方思想家、教育家对"教育"进行了深入解读与系统阐述。如"柏拉图认为,教育是为了以后的生活所进行的训练,它能使人变善,从而高尚地行动。法国的卢梭认为,教育应当依照儿童自然发展的程序,培养儿童所固有的观察、思维和感受的能力"[①]。捷克教育家夸美纽斯认为,"假

---

① 杨兆山主编:《教育学》,东北师范大学出版社 2006 年版,第 30、203 页。

如要形成一个人，就必须由教育去形成"①，他主张教育在于培养和谐发展的人。瑞士教育家裴斯泰洛齐认为，教育就是"依照自然的法则，发展儿童道德、智慧和身体各方面的能力"②。英国哲学家斯宾塞认为，所谓教育就是"为我们的完美生活做好准备"③。美国教育家杜威认为，"教育即生长""教育即改造""学校即社会""教育是生活的过程，而不是将来生活的预备""教育是经验的改造或改组"。④

综上，古今中外的思想家、教育家都把"教育"界定为引导与帮助儿童发展，使人祛除"自然属性"而实现社会化的有效手段或途径。尽管上述对"教育"内涵的解读与阐释还缺乏科学性与全面性，但都在一定程度上揭示了教育是"培养人的活动"，是帮助人"实现社会化"的"手段或途径"这一本质属性。

（三）教育的科学内涵及本质

关于教育的科学内涵，《中国大百科全书·教育卷》给出了科学的、权威的释义："教育是培养人的一种社会活动，它同社会的发展、人的发展有着密切的联系。从广义上说，凡是增进人们的知识和技能，影响人们的思想品德的活动，都是教育。狭义的教育，主要指学校教育，其含义是教育者根据一定社会（或阶级）的要求，有目的、有计划、有组织地对受教育者的身心施加影响，把他们培养成一定社会（或阶级）所需要的人的活动。教育这个词有时还作为思想品德教育的同义语使用。"⑤由此可见，作为一种专门培养人的社会现象，教育"通过对个体传递社会生产和生活经验，促进个体身心发展，使个体社会化，并最终使人类社会得以延续和发展"。⑥因此，教育在本质

---

① [捷]夸美纽斯：《大教学论》，傅任敢译，教育科学出版社1999年版，第24页。
② 张焕庭主编：《西方资产阶级教育论著选》，人民教育出版社1979年版，第206页。
③ 张焕庭主编：《西方资产阶级教育论著选》，人民教育出版社1979年版，第419页。
④ 华东师范大学教育系、杭州大学教育系编：《现代西方资产阶级教育思想流派论著选》，人民教育出版社1981年版，第6—35页。
⑤ 中国大百科全书编辑部：《中国大百科全书·教育卷》，中国大百科全书出版社1985年版，第1、150页。
⑥ 刘凡丰：《高等教育质量的概念和评价质疑》，《中国高等教育评估》2002年第2期。

第五章 职业院校教育质量标准研究

上就是"人类自身生产的社会实践"①。

二 教育质量

在西方,尽管"教育质量"一词是教育理论研究与实践探索中出现频率最高的术语之一,但是对其内涵的界定与解读仍然众说纷纭。如美国高等教育认证委员会(Council for Higher Education Accreditation,CHEA)在其《国际质量评论的语汇表》中指出,质量指的是"目的的合适性——满足或符合被普遍接受的标准"②。瑞典学者胡森(Husén)认为,质量就是"人们期望学校给学生带来的不仅仅局限在认知领域的变化"。美国学者塞姆尔(Seymour)认为,质量的指标主要意味着"丰富的资源",包括较多的专业、巨大的图书馆藏、一定数量的知名学者等指标。③陈玉琨认为:"教育质量是教育系统满足社会需要的程度;教育质量的高低,要依据它满足社会和人的发展的需要的程度做出判断。"④胡弼成从"教育产品"满足"规定或潜在需要"的教育经济学视角比较全面而深入地分析了"教育质量"的内涵。在他看来,"教育质量"等同"教育产品",因此,教育质量就是指"符合教育规律的前提下,教育产品满足规定或潜在需要的特征和特性的总和"⑤。

关于教育质量,《教育大辞典》将其定义为:"教育水平高低和效果优劣的程度。影响它的因素主要是:教育制度、教学计划、教学内容、教学方法、教学组织形式和教学过程等的合理程度;教师的素养、学生的基础以及师生参与教育活动的积极程度。最终体现在培养

---

① 王逢贤:《优教与忧思》,人民教育出版社2004年版,第50页。
② 参见查代春《学的视角:开放大学质量保证实践研究》,中央广播电视大学出版社2015年版,第6页。
③ 参见施晓光《西方高等教育全面质量管理体系及对我国的启示》,《比较教育研究》2002年第2期。
④ 参见查戴春《学的视角:开放大学质量保证实践研究》,中央广播电视大学出版社2015年版,第6页.
⑤ 胡弼成:《高等教育质量观的演进》,《教育研究》2006年第11期。

对象的质量上。"教育质量"衡量的标准是教育目的和各级各类学校的培养目标。前者规定受培训者的一般质量要求,亦是教育的根本质量要求;后者规定受培训者的具体质量要求,是衡量人才是否合格的质量规格"。[①]

伴随我国高等教育日益进入大众化,对普通高校、高职院校和成人高校等不同类型的高等教育质量保证问题获得社会普遍关注。关于高等教育质量的内涵,中国知网现有的文献中,主要集中在"是否适应""符合某种标准(规格)""凝练特色""实现使命""优秀""一流为特征""卓越""零缺陷(或零失误)""满足消费者的需要""价值增值""持续改进"等指标。1998年10月5—9日,联合国教科文组织在法国巴黎召开的首届世界高等教育大会上通过了《21世纪高等教育世界宣言:展望与行动》(World Declaration on Higher Education for the Twenty-first Century: Vision and Action)(以下简称《宣言》),在《宣言》中明确指出:"高等教育质量是一个多维的概念,它应该包括所有的功能与活动:教学与教学计划项目、研究与学术活动、教职工队伍、学生、建筑与设施、仪器与设备、对社区与学术环境的服务。"[②]英国学者斯泽(Sizer, John)和格林(Green, Diana)则认为:"高等教育质量是一个多维的、不断变化的概念,它是通过一套多维的指标体系来衡量一所高校的表现,在其本质上具有满足个人、群体和社会显性或潜在需求能力的特性,往往通过受教育者、教育者和社会发展所要求的目标、标准、成就和水平等一套绩效指标体系表现出来。"[③]我国学者李福华对高等教育质量进行了分类,明确指出高等教育质量至少包括"教学和人才培养质量、科学研究质量和社会服务质量"三个重要组织部分。[④]有些学者从"需要满足程

[①] 顾明远主编:《教育大辞典》(增订合编本)(上),上海教育出版社1998年版,第789页。
[②] UNESCO, "World Declaration on Higher Education for the Twenty-first Century: Vision and Action", http://www.unesco.org/education/edoprog/wche/declaration_eng.htm.
[③] 参见查代春《学的视角:开放大学质量保证实践研究》,中央广播电视大学出版社2015年版,第6页。
[④] 李福华:《高等教育质量:内涵、属性和评价》,《现代大学教育》2003年第3期。

度"的维度界定了高等教育质量的内涵,如余小波认为"高等教育产品和服务所具有的高效性、人文性和调适性在满足社会和学生发展以及高等教育系统自身有序运转方面要求的程度"[①];彭未明则强调,高等教育质量"是指高等教育有机体在运转、发展过程中满足其自身特定的内在规定要求与社会的外在规定需要的一切特性的总和,它是内适性需要与外适性需要、内在的认识论质量与外部的政治论质量的有机融合与统一"[②];朱湘虹主张高等教育质量是"指高等教育系统满足社会需要的程度,不仅包括学生的质量、教师的质量、教学与科学研究的质量,还包括社会对教育产品——学生的满意程度,对科研成果转化为生产力的满意程度"[③]。

总之,教育质量是一个内涵丰富又异常复杂的概念,迄今为止并没有一个统一的解析,但各种概念解释对我们深入理解职业教育质量内涵提供了借鉴。

三 "职业院校教育质量"的内涵解析

综合当代美国著名质量管理专家约瑟夫·M. 朱兰（Joseph M.Juran）博士（"质量意味着适目的性"）与 ISO（"质量是一组固有特性满足需要的程度"）关于"质量"内涵的界定,笔者认为,"职业院校内部质量保证体系诊断与改进"中的"质量"主要是指职业院校教育质量,即职业院校提供"适目的性"教育产品和服务满足"顾客"需要的程度和能力。

（一）职业院校提供的教育产品和服务

1. 产品的内涵及特征

按照朱兰博士的观点,"产品"就是"过程的结果",而过程是指

[①] 余小波:《高等教育质量概念:内涵与外延》,《高教发展与评估》2005 年第 6 期。
[②] 参见肖加平《江苏省高职院校毕业生质量的比较研究》,苏州大学出版社 2015 年版,第 21—22 页。
[③] 朱湘虹:《论质量是我国高等教育发展的核心》,《煤炭高教研究》2003 年第 2 期。

以效果为导向的职业教育质量标准研究

"将输入转换为输出的一组相互关联的资源与活动"①。一般情况下，过程具有如下特征："（1）输入和期望的输出可能是有形的（如设备、材料或零件）或无形的（如能源或信息）。（2）输出应满足输入的要求。（3）每个过程都有受过程影响的或按照他们的要求和期望规定过程的输出的客户和相关方（可以是组织内部或外部的）。（4）应有一个系统来收集数据，这些数据可进行分析以提供过程绩效和纠正措施或改进需求的信息。（5）所有的过程应与组织的目标一致，并用来增加价值，与组织的范围和复杂性相匹配。（6）过程的有效性和效率可通过内部或外部评审来进行评估。"②

在此过程中生产出的"产品"主要是指"有形产品、服务和信息。一个产品，无论是有形产品、服务信息，对于该产品的顾客而言，它必须是'适目的性'的"。"产品可以是有形的产品，如玩具、计算机，或者含有信息的文件，如一份提案、一张建筑图纸、一个网站；产品也可以是服务，即为他人完成的工作。如工匠为屋主建造房屋，修理工为车主修理汽车，护士照看病人，网络内容商提供快速的信息以满足用户需要。"③从这个意义上而言，高职院校既能够向"顾客"提供"产品"，又能够向"顾客"提供"服务"。

2. 职业院校提供的教育产品和服务

事实上，职业院校教育教学活动也具备"过程"的上述特征。因为，职业院校向学生提供知识、技术、技能、信息、方法等"教育教学资源"，进而组织培养和提升其专业理论知识、专业基础能力、职业岗位核心能力、职业道德、职业精神和人文素养的社会实践活动。在提供上述"资源"和组织"活动"的过程中，职业院校需要使用、消耗各类教育教学资源（输入），也会产生相应的教育教学结果或成

---

① [美]约瑟夫·M.朱兰、约瑟夫·A.德费欧：《朱兰质量手册——通向卓越绩效的全面指南》（第六版），焦叔斌等译，中国人民大学出版社2014年版，第1123页。
② 参见李宏昌《"诊改"视域下高职院校教育质量内涵解析》，《大家》（研究版）2016年第12期。
③ [美]约瑟夫·M.朱兰、约瑟夫·A.德费欧：《朱兰质量手册——通向卓越绩效的全面指南》（第六版），焦叔斌等译，中国人民大学出版社2014年版，第80页。

果（输出）。因此，职业院校也生产"产品"和提供"服务"。职业院校提供的"产品"主要有毕业生、专业及课程等。如果说高素质的劳动者和高端技术技能型人才是职业院校向用人单位和社会提供产品和服务的根本任务与基本形式，那么"专业及课程"就是职业院校向用人单位和社会提供的产品和服务的主体载体与核心内容。

（二）职业院校提供产品和服务的"顾客"

所谓顾客，就是"接受产品或服务的组织或个人"[①]。如银行柜台前的存款人、乘坐飞机的旅客、就医的病人、入学的新生等。一般情况下，顾客可分为两类。

第一类是外部顾客。外部顾客是指那些在组织之外的顾客，主要包括：购买者、商家、加工者、供应商、"潜在顾客"（那些目前不用该产品但可能变成顾客的组织或个人）、"隐蔽顾客"（对另一类不易被想起而容易忽略掉的顾客的分类）；

第二类是内部顾客。组织中的每一个人都扮演着三种角色："供应商""加工者""顾客"。在这里，组织内的每一个人都会从他处接受事或物，并对之做某些识别、加工、整理或服务等，然后再经由一定步骤、程序传递给第三人。

实践证明，有效地满足内部顾客"需要"或"需求"对组织更好地满足外部顾客"需要"或"需求"具有积极的影响。

（三）职业院校提供产品和服务的"适目的性"

按照朱兰博士的"质量意味着适目的性"的观点，笔者认为，职业院校教育质量首先要关注的是职业院校提供的产品或服务的"适目的性"。

（1）"适目的性"之于学生。作为"内部顾客"，学生对职业院校教育教学服务中提出知识、技能、素质等方面需求与期望，因此，职业院校提供的产品和服务必须具有满足上述"需求"与"期望"的

---

① [美]约瑟夫·M.朱兰、约瑟夫·A.德费欧：《朱兰质量手册——通向卓越绩效的全面指南》（第六版），焦叔斌等译，中国人民大学出版社2014年版，第1118页。

"适目的性",并且这种"适目的性"必须以满足学生"知识、能力、素质"的需要或期望为"底线"。比如,提供的基于深入人才需求市场调研、与行业企业共同研制、积极践行现代职业教育理念的人才培养方案。

(2)"适目的性"之于专业。在这里,"专业"是"大专业"的概念,主要包括人才培养方案、课程体系、师资队伍、教材建设、实验实习实训等。如专业的"适目的性"突出表现专业的特色(或品牌效应)。所谓"特色"即通常所说的"人无我有、人有我优、人优我特"。如南京铁道职业技术学院的轨道交通相关专业和天津商务职业学院的报关与国际货运专业经过多年的积淀与发展,已经成立各自学校的"特色专业",近几年培养出来的专业人才供不应求就是对其"特色"的最好诠释与注解。

(3)"适目的性"之于社会服务。职业院校提供的社会技术咨询、技术研发和技术技能培训等社会服务,更需要"适目的性"。作为高等教育的重要组成部分,高职院校也同样具备高等学校的三大功能:教学科研、社会服务与文化传承。再加上,高职院校的人才培养目标是为生产和工作第一线培养高素质的劳动者和高端技术技能型人才,所以高职院校与企业生产实践联系得更频繁、更密切,这就决定了高职院校向社会提供的服务更要满足行业企业的生产实践的需要与期望。

(四)职业院校提供"适目的性"产品和服务满足"顾客"需要的程度和能力

1. 职业院校提供"适目的性"产品和服务满足"顾客"需要的程度

(1)职业院校的"顾客"。一般分为"内部顾客"与"外部顾客"。内部顾客主要指职业院校的学生和教师(主要包括专任教师和教学管理与服务人员)等;外部顾客主要指学生家长、用人单位和社会等。

(2)职业院校"顾客"的"需要"。根据朱兰博士的观点,顾客的需要主要"包括了欲望、需要、认知、渴望以及其他的情感"①，职业院校"顾客"的需要主要有如下几方面。

第一，内部顾客的需要。学生的需要是指对职业院校能够提供并满足学生对先进的教育理念、优秀的师资队伍、先进的教学设施、完整的理论知识、先进的技术技能、创新的教学方法、深厚的文化底蕴、创意创新创业教育、温馨舒适的学习环境与安全和谐的生活环境等方面的需求与期望；教师的需要主要是指对职业院校能够提供稳定的经济来源、丰富的精神生活、充足的社会实践、公正的激励机制、公平的竞争环境、优越的教学科研条件、良好的学术研究氛围、健康成长与专业发展、强烈的职业归属感与幸福感等方面的需求与期望。

第二，外部顾客的需要。用人单位与社会的需要主要是指职业院校能够提供并满足用人单位对对接职业岗位核心能力的课程体系、契合产业升级发展的专业结构、高素质的劳动者与高端技术技能型人才的需求与期望，以及各种科技成果、技术咨询、技能培训、信息服务、开放性实训设施、技能鉴定、技术革新等方面的需求与期望。

朱兰博士强调指出，有效识别顾客的需要，"我们既要理解'顾客之声'，也要理解'市场之声'"②。因为，很多时候"顾客之声"就是"市场之声"，即"顾客的需要"实质上就是"市场的需要"。正是在这个意义上，无论是职业院校提供并满足学生在知识、技能、素质等方面的需要，还是职业院校提供并满足用人单位在专业、课程、人才等方面的需要，从本质上而言，都是基于"就业需求"导向的人力资源市场的需求，而人力资源市场需求根源于社会的需求与期望。

（3）职业院校满足"顾客"需要的"程度"。主要是指职业院校提供的"适目的性"产品和服务满足学生及家长、企业或其他用人单

---

① ［美］约瑟夫·M. 朱兰、约瑟夫·A. 德费欧：《朱兰质量手册——通向卓越绩效的全面指南》（第六版），焦叔斌等译，中国人民大学出版社2014年版，第95页。
② ［美］约瑟夫·M. 朱兰、约瑟夫·A. 德费欧：《朱兰质量手册——通向卓越绩效的全面指南》（第六版），焦叔斌等译，中国人民大学出版社2014年版，第95页。

位和社会上述需求和期望达到的程度。如学校的基础设施、教学设备或仪器、师资力量、校园环境等能否按学生家长、用人单位、社会需求向学生提供完备知识、先进技术技能、现代信息资源，能否向学生提供专业知识与技能教学、理想信仰和道德品质教育、培育与提升人文素养的通识教育，能否向学生提供科学的世界观、人生观、价值观与方法论等全方位、立体化、动态性的教育教学服务，从而不断提升学生及家长、用人单位和社会对高职院校提供产品和服务的满意度与美誉度。

2.职业院校提供"适目的性"产品和服务满足"顾客"需要的能力

由于职业院校教育和服务的主要对象是"人"，教育和服务的领导者、组织者、执行者也是"人"，教育和服务的设计、活动、过程等必须与用人单位和社会的需要之间保持良性互动，必须与产业结构升级、区域经济转型和国家战略部署相适应，因此，高职院校满足"顾客"需要的能力其实是一种动态的能力，即"与经济社会同步发展、与经济社会同步规划、和产业升级同步实施、和技术进步同步升级"[①]的"主动适应""自觉调整"的能力。主要表现在：

（1）契合区域产业升级的能力。主要是指职业院校针对区域产业升级培养新型、急需职教人才的能力。如"广州番禺职业技术学院针对广州产业升级对技术技能人才提出的新要求，选取数控技术应用（中职）—机械制造与自动化（高职）—机械设计制造及其自动化专业（本科）、服装设计与工艺（中职）—皮具艺术设计（高职）—服装与服饰设计专业（本科）进行中高本衔接一体化接续培养，明确必须以高职院校为核心，实现中职、高职、本科三个培养层次纵向的'接'和在知识、技能、素质层面的'续'，实现教学标准与用人标

---

① 葛道凯：《职业教育会议的核心内容是要推动职业教育和经济社会同步发展》，http://news.xinhuanet.com/talking/2014-07/02/c_126701835.htm。

准、专业建设与产业发展的有效对接。"①

（2）推进校企深度融合的能力。主要是指职业院校主动推进产教融合以培育特色人才的能力。如"江苏农林职业技术学院的宠物养护与疫病防治专业主动与全国最大的连锁宠物医院合作，宠物医院参与招生、培养方案的制定与课程开发，学生 2/3 的时间都在双方合作建立的南京康奇宠物医院学习，表现优秀的可优先上岗"。②另外，"湖南铁道职业技术学院与苏州博众精工合作开展订单班人才培养，企业向学院捐助价值 300 余万元的工业机器人、运动控制仿真系统等自动化设备，引入企业研发项目，企业工程师指导学生完成项目设计、验证性实验和可行性答辩，提高工学结合的有效性。"③

（3）创新人才培养模式的能力。主要是指高职院校积极构建现代职业教育人才成长"立交桥"以创新培养模式的能力。如"北京电子科技职业学院面向首都高精尖产业分类，设置飞机机电设备维修、安全技术与管理、新能源汽车技术等新专业，选拔优秀初中毕业生实施高中教育、职业技能教育和本科学历教育'融通贯通'的'2+3+2'人才培养模式，培养'厚基础、强能力、高素质、宽视野、善创新'的符合高精尖产业需求的技术技能人才。"④

（4）改进工学结合方式的能力。主要是指职业院校通过现代学徒制等创新以推进工学有效结合的能力。如"江苏建筑职业技术学院与海澜集团有限公司合作开展现代学徒制试点，双方共同深入分析企业岗位及职业能力要求，确定岗位能力及对应课程，制定教学质量标准化体系和教学质量监督评价体系等改革方案，形成了'双主体培养、

---

① 上海市教育科学研究院、麦可思研究院：《高等职业教育质量报告》，高等教育出版社 2016 年版，第 15—16 页。
② 杨频萍、徐冠英：《大批学校没招满 高职发展的"洪荒之力"在哪里？》，http://www.js.xinhuanet.com/2016-08/11/c_1119371295.htm。
③ 上海市教育科学研究院、麦可思研究院：《中国高等职业教育质量年度报告》，高等教育出版社 2016 年版，第 20 页。
④ 上海市教育科学研究院、麦可思研究院：《中国高等职业教育质量年度报告》，高等教育出版社 2016 年版，第 16 页。

双环境育人、双师授课、双身份学习'的现代学徒制模式。"①

（5）注重培养品牌师资的能力。主要是指职业院校主动搭建新平台以精心培养与打造特色职教师资的能力。如"山东科技职业学院独立设置教师发展中心，以推进教学改革为切入点，以强化校本培训为主要形式，启动教师职业能力提升工程。建立全员培训制度，针对专业主任、青年教师、兼职教师开展分层培训，通过'午餐会'、'工作坊'、'教学沙龙'等形式提高教师参与度，提高了教师教学、科研和社会服务能力。"②

（6）深化实践教学改革的能力。主要是指职业院校加强积极开发与设计课程体系以构建新型实践教学体系的能力。如"安徽机电职业技术学院工业机器人技术专业与多家企业合作，围绕企业典型产品案例，实施学、练、做一体化教学，形成了'项目引领岗位实境'的工学结合模式。河南永城职业学院发挥企业办学优势，基于专业特点和企业岗位需求构建专业课程体系，涉矿专业形成了'三阶段五环节'实践教学体系，有效支撑了技术技能人才培养。"③

综上，职业院校教育质量主要是指职业院校提供"适目的性"产品和服务满足"顾客"需要的程度和能力。其中，职业院校提供和满足"顾客"需要的"适目的性"产品和服务的能力强弱，直接决定着产品和服务的"适目的性"的优劣，而"适目的性"的优劣又直接决定了职业院校提供的产品和服务满足"顾客"需要的程度。简言之，就是职业院校提供产品和服务的能力既决定着产品和服务"适目的性"的优劣，也决定了产品和服务满足"顾客"需要的程度。职业院校这种能力主要包括"契合区域产业升级的能力、推进校企深度融合的能力、创新人才培养模式的能力、改进工学结合方式的能力、注重

---

① 上海市教育科学研究院、麦可思研究院:《中国高等职业教育质量年度报告》，高等教育出版社2016年版，第20页。
② 上海市教育科学研究院、麦可思研究院:《中国高等职业教育质量年度报告》，高等教育出版社2016年版，第18页。
③ 上海市教育科学研究院、麦可思研究院:《中国高等职业教育质量年度报告》，高等教育出版社2016年版，第20页。

培养品牌师资的能力、深化实践教学改革的能力"等。事实上，正是提供"适目的性"教育产品和服务满足"顾客"需要的综合能力，最终决定了职业院校培养人才的"含金量"和办学的层次与水平。

第二节　职业院校教育质量目标

一　质量目标释义

在《现代汉语词典》中"目标"的释义为："射击、打击或寻求的对象"；"想要达到的境地或标准"[1]。"目"即"眼睛"，"标"即"靶子"。"目标"是在开展某一活动之前预设的活动结果。更为重要的是，目标还是一个"移动的靶子"，因为"人们普遍认识到质量目标必须及时调整，以应对不断扑面而来的变化：新的技术，新的竞争，威胁，以及机会"[2]。

依据"目标"的内涵，所谓质量目标，主要是"组织"在质量方面所追求的目的，是为实现组织的质量方针、质量计划所确定的具体要求。质量目标"具有方向性、可行性和层次性的特征。方向性是指质量目标必须是明确的，其明确度与管理有效性成正比；可行性是指质量目标一定是可实现的，不能脱离现实；层次性是要求目标的制定要有层次"[3]，进而能够指导组织各个时期、各个层面、各个职能部门及成员的工作、活动有序、有效、持续开展。

---

[1]　中国社会科学院语言研究所词典编辑室：《现代汉语词典》（第6版），商务印书馆2012年版，第923页。
[2]　[美]约瑟夫·M.朱兰、约瑟夫·A.德费欧：《朱兰质量手册——通向卓越绩效的全面指南》（第六版），焦叔斌等译，中国人民大学出版社2014年版，第100页。
[3]　刘晓欢、刘骋：《论职业教育的质量标准与质量评价》，《职业技术教育》2005年第19期。

以效果为导向的职业教育质量标准研究

通常情况下，对于质量，"人们都会同意，完美是最理想的目标，这意味着完全没有差错、缺陷、故障，等等。现实之所以做不到完美，是因为存在着各种各样的不良，这些不良需要各自的突破项目"[①]。而要"项目突破""消除不良"实现质量改进与控制，就要根据组织的质量方针与质量计划，立足现有基础，有效识别顾客及需要，准确把握质量目标特征，确定质量目标的基本内容，掌握质量目标制定的要求，从而科学而合理地制定质量目标。

二 质量目标制定的思路

（一）根据方针计划定目标

"在 ISO9000 质量管理体系文件中，顾客及质量目标是第一层次类文件，它规定了组织的质量宗旨和方向，明确了在质量方面所追求的目标和基本要求，是编制质量管理体系文件的总纲领和首要任务。"[②] 按照现代企业管理理论与实践，在制定质量目标之前，要明确质量方针与质量计划。

所谓"质量方针"，通常情况下是"由组织的最高管理者正式颁布的该组织总的质量宗旨和质量方向"[③]，并通过适当的、有效的方式在组织内各层次、各部门之间进行及时沟通，要求组织内各成员充分理解、准确把握并精心实施，从而为科学制定、监督、保证实现与改进质量目标提供基本框架与执行策略。特别强调的是，"制定质量方针必须以有关质量管理原则为基础，结合本组织的质量方向，特别是针对如何全面满足顾客和其他有关的需求和期望以及努力开展持续改进做出承诺"。[④] 所谓"质量计划"，一般是指"质量管理的一部分，致力于制定质量目标并规定必要的运行过程和相关资源，以实现质量

---

① [美]约瑟夫·M.朱兰、约瑟夫·A.德费欧：《朱兰质量手册——通向卓越绩效的全面指南》（第六版），焦叔斌等译，中国人民大学出版社 2014 年版，第 195 页。
② 石强、朱仕友：《全面质量管理实际手册》，中国电力出版社 2013 年版，第 62—63 页。
③ 谢建华：《质量管理体系 ISO9001&TS6946 最新应用实务》，中国经济出版社 2013 年版，第 83 页。
④ 王冬梅：《全面管理基础知识》，安徽科学技术出版社 2016 年版，第 16 页。

目标……包括过程、产品实现、资源提供和测量分析改进等"[1]诸多环节的计划,现实中多表现为"对特定的项目、产品、过程或合同,规定由谁及时应使用哪些程序和相关资源的文件"[2]。按照当代美国著名质量管理专家朱兰博士提出的"朱兰三部曲","质量计划"主要包括:"确定设计目标;定义所针对的市场和顾客;发掘市场、顾客和社会需要;开发要满足顾客需要的新设计的特征;开发或再开发出这些特征的过程;开发过程控制以将新设计转入运营阶段"[3]。为保证质量方针与质量计划的科学性与严谨性,要通过科学而深入的市场调查,"明确谁是顾客,以及他们的需要是什么;然后计划人员或产品实现团队开发用于满足这些需要的产品特征及过程设计;最后计划人员将他们制订的计划交给运营部门:你们来运行这些过程,生产所要求的产品特征,提供产品以满足顾客的需要"。[4]

因此,在制定质量目标时需紧紧围绕组织质量方针与质量计划展开与推进。

(二)质量目标制定要立足基础

在制定质量目标时,要考虑选择目标所立足的基础。制定质量目标,通常要立足如下基础。

1. 以技术作为基础

将质量目标建立在技术基础之上是国际惯例。只有把"产品和服务特征目标和过程特征目标在很大程度上建立在技术分析的基础之上"[5],才能使众多质量目标以规范和程序的形式开发出来。

---

[1] 陈建武:《质量控制与现场管理》,人民邮电出版社2013年版,第20页。
[2] 谢建华:《质量管理体系ISO9001&TS6946最新应用实务》,中国经济出版社2013年版,第56页。
[3] [美]约瑟夫·M.朱兰、约瑟夫·A.德费欧:《朱兰质量手册——通向卓越绩效的全面指南》(第六版),焦叔斌等译,中国人民大学出版社2014年版,第89页。
[4] [美]约瑟夫·M.朱兰、约瑟夫·A.德费欧:《朱兰质量手册——通向卓越绩效的全面指南》(第六版),焦叔斌等译,中国人民大学出版社2014年版,第85页。
[5] [美]约瑟夫·M.朱兰、约瑟夫·A.德费欧:《朱兰质量手册——通向卓越绩效的全面指南》(第六版),焦叔斌等译,中国人民大学出版社2014年版,第216页。

2. 以市场作为基础

"影响产品销售能力的质量目标应该基本上立足于符合或超过市场质量水准。因为在质量设计项目进行当中,市场和竞争状况无疑会发生变化,所以目标应当设定得足以应对或超过项目完成时的预期竞争水准。"[1]

3. 以"标杆分析"作为基础

标杆分析是"根据对他们已经达到水准的了解来设定目标。一个常见的目标是要求新产品的可靠性至少要等于它将要代替的旧产品的可靠性,并且至少要等于可靠性最高的竞争产品的可靠性。应用标杆分析意味着所设定的目标是可以达到的,因为他人已经达到了"[2]。

4. 以历史水准作为基础

设定质量目标还要以"历史绩效"为基础,即"根据过去的绩效来设定目标。有时为了刺激改进会将目标变严。对某些产品和过程来说,历史基础有助于取得所需的稳定性"[3]。

(三)识别顾客及揭示顾客需要

在制定目标之前,还要充分而准确地识别顾客。

1. 顾客及其分类

所谓顾客就是接受产品或服务的组织或个人。一般情况下,顾客可分为两类:外部顾客,即那些在组织之外的顾客,主要包括:购买者、商家、加工者、供应商、"潜在顾客"(那些目前不用该产品但可能变成顾客的组织或个人)、"隐蔽顾客"(对另一类不易被想起而容易忽略掉的顾客的分类);内部顾客,组织中的每一个人都扮演着三种角色:"供应商""加工者""顾客"。在这里,组织内的每一个人都会从他处接受事或物,并对之做某些识别、加工、整理或服务等,然后再经由一定步骤、程序传递给第三人。实践证明,有效地满足内部

---

[1] [美]约瑟夫·M.朱兰、约瑟夫·A.德费欧:《朱兰质量手册——通向卓越绩效的全面指南》(第六版),焦叔斌等译,中国人民大学出版社2014年版,第99—100页。
[2] [美]约瑟夫·M.朱兰、约瑟夫·A.德费欧:《朱兰质量手册——通向卓越绩效的全面指南》(第六版),焦叔斌等译,中国人民大学出版社2014年版,第99—100页。
[3] [美]约瑟夫·M.朱兰、约瑟夫·A.德费欧:《朱兰质量手册——通向卓越绩效的全面指南》(第六版),焦叔斌等译,中国人民大学出版社2014年版,第99—100页。

顾客"需要"或"需求"对组织更好地满足外部顾客"需要"或"需求"具有重要影响。

2. 揭示顾客需要

制定质量目标时，在准确识别顾客的基础上，更重要的是揭示产品或服务的内外部顾客的"需要"。朱兰认为，要有效揭示顾客需要，必须组织一些必要的关键活动。主要包括："对收集顾客的需要进行计划；收集用顾客的语言表达的顾客的需要；对顾客需要进行分析并排出优先次序；将顾客的需要翻译成'我们的'语言；建立测量单位与测量手段。"①

其中，最重要也是最难做到的是从顾客"自己的语言"所"表达的需要"中或以为的所有需要中及时、精准、全面地识别出顾客"真实的需要"（见表5-1），并能够精确翻译成"我们的语言"。这无疑是对质量目标制定者的挑战。因为，"产品和服务的首要目标是满足顾客的需要。产业顾客经常能够准确表达他们的需要。这类明确的需要就直接成为生产公司的质量目标。在此相对照，一般消费者常常使用含混的词语来表达自己的需要。这类表达必然转化为生产者的语言，才能成为产品目标。"②事实上，唯有如此，才能向顾客提供满意的产品和服务，并逐步提高顾客对所提供的产品和服务的满足度与美誉度。

表5-1　　顾客"表达的需要"与"真实的需要"对应

顾客"表达的需要"	顾客"真实的需要"
新鲜的海产品	安全、健康、营养、美味
飞机票	运输、安全、舒适、便捷
平板电脑	随时观看娱乐节目、新闻、电影
牙膏	健康、牙齿洁白、口气清新等
每周7天每天24小时营业的银行	随时存、取款的能力

---

① ［美］约瑟夫·M.朱兰、约瑟夫·A.德费欧：《朱兰质量手册——通向卓越绩效的全面指南》（第六版），焦叔斌等译，中国人民大学出版社2014年版，第103—104页。

② ［美］约瑟夫·M.朱兰、约瑟夫·A.德费欧：《朱兰质量手册——通向卓越绩效的全面指南》（第六版），焦叔斌等译，中国人民大学出版社2014年版，第215页。

（四）准确把握质量目标的特征

朱兰指出："用质量术语来说，目标就是所瞄准的质量靶子（如所瞄准的价值和规范的界限）……目标与标准不同，标准是必须遵守的……标准是一种'要求'，通常决定产品的一致性或产品如何运行，但产品特征目标则通常是自愿的和协调的。因此，质量设计过程必须提供既满足质量标准又满足质量目标的手段。"[①] 因此，一个科学、有效的质量目标体系必须具备鲜明的、具体的特征，这样才能够为组织（或团队）提供足够的信息来引导质量计划（或质量规划）过程。这些特征主要有："具体的；可衡量的；有关各方一致同意的；现实的——目标可以很高，但必须是可行的；确定时间——什么时候完成目标"。[②]

比如，A保险公司的质量目标："为穷人设计一款新型寿险方案"，B保险公司的质量目标："在80个工作日内设计并提供一款寿险方案，本方案要使贫困家庭能以每年3000元以下（面市时）购买保险。本方案实际运行后能够为公司取得5%—8%的平均回报率。"与A保险公司的质量目标相比，B保险公司的质量目标要更具科学性、现实性、具体性和可操作性。既有具体的设计期限，又有明确的受众人群；既有具体的数字表征，又有明确的投资回报率。清楚表达了自己部门的工作质量目标，并为本公司相关团队计划产品的特征和实现质量目标的过程提供了充分的导向。

（五）掌握制定目标的原则与要求

ISO9001：2008标准中明确规定："最高管理者应确保在组织的相关职能和层次上建立质量目标，质量目标包括满足产品要求所需的内容。质量目标应是可测量的，并与质量方针保持一致。"[③] 为此，制定

---

① ［美］约瑟夫·M.朱兰、约瑟夫·A.德费欧：《朱兰质量手册——通向卓越绩效的全面指南》（第六版），焦叔斌等译，中国人民大学出版社2014年版，第120页。
② ［美］约瑟夫·M.朱兰、约瑟夫·A.德费欧：《朱兰质量手册——通向卓越绩效的全面指南》（第六版），焦叔斌等译，中国人民大学出版社2014年版，第100页。
③ 谢建华：《质量管理体系ISO9001&TS6946最新应用实务》，中国经济出版社2013年版，第84页。

质量目标应遵循以下基本原则和要求。

1. 遵循主要原则

"质量目标必须是可以测量的，最好是量化的指标，并与质量方针保持一致；应规定质量目标的测量方法；制定质量目标以事实为依据，具有挑战性，并在规定时间内可以实现的；制定质量目标前，建议收集标杆企业或竞争对手的质量目标信息；质量目标应以客户的期望为依据。"[①]

2. 掌握基本要求

"体现组织有能力稳定地满足顾客和法律法规的要求；体现为不断提升顾客满意度而进行的持续改进的要求；体现灵活而非僵化地应对、落实和展开质量方针的要求；满足包括产品质量要求（指产品固有特性）所需的内容；保证目标具有可追求性，即目标在特定时间内可维持的水平和可突破的水平；质量目标的分解视具体情况而定，便于执行即可，不必无限分解"[②]；注重突破性与控制性统一，以确保一定时间内在质量计划、改进与控制中不断达到预期效果、效率与有效性。

三 职业院校教育质量目标及制定策略构想

（一）科学界定职业院校教育质量目标的基本内涵

根据"职业院校教育质量"与"质量目标"的内涵，笔者认为，所谓职业院校教育质量目标，就是职业院校在提供"适目的性"教育产品和服务满足"顾客"需要的程度和能力方面所追求的目的。职业院校要实现"立德树人"的根本任务，就必须不断提高教育质量。实践证明，只有这样，职业院校才能根据"学生的特点，培养学生的社会适应性，教育学生树立终身学习理念，提高学习能力，学会交流沟通和团队协作，提高学生的实践能力、创造能力、就业能力和创业能

[①] 谢建华：《质量管理体系 ISO9001&TS6946 最新应用实务》，中国经济出版社 2013 年版，第 84 页。

[②] 刘晓欢、刘骋：《论职业教育的质量标准与质量评价》，《职业技术教育》2005 年第 19 期。

力,培养德智体美全面发展的社会主义建设者和接班人"①,从而满足用人单位、行业企业和区域经济社会发展对高素质劳动者和高端技术技能型人才的需求与期望。

(二)严格遵循职业院校教育质量目标制定的依据

1.职业院校教育质量目标制定的政策依据——党和国家的政策方针

众所周知,党和国家的教育方针政策是我国经济社会发展的客观要求,必然成为制定职业教育人才培养目标和职业院校教育质量目标的基本依据。因此,在制定职业院校教育质量目标时,首先依据党和国家关于职业教育事业全面、协调、可持续发展的各种政策方针。如,《国务院关于加快发展现代职业教育的决定》(国发〔2014〕19号)、《高等职业教育创新发展行动计划(2015—2018年)》、《教育部关于职业教育教学改革全面提高人才培养质量的若干意见》(教职成〔2015〕6号)、《职业院校管理水平提升行动计划(2015—2018年)》、《高等职业院校内部质量保证体系诊断与改进指导方案(试行)》、《教育部关于深入推进职业教育集团化办学的意见》(教职成〔2015〕4号)和《国家标准化体系建设发展规划(2016—2020年)》等。

2.职业院校教育质量目标制定的客观依据——区域经济与产业结构

2016年《中国高等教育质量年度报告》显示,"高等职业教育成为农村孩子接受高等教育的重要途径。……高职院校农家子弟的比重逐年上升,目前已经达到53%";"高职院校对接产业需求,提升服务能力,作出服务贡献";"面对经济下行压力,高职院校扎根基层面向企业,为地方经济社会发展输送了230万技术技能型人才"②。这

---

① 《教育部关于全面提高高等职业教育教学质量的若干意见》(教高〔2006〕16号),http://ypw.hfet.com/DocHtml/12/2010/7/22/27609383238.html。
② 上海市教育科学研究院、麦可思研究院:《中国高等职业教育质量年度报告》,高等教育出版社2016年版,第50—53页。

些统计分析充分表明，高职院校与其他类型的普通高校相比，与地方经济社会发展的依存度更大、与行业企业的关联度更强、与产业结构调整升级的契合度更高。因此，职业院校在制定教育质量目标时，必须紧紧围绕国家及所在地区"十三五"规划、紧扣时代经济社会发展"主旋律"、适应经济发展新常态，与市场高素质人才需求有效对接，与产业结构调整升级"同频共振"。以"有为"成就"有位"，不断夯实推进区域经济社会发展的战略地位。

3.职业院校教育质量目标制定的基本依据——职业分类和职业标准

1999年5月，我国正式颁布并组织实施了《国家职业分类大典》（以下简称《大典》）。《大典》参照当时国际职业标准，分析了我国职业发展趋势，准确界定了我国职业分类，科学开发我国职业技能标准。为积极适应经济发展、市场人才需求变化和科技进步要求，《大典》先后于2005年、2007年进行了二次增补与修订："国家职业技能标准的主体是工作要求，工作要求首先对职业活动内容进行分解和细化，然后进一步从技能和知识两个方面描述了完成各项具体工作所需的职业能力；职业概况描述本职业的基本情况；基本要求包括职业道德和基础知识两部分；比重表可以分为理论知识比重表和技能比重表。"[1]因此，为满足人才培养目标与职业岗位（群）核心能力的需要，职业院校在制定教育质量目标时要严格参照并执行《大典》中对国家职业的分类和国家职业技能标准。

4.职业院校教育质量目标制定的重要依据——学校人才培养目标

《教育部关于全面提高高等职业教育教学质量的若干意见》（教高〔2006〕16号）中明确指出，高职院校要"进一步加强思想政治教育，把社会主义核心价值体系融入高等职业教育人才培养的全过程。要高度重视学生的职业道德教育和法制教育，重视培养学生的诚

---

[1] 段致平、王升、贾树生：《论现代职业教育体系下高等职业教育人才培养目标》，《中国职业技术教育》2015年第1期。

信品质、敬业精神和责任意识、遵纪守法意识,培养出一批高素质的技能型人才"[①]。《教育部关于深化职业教育教学改革全面提高人才培养质量的若干意见》(教职成〔2015〕6号)进一步强调,职业院校要"以立德树人为根本,以服务发展为宗旨,以促进就业为导向,坚持走内涵式发展道路,适应经济发展新常态和技术技能人才成长成才需要,完善产教融合、协同育人机制,创新人才培养模式,构建教学标准体系,健全教育质量管理和保障制度,以增强学生就业创业能力为核心,加强思想道德、人文素养教育和技术技能培养,全面提高人才培养质量"[②]。因此,高职院校要结合国家对高职教育人才培养目标的规定,明确与聚集自己的人才培养目标,并将其作为制定教育质量目标的重要依据。

5.职业院校教育质量目标制定的内在依据——学生全面发展需要

职业院校学生全面发展需要可以简要概括为两方面:"生存需要"和"发展需要"。"生存需要"主要是指职业院校"以促进就业为导向",满足毕业生就业时实现专业较高"对口率"及所学专业与未来从事的职业及岗位(群)核心能力较高"契合度"的需要。为此,职业院校各专业要以"工作过程导向"制定人才培养方案、课程标准、教学内容,以实现专业对接产业、课程对接岗位、学习过程对接工作过程,不断夯实学生职业基础能力、提高学生核心岗位(群)能力和提升学生人文素养。"发展需要"主要是指职业院校要满足学生职业生涯可持续发展的需要,要牢固树立"顾客意识""服务意识",进一步加强对学生的职业生涯规划与就业指导,全面推进通识教育与创意创新创业教育,着力培养学生终身学习能力和创新创业能力素质。职业院校在制定教育质量目标时,要充分考虑并积极回应学生上述"生存需要"与"发展需要"的诉求,努力提高学生对全面发展需要的满

---

① 《教育部关于全面提高高等职业教育教学质量的若干意见》(教高〔2006〕16号),http://ypw.hfet.com/DocHtml/12/2010/7/22/27609383238.html。
② 《教育部关于深化职业教育教学改革全面提高人才培养质量的若干意见》(教职成〔2015〕6号),http://www.bzzyjsxy.cn/C/info_201601130448126vhw8.html。

意度。

（三）坚持职业院校教育质量目标制定的基本要求

1. 强化科学性

在制定职业院校教育质量目标时，要充分尊重和利用职业教育适应经济社会发展要求的规律、职业教育教学规律和职业教育人才培养规律；要积极反映最新的国际发展趋势。如2015年联合国教科文组织通过的《仁川宣言》中要求向学习者提供公平的、高质量的技术和职业教育与培养机会；要努力践行国家最新发展理念，如"创新、协调、绿色、开放、共享"五大发展理念；要全面贯彻国家最新发展战略，如供给侧结构性改革、创新驱动发展战略、质量强国战略等；要精心组织调查研究、适应市场需求、强化"标杆分析"、明确发展战略，从而使制定的教育质量目标实现"四个同步"，即"与经济社会同步发展、与经济社会同步规划、和产业升级同步实施、和技术进步同步升级"[①]。

2. 构建体系性

职业院校教育质量目标是由内容丰富、类别多样、层次鲜明的目标构成的科学、完整、严谨的体系。在内容上，既包括教学质量目标、管理质量目标，又包括服务质量目标；在类别上，既包括专业质量目标、学生全面发展质量目标，又包括育人环境质量目标和服务社会质量目标；在层次上，既包括远期质量目标、中期质量目标与近期质量目标，又包括学校质量总目标、各职能部门工作质量目标和个人工作质量目标。因此，职业院校在制定教育质量目标时，要准确把握上述质量目标的内容、类别与层次级。

3. 注重差异性

职业院校在制定教育质量目标时，必须考虑到各目标实施主体的现有基础和工作实际。无论是职能部门工作质量目标，还是个人工作

---

① 葛道凯：《职业教育会议的核心内容是要推动职业教育和经济社会同步发展》，http://news.xinhuanet.com/talking/2014-07/02/c_126701835.htm。

质量目标；无论是专业质量目标，还是课程开发与设计质量目标；无论是育人环境质量目标，还是服务社会质量目标，都必须坚持"实事求是、差别对待、错位发展、整体推进"的原则，切忌"一刀切"，要积极鼓励各职能部门在学校整体市场调查研究的基础上，积极开展专项调研，瞄准市场、分析"标杆"、撰写规划、研究策略，充分尊重个体差异性，从而使确定的质量目标既要"接地气"，便于操作与实现，又有"正能量"，能够引领事业创新发展。

4. 有可测量性

ISO9001：2008质量管理体系中特别强调，"质量目标提出了必须可以测量的，最好是量化的指标，并与质量方针保持一致；应规定质量目标的测量方法"[①]。因此，职业院校所制定的质量目标，无论是专业质量目标、学生全面发展质量目标，还是育人环境质量目标和服务社会质量目标，既要做定性分析，又要做定量规划，并且要特别注重对各质量目标量化指标的开发与设计，使其具有可测量性，更重要的是能够依据质量目标开发出相应的质量标准（最好是量化指标），以便准确测量、诊断、评估各质量目标的完成效果、效率与有效性。因此，职业院校在对教育质量目标进行定性分析的基础上，要尽可能提供"适目的性"教育产品和服务满足"顾客"需要的目标做定量分析。

5. 突出挑战性

职业院校教育质量目标要与国家发展战略、产业结构调整升级、区域经济社会发展相适应，与其办学基础、办学定位、办学特色相匹配，与其质量生成、质量改进、质量控制过程相适应，与其质量规划、质量方针、质量策划内容相一致。目标不宜太高，如果太高易产生畏难情绪而起不到引领作用；也不宜太低，如果太低就会因为轻易达到而起不到激励作用。而要"适宜""适度""适中"，即制定的目

---

① 谢建华：《质量管理体系ISO9001&TS6946最新应用实务》，中国经济出版社2013年版，第84页。

标，无论是专业质量目标、学生全面发展质量目标，还是育人环境质量目标和服务社会质量目标，都要具有一定的挑战性。这主要是根据市场调研与"标杆分析"，制定的质量目标既适当高于精心选定的"标杆"，又能够通过精诚合作与协同创新实现。

（四）灵活运用职业院校教育质量目标制定的方法

1. 坚持问题导向

在制定职业院校质量目标时，坚持问题导向，积极调动师生全员参与，建言献策；广泛收集毕业生用人单位意见反馈；科学编制学校人才培养质量年报；主动参与、积极配合社会评估与监督情况。通过以上途径与举措，及时发现学校在质量计划、质量方针、质量生成、质量改进、质量控制等方面存在的问题，并有针对性地进行诊断，明确问题中的"关键的少数"，掌握问题中的"有用的多数"。加大对"关键的少数"的解决力度，同时重视"有用的多数"问题，特别是将涉及质量规划、质量方针与上一级质量目标的内容，或对下一层级与个人工作和发展目标影响较大的问题，适时、准确地纳入质量目标"诊断与改进"之中。为此，要根据"现代信息技术平台"描绘"问题树"、探知"问题源"、聚焦"关节点"，确定问题具体内容、严重程度及影响范围，健全和完善教育质量目标体系。

2. 强化目标分解

职业院校教育质量目标，在内容上，无论是总体质量目标，还是教学质量目标、管理质量目标和服务质量目标；在类别上，无论是专业质量目标、学生全面发展质量目标，还是育人环境质量目标和服务社会质量目标；在层次上，无论是远期质量目标，还是中期质量目标和近期质量目标，都要在层级分布与责任主体上，利用系统论与过程论的方法，自上而下地逐级展开，进行科学合理的分解，更重要的是将各质量目标分解到各职能部门及工作人员，使具体的质量目标能够"落小、落细、落地、落实"。如建立"目标责任制"，充分明确各具体目标责任人的质量保证主体责任，以激发其实现质量目标的积极性与主动性、责任感与使命感。

3. 科学开发标准

职业院校教育质量标准是关于职业院校教学及其相关活动与结果的规定。具体表现为"一系列规章、制度、职责规范、环节标准以及各种教学文件"[①]。从内容上，可分为教学质量标准、管理质量标准和服务质量标准；从类别上，可分为专业质量标准、学生全面发展质量标准、育人环境质量标准和社会服务质量标准等；从对象上，可分为学校各职能部门及工作人员的技术标准、岗位标准、管理标准与服务标准。在全面提升质量背景下，设计与开发教育质量标准是建立健全职业院校内部质量保证体系的一项基础性工程。

第三节　我国职业院校办学质量评价标准体系建构

一　办学质量标准国际经验借鉴

20世纪80年代，美国设立了国家质量奖。因为该奖受时任美国商业部长马尔科姆·波多里奇（Baldrige，Malcolm）的强力推动，所以也称作"马尔科姆·波多里奇国家质量奖"，于1988年正式开始评奖。该奖启动时只面向企业界，1999年，该奖向教育界开放，并推出了质量奖标准的教育版——《绩效优异教育标准》（见表5-2），美国所有的中小学校、学区、学院、大学及大学的学院均可申请。该奖的目的在于提供改进绩效的工具，树立组织绩效的标杆，促进教育机构提高质量，促进相关组织分享有益的管理经验，提升教育的整体质量管理水平。[②] 教育组织要申请美国国家质量奖，必须先根据《绩

---

① 洪贞银：《高职院校教育质量保证与评估研究》，人民出版社2009年版，第58页。
② 乐毅：《美国基于标准的学区整体教育质量管理实践》，《上海教育科研》2006年第4期。

效优异教育标准》(以下简称《标准》)进行自我评估,再提交评估和申请报告。教育质量评审委员会经过独立审查、集体审查,对合格组织进行现场访问,审查并推荐质量奖获得者,在每一步被淘汰的教育组织以及最终获得质量奖的组织都会获得委员会的评审反馈报告。这个反馈报告是专家组根据《标准》指出申请者的优势和需要改进之处,以帮助组织提高绩效,是质量奖的一个重要组成部分。获奖组织同时被要求必须与其他组织分享成功经验和绩效优异信息。

表5-2 《绩效优异教育标准》及分值分布

序号	类别	项目	领域	分值(分)		权重
1	领导	高层领导	远景和价值观	70	120	12.0%
			沟通和组织绩效			
		管理和社会责任	组织管理	50		
			法律和道德行为			
			对主要社会团体的支持			
2	战略规划	战略发展	战略发展过程	40	85	8.5%
			战略目标			
		学校战略部署	行动计划部署	45		
			绩效规划			
3	学生、利益相关者和市场知识	学生、利益相关者和市场知识	学生、利益相关者和市场知识	40	85	8.5%
		学生、利益相关者关系和满意度	与学生、利益相关者建立关系	45		
			学生及利益相关者满意度测定			
4	测量、分析和知识管理	组织绩效的测量、分析和回顾	绩效测量	45	90	9.0%
			绩效分析和问题			
		信息和知识管理	数据和信息的可用性	45		
			组织知识管理			
			数据、信息和知识的质量			

续表

序号	类别	项目	领域	分值（分）		权重
5	教师和员工中心	工作系统	工作过程组织和管理	35	85	8.5%
			教职工绩效管理系统			
			教师聘用和专业发展			
		员工的学习和动机	教职工教育培训和发展	25		
			激发动机和专业发展			
		员工的福利及其满意度	工作环境	25		
			对教职工的支持及其满意			
6	过程管理	学习中心的过程	学习中心的过程	45	85	8.5%
		支持过程和操作规划	对学习中心的支持过程	40		
			财政资源、突发事件操作规划			
7	学校绩效结果	学生学习结果		100	450	45.0%
		学生与相关者关注的结果		70		
		预算、财务和市场结果		70		
		员工结果		70		
		学校组织有效性结果		70		
		领导和社会责任结果		70		
	总分			1000		100%

资料来源：NIST, 2006 Baldrige National Quality Program, Education Criteria for Performance Excellence, http://www.baldrige.nist.gov/Education_Criteria.htm。

《绩效优异教育标准》强调以下核心价值观和理念：愿景领导；以学习为中心的教育；组织和个人的学习；重视教师、员工和合作伙伴；快速反应能力；强调未来；管理革新；事实管理；社会责任；强调结果和创造价值；系统观。

自此，美国教育尤其是高等教育走向高质量发展的道路，为美国迈入世界高等教育强国之首的地位奠定了坚实的基础。如2017年世界大学学术排名前100强中，美国有48所大学入围；前10强中有8

所大学入围。2018年全球十大最具创新力大学排名中，美国麻省理工学院、哈佛大学、宾夕法尼亚大学、华盛顿大学、得克萨斯大学五所大学入围。《绩效优异教育标准》也逐步被世界诸多国家认可、借鉴和效仿。目前，全球近70个国家和地区建立了类似的国家教育质量标准或者将《绩效优异教育标准》运用到教育领域。借鉴《绩效优异教育标准》评价指标和标准体系建构我国职业教育质量标准具有可行性。

多年来，我国一直重视职业教育质量发展问题并出台系列政策文件。国务院先后出台《关于大力发展职业技术教育的决定》（1991年）、《关于大力发展职业教育的决定》（2005年）、《关于加快发展现代职业教育的决定》（2014年）和《国家职业教育改革实施方案》（2019年），明确提出推动职业教育高质量发展的步骤和途径。教育部等部门先后制定《关于全面提高高等职业教育教学质量的若干意见》（2006年）、《深化职业教育教学改革全面提高人才培养质量的若干意见》（2015年），专门指导推动职业教育高质量发展的措施和手段。尽管国家重视职业教育高质量发展的力度不断加大，但并未建立起完善的职业教育质量考核和评价标准体系，难以指导职业教育由追求规模扩张向提高质量转变，难以彰显职业教育在助推产业经济转型升级以及高质量就业中的经济效能。建立完善的职业教育质量评价标准体系是完善督导评估制度、推动新时代职业教育更高质量发展的关键。借鉴国际办学质量标准建构具有中国特色的职业教育质量标准体系是新时代发展的历史诉求。

二 职业院校办学质量评价标准体系逻辑模型

《国家职业教育改革实施方案》指出，推动职业教育由追求规模扩张向提高质量转变是新时代赋予的历史使命，建立健全职业教育质量评价和督导评估制度是确保高质量发展的前提和保证。为此，在借鉴《绩效优异教育标准》经验的基础上，建构我国职业院校办学质量标准模型是提高我国人才培养质量、支撑产业经济转型升级、破解新时代主要矛盾的重要选择。根据《绩效优异教育标准》类别以及项目的划分，职业院校办学质量标准也基本采用既有模式，如图 5-1 所示。

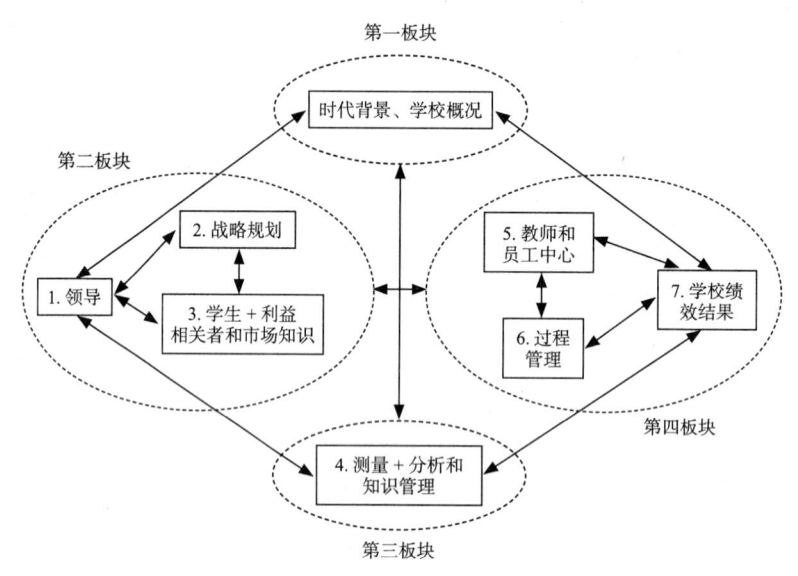

图 5-1 基于《绩效优异教育标准》的职业院校办学质量标准模型

从职业院校办学质量标准模型图可以看出，职业院校质量的衡量标准主要包括四大板块、7 个类别。其中，第一板块主要是时代背景板块，主要考察职业院校是否明晰自身所处的时代背景、肩负的历史使命，是否具有核心竞争力，在同类学校中处于什么样的竞争地位，影响竞争地位变化的关键因素有哪些，面临哪些关键性的挑战，等等。第二板块是战略行动计划板块，主要考察职业院校高层领导、学校各级部门是否具有明晰的战略发展规划，是否具有实施发展规划的具体行动计划方案，学校与学生、用人单位、社会之间是否形成彼此协调的良性联动机制。第三板块是测量、分析和知识管理板块，主要考察职业院校怎样搜集、整理、分析以及改进管理方法的各种数据、信息和资料，即获取数据、信息和资料的方式、手段是否科学合理。从一定程度上说，测量、分析和知识管理板块贯穿于质量管理的始终。它不仅影响学校高层领导决策以及学校发展战略选择，而且影响人才培养目标定位、专业课程设置、教师发展规划等，最终还影响学校绩效结果。第四板块是监控管理板块，主要考察职业院校的教学以及教学辅助工作的运行情况，考察教学、科研、社会服务的业绩情况，是衡量办学质量标准的关键板块。在这四个板块中，第一板块是质量管理的基础和前提，决定着学校发展的总体方向；第二板块是质量管理的内在动力，引导着具体实施方案的制定；第三板块是质量管理的核心保障，规范着学校发展规划的制定以及过程的管理；第四板块是质量管理的重要目标，决定着学校绩效的高与低。四个板块之间共同构成整合的、系统的学校绩效管理模型，其目的就是控制学校管理的各个环节，不断改进学校绩效水平，追求绩效优异。[①]

三 职业院校办学质量评价标准及分值分布

《绩效优异教育标准》的7个类别虽然包括19个项目、27个领域，但具体领域内容相对宽泛，缺乏可操作性，尤其是没有针对职业教育的评价指标。为明确评价指标、细化评价标准，本书在每个领域梳理出相应关键点并根据重要程度赋予相应分值。27个领域共计包括93个关键点，合计1000分。

（一）职业院校领导能力的关键评价标准点

陶行知先生认为，"校长是一个学校的灵魂，要想评论一个学校，先要评论他的校长"。只有拥有长远的战略眼光、具有勇于创新和改革胆识与魄力的校长，才能引导职业院校跟上时代的步伐，才能为学校发展注入新的活力，才能推动学校走向高质量发展的道路。一是职业院校校长要大气。应全面了解国家大政方针政策，前瞻性把握国家社会经济以及职业教育发展趋势而不是将目光局限于校园内。只有站得高，才能看得远，才能为学校制定长远的战略发展规划以及科学合理的人才培养目标。二是职业院校校长要大略。要善于依据国家大政方针政策对学校发展规划进行科学合理的谋篇布局，提高学校发展与

---

① 齐昌政:《美国学校质量管理观的变化——以"美国国家教育质量奖"为例》，《外国教育研究》2007年第6期。

产业经济发展的适配度、吻合度；确保学校人才培养与需求无缝对接。三是职业院校校长要大度。要把目光聚焦于学校高质量的可持续发展而不是斤斤计较于眼前利益；要懂得兼容并包，要为致力于学校发展的人才提供机会和平台。四是职业院校校长要大智。要善于统筹校内各方资源，切实提高资源的配置效率；要善于盘活社会资源，为学校人才培养和高质量发展赢得优厚的资源支持。五是职业院校校长要大勇。要敢作敢为、勇于担当、敢于创新、勇于拼搏而不是因循守旧。校长的能力和魄力是决定学校能否高质量发展的关键。为此，该类别分值高达120分，占比12%（见表5-3）。

表5-3　　　　　领导能力的关键评价标准点及分值

	项目	领域	关键点	分值（分）	
领导能力	高层领导	愿景和价值观	高层领导如何确立并落实学校的愿景和价值观	20	45
			高层领导如何通过行为展现符合法律和道德的承诺	10	
			高层领导如何以实际行动创建成功的团队	15	
		沟通和组织绩效	高层领导如何就关键决策与利益相关者进行沟通	10	25
			高层领导如何通过关键行动完成学校使命	15	
	管理和社会责任	组织管理	学校如何落实相关主体责任	8	16
			学校如何评价高层领导绩效	8	
		法律和道德行为	学校如何预测和应对教学科研服务中的公共安全隐患	8	16
			学校如何倡导并确保教学科研服务中的道德行为	8	
		对主要社会团体的支持	学校如何把服务社会作为战略选择和日常工作	8	18
			学校如何积极支持和强化关键区域和企业	10	

领导能力主要包括高层领导的领导能力、管理和社会责任两个项目。高层领导能力包括愿景和价值观、沟通和组织绩效两个领域。其中，愿景和价值观领域包括高层领导如何确立并落实学校的愿景和价值观、如何通过行为展现符合法律和道德的承诺、如何以实际行动创建成功的团队三个关键点。在这三个关键点中，确立并落实学校的愿景和价值观是决定学校办学质量高低的前提和关键，

应占据较高的分值（20分）。沟通和组织绩效包括如何就关键决策与利益相关者进行沟通、如何通过关键行动完成学校使命两个关键点。

管理和社会责任项目包括组织管理、法律和道德行为、对主要社会团体的支持三个类别，共计6个关键点。该部分内容主要考察如何细化落实主体责任事宜，确保责任落实执行到位。

（二）战略规划的关键评价标准点

战略规划是将国家大政方针政策转化为职业院校行动计划和方案的关键环节，具有承上启下的作用，分值为85分（8.5%）（见表5-4）。主要包括战略制定、战略实施两个项目。战略制定分为战略制定过程和战略目标两个领域，共5个关键点。既要考察职业院校制定战略规划的步骤与环节，又要考察目标完成时间节点的科学性与合理性。战略实施项目分为行动计划部署和行动计划调整两个领域，共计7个关键点。主要考察关键行动计划具体内容、实施方案、支持力度以及绩效考核标准的科学性与合理性。

表5-4　　　　战略规划的关键评价标准点及分值

项目	领域	关键点		分值（分）
战略规划	战略制定过程	学校如何进行战略策划	8	24
		学校如何搜集、分析战略机会的关键数据和信息	8	
		学校的关键工作系统是什么	8	
	战略目标	学校的关键性战略目标及其完成时间表	8	16
		学校的关键性战略目标如何满足相关利益者需求	8	
	行动计划部署	学校关键性长期和短期行动计划是什么	8	38
		学校关键性行动计划是如何开展的	6	
		学校如何支持行动计划的完成	6	
		支持学校战略及行动计划的关键性人力资源	6	
		学校追踪行动计划进展的关键性绩效测量指标	6	
		学校长期、短期行动计划区间的预测绩效如何	6	
	行动计划调整	如何应对客观环境变化开展新的行动计划	7	7

（三）学生、利益相关者和市场的关键评价标准点

在职业院校的发展过程中，学校与学生、行业企业等主体形成了名副其实的利益相关者关系。意味着各个主体的积极参与其实是更好地服务于自身发展，任何主体的不良行为都将影响整体成效最终让自身利益受损。职业院校能否处理好彼此之间的关系是决定办学质量高低的重要指标。该类别分值为 85 分（占比 8.5%），主要包括学生、利益相关者和市场知识及满意度两个项目。学生、利益相关者、市场知识包括两个关键点。其一是如何掌握学生已有基础、特长和行业企业关于各级各类人才需求计划。其二是如何听取、采纳国内外学者关于专业课程设置、人才培养模式的合理建议，如何根据国家发展战略合理调整人才培养方案等。学生、利益相关者关系和满意度项目包括 8 个关键点。主要考察职业院校如何根据利益相关者合理诉求适时调整人才培养方案，如何确保人才培养质量满足社会经济发展需求，如何测定各利益主体对办学模式、培养质量的满意度（见表 5-5）。

表 5-5 学生、利益相关者和市场的关键评价标准点及分值

项目	领域	关键点	分值（分）	
学生、利益相关者和市场	学生、利益相关者和市场知识	学生、利益相关者和市场知识	如何获取学生、行业企业等关于办学的可用性信息	25	40
		如何获取专家学者以及政府机构关于办学的可用性信息	15	
	学生、利益相关者关系和满意度	与学生、利益相关者建立关系	如何确定市场对学校人才培养、科研以及服务的需求	10	33
		如何确保市场可用性需求进入学校运行过程之中	10	
		学校如何建立和管理与利益相关者之间的关系	10	
		学校如何处理利益相关者投诉	3	
		学生及利益相关者满意度测定	如何测定学生及其家长对学校人才培养质量的满意度	3	12
		如何测定行业以及企业对学校人才培养质量的满意度	3	
		如何测定社会其他团体对学校科研和社会服务的满意度	3	
		如何长期获取可用信息以契合并超越利益相关者期望	3	

（四）测量、分析和知识管理的关键评价标准点

组织绩效是指组织在某一时期内组织任务完成的数量、质量、效率及营利情况。能否采取科学合理的手段对任务完成的相关信息进行测量、分析是决定绩效考核质量高低的关键。考察绩效测量、绩效分析所采用的手段、实施的过程是质量评价的关键点。测量、分析和知识管理类别分为组织绩效的测量、分析和改进以及信息和知识管理两个项目，包括13个关键点，共计90分（占比9%）。运用科学手段进行绩效测量和分析不仅是客观地检测绩效结果，而且是运用检测结果改进学校战略决策、推动创新，为国家发展战略的制定提供决策依据（见表5-6）。

表5-6　测量、分析和知识管理的关键评价标准点及分值

项目	领域	关键点	分值（分）	
测量、分析和知识管理	组织绩效的测量、分析和改进	绩效测量	学校如何收集、校准数据和信息以监测整体绩效	6	17
			学校如何利用关键性数据和信息以支持学校决策	6	
			如何确保绩效测量系统具有较高的灵敏度	5	
		绩效分析	学校运用什么样的分析方法以确保绩效结论有效	6	11
			如何运用绩效结果评审战略目标、行动计划进展	5	
		绩效改进	如何识别哪些关键性活动是高绩效的	5	17
			如何利用绩效评审结果以及关键数据预测未来绩效	6	
			如何利用绩效评审结果改进战略决策推动创新	6	
	信息和知识管理	数据和信息的可用性	如何管理数据、信息以确保其准确性与完整性	5	25
			如何确保敏感或特有数据和信息的安全	5	
			如何确保数据和信息及时与利益相关者共享	15	
		组织知识管理	如何搜集、管理、共享校内外相关知识和资源	5	20
			如何组织学习、消化吸收所获得的知识和资源	15	

（五）教师和员工中心的关键评价标准点

人才培养，教师是关键。没有高质量的教师队伍就难以培养高质量的技术技能人才。良好的工作环境和氛围、科学合理的职称评审规

则、良好的发展平台和空间是调动教师内在主动性、打造优质师资教学团队的关键。该类别分为员工的福利及其满意度、工作系统、员工的学习和动机3个项目、7个领域，包括19个关键点，共计85分（占比8.5%）（见表5-7）。该类别关键点强调学校如何招聘高质量的师资、如何为教师发展提供良好的工作环境、如何调查教师对工作环境和福利的满意度；强调职称评审科学性、合理性及其教师的满意度；强调教师的可持续发展平台和空间。

表5-7　教师和员工中心的关键评价标准点及分值

	项目	领域	关键点	分值（分）	
教师和员工中心	员工的福利及其满意度	工作环境	如何评估教职员工能力、能量及其需求	3	13
			如何招聘、任用、留住新员工	5	
			如何为教职工搭建平台以激发工作活力	5	
		对教职工的支持及其满意度	如何确保教职工的身心健康和安全	4	12
			如何通过政策、服务和福利支持教职工发展	5	
			教职工对学校工作环境和福利的满意度	3	
	工作系统	工作过程组织和管理	如何培育具有员工契合特征的校园文化	5	10
			如何确定员工契合的关键驱动因素	5	
		教职工绩效管理系统	学校如何评价员工契合度	5	10
			学校的绩效管理系统如何支持员工与学校的契合	5	
		教师聘用和专业发展	教职工聘用的标准、依据及其满意度	5	15
			教师职称评审的标准、依据及其满意度	7	
			促进教师专业发展的途径及其满意度	3	
	员工的学习和动机	教职工教育培训和发展	教育培训如何支持学校需求和教职工个人发展	5	15
			如何评价培训和发展结果的有效性	3	
			如何管理教职工职业生涯发展	4	
			教职工对培训和职业生涯规划的满意度	3	
		激发动机和专业发展	如何激发立志从教者的工作动机	5	10
			如何确保具有学习能力和动机者的发展机会	5	

（六）过程管理的关键评价标准点

质量的产生、形成和实现，均通过过程链来完成。过程的质量，最终决定产品和服务的质量。要控制质量，就一定要控制过程[①]，所以，控制好职业院校运行过程、支持过程和操作规划是确保职业教育质量的保障。过程管理类别主要包括学校运行过程、支持过程和操作规划2个项目、3个领域、9个关键点，共计85分（占比8.5%）（见表5-8）。其中，学校教学、科研、社会服务的关键过程及关键要求是衡量学校高质量运行的三大关键点；如何为学校关键过程提供必要的支持、如何调查利益相关者对学校日常运行效率的满意度、如何改进运行过程以提高学校核心竞争力是确保学校高质量运行的三大保障，均为考察的关键点。

表 5-8　　　　过程管理的关键评价标准点及分值

	项目	领域	关键点		分值（分）
过程管理	学校运行过程	学校运行过程	教学工作的关键过程及其关键要求是什么	15	45
			科研工作的关键过程及其关键要求是什么	15	
			社会服务的关键过程及其关键要求是什么	15	
	支持过程和操作规划	对学校运行的支持过程	如何确保日常运作能满足学校关键过程要求	8	28
			利益相关者对学校日常运行效率的满意度	10	
			如何改进运行过程以提高学校核心竞争力	10	
		财政资源、突发事件操作规划	如何控制学校运行成本	5	12
			如何监督管理参与办学主体的行为	4	
			如何预防、应对安全和突发事件	3	

（七）学校绩效结果的关键评价标准点

从管理学角度来看，绩效是指组织、团队或个人，在一定的资源、条件和环境下，完成任务的出色程度，是对目标实现程度及达成效率的衡量与反馈。在职业教育质量评价标准体系中，学校绩效结果

---

① 唐晓青等：《制造企业质量信息管理系统实施技术》，国防工业出版社2009年版，第15页。

是判断教育质量高低以及是否达到预期目标的关键依据。所以，该类别分值高达450分，占比45%。包括学习结果、利益相关者关注的结果、财务预算结果、员工结果、学校组织结果以及领导和社会责任结果6个项目、19个关键点。其中，衡量学生学习结果的关键性测量指标结果是判断学校绩效结果的核心因素，分值为100分（见表5-9）。学习结果的关键性测量指标包括学生的品德素质的提高、专业基础知识的掌握、关键技术技能的掌握与运用、科研创新能力的提高等方面。

表5-9　　　　学校绩效结果的关键评价标准点及分值

	项目	关键点	分值（分）	
学校绩效结果	学生学习	衡量学生学习结果的关键性测量指标结果	80	100
		学生及家长对学习结果的满意度	20	
	学生与利益相关者关注	学校教学科研服务的关键性测量指标结果	20	70
		产教融合、校企合作的关键性测量指标结果	30	
		利益相关者对学校教学科研服务的满意度	20	
	预算、财务和市场	学校财务绩效的关键性测量指标结果	20	70
		学校市场绩效的关键性测量指标结果	50	
	员工	教职工能力、能量的关键性测量指标结果	10	70
		教职工工作氛围的关键性测量指标结果	10	
		教职工契合度、满意度的关键性测量指标结果	30	
		教职工发展的关键性测量指标结果	20	
	学校组织有效性	学校内部机构规范运转的关键性测量指标结果	10	70
		学校依法治校氛围的关键性测量指标结果	10	
		学校道德行为的关键性测量指标结果	10	
		学校预防、应对突发事件的关键性指标结果	10	
		学校核心竞争力的关键性测量指标结果	30	
	领导和社会责任	学校高层领导者愿景和价值观达成的测量指标结果	20	70
		学校战略目标和行动计划的关键性测量指标结果	20	
		学校支持区域或企业发展的关键性测量指标结果	30	

我们建构了包括7个类别、19个项目、27个领域、93个关键点的新时代职业教育质量评价标准体系，一方面引导职业院校各个部门、各类主体明确学校办学定位、人才培养目标及其任务分工，调动各部门致力于提高教育教学质量的内在动力；另一方面倒逼职业院校依据该标准体系自查并纠正自身问题，确保教育教学全环节、全过程的高效高质运行。总之，通过建构新时代职业教育质量评价标准体系推动职业教育实现由规模扩张向提高质量转变，推动中国由职业教育大国向职业教育强国转变，进而为新时代社会经济发展和提高国家竞争力提供优质人才资源支撑和智力支撑。

第六章　高职院校专业评估与标准研究

第一节　高职院校专业质量评估模式与标准

近年来，我国先后开展了高等职业院校人才培养水平和人才培养工作评估，对促进高等职业院校加强内涵建设，深化校企合作、工学结合的人才模式，强化特色，全面提高人才培养质量，促进我国高等职业教育持续、稳定、健康发展起到重要作用。但随着我国高等职业教育由外延式规模扩张向内涵式创新发展的转变，高等职业教育评估应逐步由注重办学投入、过程监控转向重视办学成效与特色，由注重统一性转向统一性与差异性相结合，由注重教育部门内部评估转向社会多方参与的外部评估。

专业建设是高等职业院校内涵式创新发展的核心。对高等职业院校专业教学质量进行评估是高等职业院校人才培养工作的重要环节，也是建立健全高等职业院校督导评估体系的重要内容。

一　我国高等职业院校专业评估的时代背景

（一）提高教育质量是教育改革发展的核心任务

从20世纪80年代初以"天津职业大学"为代表的100多所地方

性职业大学和90年代初以"邢台高等职业技术学校"为代表的专科层次高等职业学校的建立，到1996年颁布的《中华人民共和国教育法》和1998年颁布的《中华人民共和国高等教育法》正式确立高等职业教育在我国高等教育体系中的法律地位，短短十多年时间，我国独立设置的高等职业院校就发展到1000多所。目前，我国高等职业教育规模占到高等教育的半壁江山。高等职业教育快速发展，培养了大批高级技术技能人才，为提高劳动者素质、推动经济社会发展和促进就业做出了重要贡献，形成了具有中国特色的高等教育类型。但在经历30多年跨越式发展之后，我国高等职业教育还不能完全适应经济社会发展的需要，条件薄弱，结构不尽合理，质量有待提高。中国高等职业教育要想创奇迹必须在提升质量上下功夫，"把提高质量作为教育改革发展的核心任务。树立科学的质量观，把促进人的全面发展、适应社会需要作为衡量教育质量的根本标准"[1]。

"评估是现代社会的一项发明创造"[2]，它是保证现代社会朝着正确的、可持续发展方向前进的一种方法与技术，是促进质量提升的重要手段。开展高等职业院校专业评估有利于促进职业院校主动适应经济社会发展需求优化专业设置，引导高职院校加强内涵建设和培养模式改革，促进以能力为导向的人才培养质量不断提高，更好地服务于经济社会发展，办人民满意的高等职业教育。

（二）公共管理中问责的兴起强化了社会对高等职业院校教育质量的关注

伴随着20世纪70年代末在全世界范围内兴起的"新公共管理运动"，政府改革浪潮风起云涌。在这场改革运动中，问责成为代表民主治理的"黄金概念"，被视为"包治百病"的解决方案，问责的理

---

[1] 中共中央、国务院:《国家中长期教育改革和发展规划纲要（2010—2020年）》，http://www.moe.edu.cn/srcsite/A01/s7048/201007/t20100729_171904.html，2016年8月30日。

[2] Stockmann, R., and W. Meyer, *Funktions, Methods and Concepts in Evaluation Research*, Hampshire: Palgrave Macmillan, 2013, p.9.

念也渗透到社会科学研究的各个领域,[1]渗透到公共行政管理的各个方面。"有权必有责、有责要担当、失责必追究"也成为我国处理公共行政管理中权责关系的指南[2]。

美国学者杰·M.谢菲尔茨认为,"问责是委托方与代理方之间的一种关系,即获得授权的代理方(个人或机构)有责任就其所涉及的工作绩效向委托方作出回答"[3]。政府授权办学者承担起培养经济社会发展所需的技术技能人才,不断加大对高等职业院校的投入,经费是如何使用的,财政投入的效率效果如何,培养的人才是否符合经济社会发展的需要,都需要高等职业院校作出说明;家长把自己的孩子送入学校,孩子在学校学到了什么,有哪些收获,也需要学校作出回答;纳税人也越来越关心不断增长的教育经费的使用情况和效果,办学者需就此做出解释。经济性、效率和有效性成为新的质量要求,问责的开展,强化了社会各界对高等职业院校教育质量的关注,高等职业院校有责任向社会证明自己的教育成效。

(三)推进管、办、评分离教育体系改革,对高等职业教育评估进行顶层设计

推进管、办、评分离,构建政府、学校、社会之间新型关系,是全面深化教育领域综合改革的重要内容,是全面推进依法治教的必然要求,也是推进教育治理体系和治理能力现代化、激发教育活力的必然选择。教育部《关于深入推进教育管办评分离 促进政府职能转变的若干意见》(教政法〔2015〕5号)明确提出推进管、办、评分离,"坚持权责统一,依法明晰政府、学校、社会权责边界,构建系统完备、科学规范、运行有效的制度体系,形成决策、执行、监督相互协调、相互制约的教育治理结构"。评估是实施教育监督的重要手段。

---

[1] 阎波:《问责的理论阐释、现状与前沿》,《国外理论动态》2015年第2期。
[2] 李贞等:《习近平这样谈问责》,人民网,http://theory.people.com.cn/n1/2016/0727/c40531-28588044.html,2016年10月20日。
[3] 转引自周亚越、姚蕾《公民问责:现实反思与制度重构》,《云南社会科学》2010年第4期。

无论是第一轮以推进高职院校办学条件改善为目的的人才培养工作水平评估，还是第二轮以促进高职院校内涵建设为目的的人才培养工作评估，尽管在评估目的、评估内容、评估指标、评估方法和评估结论及其使用上存在差异，但在评估主体上均是由集高等职业教育决策、执行、监督权力于一身的教育行政主管部门主导并组织实施，评估仍是教育行政主管部门通过自上而下的行政力量在内部推动和循环，尚未建立起由第三方独立开展外部评估的制度框架。

伴随着教育决策、执行和监督相互协调、相互制约的教育治理结构的建立，高等职业教育评估的权责由实施高等职业教育管理的教育行政主管部门转移到实施监督的教育督导部门，教育督导部门与学校的关系相比之前教育行政主管部门与学校之间的关系变得更加间接，威权的力量和资源配置上的利害关系减弱，评估规划设计、实施和结果使用的环境发生改变，在新的教育治理体系下开展高等职业教育评估需进行制度框架的重新设计，开展高等职业教育专业评估，正是建立健全国家教育督导评估制度框架的重要内容。

（四）高等职业教育内涵建设的关键是办好专业

专业是高等职业院校的基本单元。所谓专业，是按照社会对不同领域和岗位的专门人才的需要，依据确定的培养目标设置于高等学校的教育基本单位或教育基本组织形式，对高职发展起着重要的作用。专业也是连接高职院校与社会的接口，是根据社会职业分工需要确定人才培养目标和方案，整合学科和社会资源，分类进行专门知识、技能和工作岗位技术、经验以及行业道德规范的教、学、研、训等活动的基本单位。[1]以专业建设为核心是高等职业教育本质属性的体现，也是高等职业教育工学结合人才培养模式得以实现的载体。高等职业院校办学的核心是办好专业，高等职业院校的办学质量核心是专业教学质量。

---

[1] 刘晓、石伟平：《论高职院校的内涵建设：从课程建设到专业建设》，《河北师范大学学报》（教育科学版）2011年第13期。

以效果为导向的职业教育质量标准研究

在高等职业教育发展历程中,专业的角色地位重要而突出。从2000—2017年,专业在国家教育政策中一直是政策中的主角,从研究对象、实践对象、纽带、关键环节到重点建设对象以及评价对象等,从未缺席过(见表6-1)。"制定高等职业院校专业评估试点方案"也曾经一度作为国务院教育督导委员会和教育部的重点工作列入工作要点。

表6-1　有关"专业在高职教育发展历程中的角色地位"的文件摘录

年份	文件名	专业角色	文件内容
2000	教育部关于实施新世纪高等教育教学改革工程的通知(教高〔2000〕1号)	研究对象 实践对象	开展高职高专专业建设等方面的研究与实践
2000	教育部关于加强高职高专教育人才培养工作的意见(教高〔2000〕2号)	纽带 关键环节	专业设置是社会需求与高职高专实际教学工作紧密结合的纽带,专业建设是学校教学工作主动、灵活地适应社会需求的关键环节
2004	教育部关于以就业为导向深化高等职业教育改革的若干意见(教高〔2004〕1号)	纽带 关键环节	专业设置是社会需求与高等职业教育教学工作紧密结合的纽带……是学校教学工作主动、灵活适应社会需求的关键环节
2006	教育部、财政部关于实施国家示范性高等职业院校建设计划加快高等职业教育改革与发展的意见(教高〔2006〕14号)	重点建设对象	选择500个左右办学理念先进、产学结合紧密、特色鲜明、就业率高的专业进行重点支持,形成500个以重点专业为龙头、相关专业为支撑的重点建设专业群
2006	教育部关于全面提高高等职业教育教学质量的若干意见(教高〔2006〕16号)	动态调整对象 (重要特色体现)	针对区域经济发展的要求,灵活调整和设置专业,是高等职业教育的一个重要特色
2010	关于进一步推进国家示范性高等职业院校建设计划实施工作的通知(教高〔2010〕8号)	主动适应方 (供给方)	主动适应区域产业结构升级需要,及时调整专业结构
2011	关于支持高等职业学校提升专业服务产业发展能力的通知(教职成〔2011〕11号)	服务产业角色 (产业支撑型、人才紧缺型、特色引领型、国际合作型)	整体提升专业发展水平和服务能力
2014	国务院关于加快发展现代职业教育的决定(国发〔2014〕19号)	评估对象	完善职业教育质量评价制度,定期开展职业院校办学水平和专业教学情况评估

续表

年份	文件名	专业角色	文件内容
2015	高等职业教育创新发展行动计划（2015—2018年）（教职成〔2015〕9号）	重点建设对象（专业发展水平）	加强专科高等职业院校的专业建设，凝练专业方向、改善实训条件、深化教学改革，整体提升专业发展水平
2017	国务院办公厅关于深化产教融合的若干意见（国办发〔2017〕95号）	产业转型升级的适应者调整退出和规范对象	推动学科专业建设与产业转型升级相适应，建立紧密对接产业链、创新链的学科专业体系……严格实行专业预警和退出机制
2018	教育部等六部门关于印发《职业学校校企合作促进办法》的通知（教职成〔2018〕1号）	校企合作形式	根据就业市场需求，合作设置专业、研发专业标准……开展专业建设

二 高职专业评估应坚持的原则

（一）产出和效果导向

产出导向为21世纪教育质量主要评估范式。在20世纪90年代之前，教育评估强调投入，几乎不对产出后的影响进行分析。在20世纪90年代，国际比较教育研究领域就教育质量和教育体系的效率进行了热烈讨论，讨论的结果是应转变质量保障范式，由投入导向转为产出导向。主要原因有三：一是无论欧盟各成员国还是其他国家和地区的职业教育体系彼此差别巨大，无法进行基于同样标准的比较研究、评价和认证，但是产出成果是可以通过标准的引入进行比较的，所以职业教育评价需要转为产出导向，这符合教育国际认证发展趋势。二是经济领域的本质关系为人与物的关系，传统评估强调过程质量是为了保障最终产品质量，追求市场价值；而教育领域的本质关系为人与人的关系，追求以人为本的个性化人才质量，过程质量属于各个院校内部管理体系的内容，并提倡特色化管理，正所谓"殊途同归"。三是在事实上，产出与效果已经成为教育过程和教育体系中质量评价与发展的重要因素[①]。我国幅员辽阔，人口众多，各个省份的

---

① ［德］菲利克斯·劳耐尔等：《国际职业教育科学研究手册》（下册），赵志群等译，北京师范大学出版社2017年版，第424—441页。

以效果为导向的职业教育质量标准研究

职业教育发展不平衡，职业教育体系也存在巨大差异，教育评价向产出和效果导向转变是客观情况和教育评估发展趋势共同使然。产出和效果导向应作为一个原则应用于教育评估领域，使国际上多样化职业教育质量保障体系互相兼容成为可能，为国际认证创造体系空间，也符合我国职业教育国际化的质量发展观。我国高等教育正处在从大众化迈向普及化的发展阶段，教育评估应在满足个体发展和社会发展需要功能之间做出调整，关注学生个体学习效果。信息化、新技术等科技变革又使我们的工作环境和生活环境处于一种持续变化状态，只有树立学习型态度，持续学习，才能提高个体应对环境变化的能力。所以，可持续评价也是教育评估的发展趋势。"可持续性评价观认为，在关注评价活动时，需要促使学生在当前学习活动结束之后能够独自应对自己在学习和生活当中可能会遇见的各种挑战。"[1] 可持续性与产出和效果导向并不矛盾，如果以时间发展为轴，可持续评价也属于发展意义上的产出和效果，所以产出和效果导向除了短期影响、长期影响，还包含了可持续性，这些标准都应用于教育评估。

（二）高职教育发展规律

高职教育的特点决定了专业评估应遵循其发展规律。首先，高职教育的目的与功能就是作为供给侧为经济社会发展培养适应社会需要的技术技能人才，这也是高职专业评估的重要议题。其次，高职教育的利益相关者关系复杂，政府、学校、行业企业、学生、家长、教师、社会等构成了一张多方博弈的利益关系网，这是高职专业评估难以平衡却又不得不面对的议题。最后，教育在本质上体现的是人与人的关系，学生既是受教育者，更是专业建设和教学活动这个"产品"的共同"生产者"，与企业生产管理本质上体现为人与物的关系不同，专业评估应对此加以区别，不能简单地对投入和产出进行比较，这是高职专业评估需要遵循的规律问题。以上三个特性带来三个问题：人才培养是否适应社会需要，利益相关者对教育服务是否满意，人才培

---

[1] 李超：《高校学生评价变革进展述评》，《外国教育研究》2018 年第 7 期。

养过程是否能遵循教育的本质规律。

高等职业院校作为一种社会组织形式，不以营利为目的，公益性是其存在的意义所在，这种非竞争性、非市场性的组织和情境特性决定了对其质量很难用一个类似企业的销售额、产品标准等进行评价，需要借鉴针对非营利机构的效果评估模式。高职院校的供求关系不完全由市场调节，利益相关者是复杂多层面的群体，有着不同的需求和评价标准，所以在精确性评价方面恰恰是高职专业评估需要模糊处理的，而这一实在需求可借鉴"成果评估"模式，其精确性较低的劣势却可以在高职专业评估中转化为优势。

（三）继承性与创新性

历史地看，评估模式伴随着评估的发展历程经历了漫长而复杂的演变。有学者将评估分为"改革时期（1792—1900年）、效率及测验时期（1900—1930年）、泰勒时期（1930—1945年）、纯真时期（1946—1957年）、发展时期（1958—1972年）、专业化时期（1973—1983年）、扩张与整合时期（1983—2001年）"七个发展阶段[①]，以此说明评估是一个动态的有其内在轨迹的发展过程。关于评估模式，还有古巴（Guba, E.G.）和林肯（Lincoln, Y.S.）的代际标准以及阿尔金（Alkin, M.C.）的树状标准：古巴和林肯将评估分为四代，分别以测量、描述、判断和协商为特征；阿尔金则为各种评估画像——树状，按评估内容相似性进行分类，分为方法、运用和价值判断三个分支，再根据内在的逻辑关系确定各个枝丫。[②]以上划分，对评估的定义、评估的重点、评估的特点等都有不同的诠释。评估分类依据多样，说明评估模式和评估理论研究仍然处在不断完善、发展和创新的过程中。

随着评估研究日趋成熟，在众多评估模式中，一些模式被认为最有希望在21世纪持续地加以应用和发展，表6-2包括了9种评估模

---

① [美]丹尼尔·L.斯塔弗尔比姆等：《评估模型》，苏锦丽等译，北京工业大学出版社2007年版，第5—21页。
② [德]赖因哈德·施托克曼、沃夫冈·梅耶：《评估学》，唐以志译，人民出版社2012年版，第119—146页。

式，除了"认可制度"评估整体得分为良好（G）等次外，其余 8 种都获得了非常好（VG）的评价，其中"决策/绩效问责"整体得分与等次最高，其次是"消费者导向评估"，"成果监控/附加价值"因其精确性等次较低，整体得分与等级排名第八。

表 6-2　　评估模型中的"20 世纪最有力评估模式"[①]

评估模式	整体 得分（分）	整体 等次	效用性 得分（分）	效用性 等次	可行性 得分（分）	可行性 等次	适切性 得分（分）	适切性 等次	精确性 得分（分）	精确性 等次
决策/绩效问责	92	VG	90	VG	92	VG	88	VG	98	E
消费者导向	82	VG	81	VG	75	VG	91	VG	81	VG
认可制度	60	G	71	VG	58	G	59	G	50	G
以实际利用为焦点	87	VG	96	E	92	VG	81	VG	79	VG
委托人中心	87	VG	93	E	92	VG	75	VG	88	VG
民主审议	83	VG	96	E	92	VG	75	VG	69	VG
建构主义者	80	VG	82	VG	67	G	88	VG	83	VG
个案研究	80	VG	68	VG	83	VG	78	VG	92	VG
成果监控/附加价值	72	VG	71	VG	92	VG	69	VG	56	G

资料来源：[美] 丹尼尔·L. 斯塔弗尔比姆 (Stufflebeam, Daniel L.) 等：《评估模型》，苏锦丽等译，北京工业大学出版社 2007 年版，第 94 页。G 表示好，VG 表示非常好，E 表示卓越。

虽然评估有各种结构形态，但是分析了解各种具有代表性的评估模式形成和发展的历史，我们可以发现经典评估模式的生命力所在，新的评估模式并不会彻底否定旧的评估模式，而是对前人成果的发展与创新。这个经验告诉我们，"没有必要为每一次的评估都开发一种全新的模式，而是要尽最大可能改变已有的模式，使其能更有效、更经济地使用"[②]。

[①] [美] 丹尼尔·L. 斯塔弗尔比姆 (Stufflebeam, Daniel L.) 等：《评估模型》，苏锦丽等译，北京工业大学出版社 2007 年版，第 5—21 页。

[②] [德] 赖因哈德·施托克曼、沃夫冈·梅耶：《评估学》，唐以志译，人民出版社 2012 年版，第 119—146 页，前言第 5 页。

高职专业评估要符合教育评估范式转变的大趋势，要敏锐地发现非营利机构评估重点的变化。评估作为一门学科发展至今，已渐趋成熟，科学本位的逻辑模型是现代评估的合理内核，应予以保留。效果导向符合教育评估产出导向和可持续发展需要，效果分析和归因分析亦应予以继承，所以专业评估"要关注效率、效益、有效性、相关性、可持续性"等标准①，这些标准能够较好地回应高职院校作为公益性社会组织的人才培养是否适应社会需要、利益相关者对其教育服务是否满意、人才培养过程是否能遵循教育的本质规律三个问题。因此，高职专业评估应是一个突出效果的产出导向综合评估模式，即它是一个至少包含了投入产出比、效果、影响、相关性和可持续性评估的优化组合模式，能积极回应教育评估欠缺效果分析、可持续性评价的现实问题。

三 评估的主要模式与选择依据

（一）评估的主要模式

通俗地讲，评估可以理解为"某人或组织为了某种目的按照一定标准以某种方式对某件事情进行评定"②。自产生以来，评估一直受到学术界和政界的广泛关注，评估理论、方法的研究和实证分析也层出不穷，涌现出大量的评估概念和评估类型，斯塔弗尔比姆曾在2000年出版的一本著作中对评估的概念和模式进行了研究，总结出22种评估模式③。尽管如此，理论界、政府管理者、社会公众仍认为评估研究有待完善，评估模式还有待创新。自20世纪七八十年代以来，众

---

① 唐以志、武宝瑞、赵志群：《新时代职业教育监测评估创新发展》（笔谈），《当代职业教育》2018年第3期。

② Kromery, H., "Evaluation - Ein vielschichtiges Konzept. Begriff und Methodik von Evaluierung und Evaluationsforschung. Empfehlungen für die Praxis", *Sozialwissenschaften und Berufspraxis*, Vol.24, No.2, 2001, p.106.

③ Stern, E., "Philosophies and Types of Evaluation Research", In Descy, P. and M. Tessaring, eds., *The Foundations of Evaluation and Impact Research*, Luxembourg: Office for Official Publications of European Communities, 2004, p.13.

以效果为导向的职业教育质量标准研究

多评估研究者已经着手对评估理论和模式进行系统的比较研究和分类，德国评估学者施托克曼和梅耶（Meyer，W.）曾对此做了专门介绍①。

第一，"代际"模式分类。古巴和林肯按照线性的历史过程将评估分为连续的、具有鲜明特性的四代。第一代是以"测量"为主要模式，评估者扮演技术人员的角色，他们需要掌握各种可能的测量工具以提供所需的调查数据。第二代是以"描述"为主要标志，评估被看作是"关于某些陈述性目标的优势和劣势模型的表述"，"描述"是评估者的中心任务。第三代是"判断"，评估者不再简单地测量和描述政策的效果，而是根据调查、实验并结合自身的经验将预期的价值与观察到的价值进行一致性的比较和判断，"判断"是评估最核心的基本要素。第四代主要特征为"协商"，就是评估者要深入研究潜在评估对象的信息需求以及在此过程中关注参与者不同的价值观，也就是说，评估者和利益相关者一起对评估目标的估值进行共同的"建构"。

第二，"树状"模式分类。鉴于古巴和林肯的分类方法并没有对各种评估理论的共同特征进行比较并将其归入相应的"代"中，阿尔金和克里斯蒂（Christie，C.A.）对各种评估模式的异同进行比较分析，提出了树状分类方法。按照这一分类，评估理论模式是从"问责"和"社会调查"这一主干不断生长逐步分叉形成了"方法"、"运用"和"价值判断"三个分支。"方法"分支突出的是评估的方法，如泰勒（Tyler，Ralph W.）在著名的"八年研究"中对成果测量方法的运用，坎贝尔（Campbell，D.T.）等人将田野研究和准实验设计运用于评估，萨奇曼（Suchman，E.）以及罗西（Rossi，Peter H.）等人对评估方法的研究。"运用"分支的评估模式是将评估定义为一种服务，服务于决策者和利益相关方的需要，斯塔弗尔比姆的"背景—输入—过程—结果"模式（CIPP 模式）、巴顿（Patton，M.）的

---

① ［德］赖因哈德·施托克曼、沃夫冈·梅耶：《评估学》，唐以志译，人民出版社 2012 年版，第 116—177 页。

"以运用为关注焦点的评估"是典型代表。"价值判断"评估模式是将评估定义为确定事物的优点、价值的过程，而不是将项目目标作为评估的方向，其典型代表为斯克利芬（Scriven, M.）的"目标游离评估"。

第三，"应用"模式分类。菲茨帕特里克（Fitzpatric, J.L.）、桑德斯（Sanders, J.R.）、沃尔森（Worthen, B.R.）依据评估目的及其用途将评估模式分为"目标导向"、"管理导向"、"顾客导向"、"专家导向"和"参与式"五种评估模式。

除了以上三种分类方法外，贝维（Beywl, W.）和斯贝尔（Speer, S.）按照评估过程中价值判断的重要程度对各种评估模式进行了划分（见表6-3）。

表6-3　　　　　　　价值判断视角的评估模式分类

价值判断的程度	模式类型	模式
价值游离	效果导向评估	目标导向的有效性评估
		实验性的影响评估
		准实验的影响评估
	效率导向评估	成本—收益分析
	结果导向评估	目标游离结果评价
	项目理论导向的评估	理论驱动评估
价值定向	参与式评估	赋权评估
		民主的均衡评估
价值优先	利益相关者导向的评估	决策导向评估
		以应用为关注点的评估
相对价值	建构主义评估	应答性评估

资料来源：Beywl, W., and S.Speer, "Developing Standards to Evaluate Vocational Education and Training Programmes", in Descy, P. and M.Tessaring, eds., *The Foundations of Evaluation and Impactresearch*, Luxembourg: Office for Official Publications of European Communities, 2004, pp.65-66.

除此之外，还有众多学者对评估模式进行了分类，比如罗西（Rossi, Peter H.）、弗里曼（Freeman, Howard E.）等人从项目理论的视角出发,并按照评估主题和评估方法将评估划分为需求评估、项目理论评估、过程评估、影响评估和效率评估等不同的类别①。

评估模式多种多样,至今并没有统一的分类标准。从上述分类方法来看,评估的方法、用途及价值倾向往往是各类评估模式分类时考虑的维度,但这种划分并不是绝对的,相互之间存在交叉、兼容。

（二）评估模式选择依据

评估模式决定着评估的思路、方向、内容和价值,不同的评估模式会促使评估者选择不同的评估标准、方法并产生不同的评估效果。评估模式本身并不存在优劣,也不存在通用的、万能的评估模式和方法。面对纷繁芜杂的评估模式,如何选择和运用一种适宜的评估模式是摆在评估者面前的现实问题。许多评估机构、学者从不同角度提出了评估模式选择的标准,如德国评估学会提出了有效性、可实施性、公正性和准确性的标准,并且这一标准要求"能为各种评估模式通用"②。希舍穆勒（Hisschemöller, M.）和米登（Midden, C.J.H.）提出的模式选择标准包括有效性、可行性和普遍适用性③。此外,透明度、可测量性、参与者的责任和义务等同样被认为是评估模式选择时需考虑的因素。由于每一项专业化的评估都要回答"为什么评估"、"依据什么标准进行评估"、"谁评估"、"评估什么"和"如何评估"等基本问题,因此,除了上述评估学者们提到的标准外,选择评估模式时还应该考虑以下因素。

1. 与评估目的的相关性

评估首先要回答"为什么评估"的问题。赫尔姆斯基（Chelim-

---

① [美]彼得·罗西等:《项目评估:方法与技术》,邱泽奇译,华夏出版社2006年版,第46—47页。
② [德]赖因哈德·施托克曼、沃尔夫冈·梅耶:《评估学》,唐以志译,人民出版社2012年版,第232页。
③ Hisschemöller, M. and C. J. H. Midden, "Improving the Usability of Research on the Public Perception of Science and Technology for Policy-making", *Public Understanding of Science*, Vol.8, No.1, 1999, pp.17-33.

sky，E.）将评估目的概括为问责、发展、知识生产[①]，罗西（Rossi，Peter H.）、弗里曼（Freeman，Howard E.）等人将评估目的归纳为项目改进、问责、知识生产、政策策略和公共关系五项[②]。每一种评估模式都会针对特定的评估目的和评估环境，如为达到"问责"的评估目的，成果和影响就成为评估的标准，在方法上总结性评估就更为适宜。一个好的评估设计必须适合它所处的环境，针对评估要达到的目的给出有用的分析和解释。因此，评估者需要根据实际情况去设计与评估目的相适应的评估标准、方法，选择与评估目的相匹配的评估模式。

2.评估对象的内在特性

评估对象的选择几乎没有限制，可以是政策、产品、服务、组织、人员、过程以及各种形态的社会实践乃至评估本身。不同的评估对象可以看作是关于某一特定主题或问题领域完整的、自成一体的行动策略[③]。对教育评估来说，它可以是某项宏观的教育政策、措施、计划或项目，也可以是某项微观的课程设计、教学方法、教学组织形式。如果是对政策措施进行评估，任务委托方可能最感兴趣的问题就是政策措施所追求的目标是否可以达到和是否达到了，评估方法的选择上就可以将目标值与评估时间节点上测量的实际值进行比较，这就是目标导向评估模式的运用。教育过程是通过人与人的交往实现人的社会化的过程，与企业生产通过人与物的匹配实现物质的转化具有不同的行动策略，是选择专家导向的专业化评估模式还是效率分析的经济模式，需要评估者根据评估对象内在特性和规律做出合理选择。

[①] Chelimsky, E., "The Coming Transformations in Evaluation", in Chelimsky, E., and W.R.Shadish, eds., *Evaluation for the 21st Century: A Handbook,* Thousand Oaks: SAGE Publications, 1997, pp.9-12.

[②] ［美］彼得·罗西、霍华德·弗里曼、马克·李普希：《项目评估：方法与技术》，邱泽奇译，华夏出版社2006年版，第46—47页。

[③] ［德］赖因哈德·施托克曼、沃尔夫冈·迈耶：《评估学》，唐以志译，人民出版社2012年版，第71页。

3. 评估的价值取向

尽管存在以马克斯·韦伯（Weber, Max）或卡尔·波普尔（Popper, Karl）等思想家的"价值中立"说为理论基础的价值游离评估，将价值判断从评估过程中完全排除，评估设计和调查也是按照严格的规则"客观"地实施[①]，但评估者在评估设计、模式选择和实施评估时不可避免地会带有一定的立场和价值倾向，代表某些利益相关者的利益诉求并考虑使其利益最大化，这种价值倾向会或多或少影响到评估结果和建议的提出。因此，价值取向是选择评估模式时不可回避的一个因素。

4. 利益相关方的共识

评估在大多数情况下都有为达到某一目标的任务委托方和与某一目标群有直接联系的评估对象。由于他们追求的利益、目的与目标不同，他们对评估应该以什么方式对谁有益的想法也不同。因此，"评估自然就陷入社会与政治利益的矛盾范畴之中"，"评估者必须考虑到不同的利益群体都直接或间接地参与了评估，而且还可能对评估的实施起着阻碍或推动作用"[②]，选择评估模式应该充分考虑到利益相关者在评估中的作用，在评估设计、实施过程中保持与利益相关者充分协商、沟通，以便获得全面、准确的信息，做出系统的判断，给出有效的政策建议。

5. 可行性

在确定评估任务和评估标准之后，评估者还必须做出研究设计、数据调查范围及其方法的选择，但是在完成这项任务前，评估者必须对可供选择的资源进行了解，需要从根本上考虑可供使用的资金、时间、数据材料、可供使用的人员及其能力、伦理要求等条件。在对评

[①] Beywl, W. and S. Speer, "Developing Standards to Evaluate Vocational Education and Training Programmes", in Descy, P., and M. Tessaring, eds., *The Foundations of Evaluation and Impact Research,* Luxembourg: Office for Official Publications of European Communities, 2004, p.65.

[②] Stockmann, R., *Evaluation und Qualitätsentwicklung,* Münster: Waxmann Verlag, 2006, p.262.

估模式做出选择时，需要评估者对一项评估进行切合实际的、仔细的思考，评估规划和实施要深思熟虑并具有成本意识。

四 我国高职院校专业评估模式选择

高职院校专业评估选择何种模式，在进行专业评估规划设计时除了要考虑上述因素，还需要考虑专业教学质量及其评估内在的特性，这是高职院校专业评估模式选择的逻辑起点。

（一）专业教学质量总是以结果形式呈现

20世纪60年代，美国医疗质量管理之父多纳贝蒂安（A.Donabedian）从结构、过程和成果三个维度对医疗服务质量进行评估。在他看来，这三个维度是相互关联的，结构中的各要素作为基础，使过程要素成为可能，而过程要素促使产生短期结果（产出），并最终促使产生成果质量（结果和影响）[1]。在国际教育成就评价协会（IEA）前主席、瑞典人胡森（Husén，Torsten）看来，"教育质量是指教育的产品，而不是指生产出这些产品的资源和过程"[2]。从他们的定义来看，质量总是以结果来呈现和衡量。

什么是结果？世界银行等国际组织基于"变革理论"建立的项目"逻辑模型"对此有很好的阐释。"逻辑模型"描绘了项目活动的输入、方案、实施、输出、成效和影响等要素之间互为因果的逻辑关系[3]。按照"逻辑模型"的路径，一个项目的结果包括了项目活动的直接产出、产出的使用以及使用产出后带来的直接效益和间接效益（见图6-1）。

---

[1] 唐以志：《关于以效果为导向构建职业教育质量评价标准的思考》，《中国职业技术教育》2016年第6期。
[2] ［瑞典］托斯坦·胡森：《论教育质量》，《华东师范大学学报》（教育科学版）1987年第3期。
[3] Frarokhzard, S. and S. Mäder, *Nutzenorientierte Evaluation*, Münster:Waxmann Verlag, 2014, pp.23-30.

以效果为导向的职业教育质量标准研究

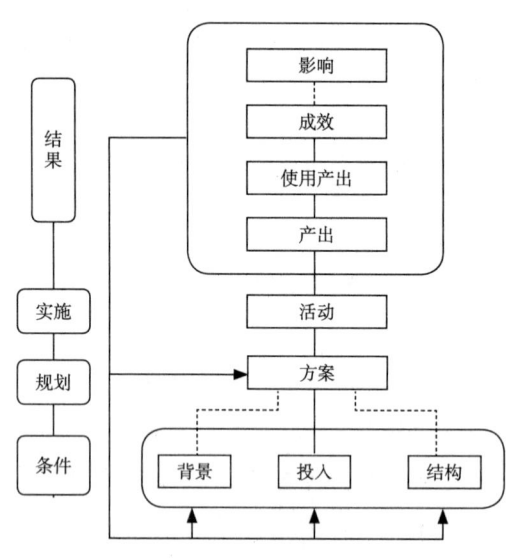

图 6-1 项目"逻辑模型"示意图

资料来源：Frarokhzard, S. and S. Mäder, *Nutzenorientierte Evaluation*, Münster: Waxmann Verlag, 2014, p.26。

高职院校专业评估的主要目的是了解专业建设、人才培养、社会服务的基本情况和质量。根据"逻辑模型"的路径，专业建设、人才培养和社会服务的结果表现为产出、成效和影响三个层级，每个层级又包括不同的内容（见表 6-4）。

表 6-4　　　　　　　　高职院校专业的评估分析

维度	分类	结果分析
专业建设	产出	培养目标
		课程体系
		培养模式
		教学资源
		专业建设和教改项目
	成效	专业建设的引领性成果及获奖
		教学改革创新
		人才培养取得的成果
		科技服务成果
		社会服务成果

续表

维度	分类	结果分析
	影响	对用人单位的促进作用
		对毕业生个人职业生涯的影响
		对同行或其他专业改革和建设产生的影响
		对社会公众的影响
人才培养	产出	学生综合职业能力
		学生创新创业能力
	成效	毕业生就业率
		与就业专业相关度
		在专业相关领域创业成功率
	影响	毕业生个人职业发展
		服务所在区域各类企业，促进当地就业
		毕业生对社会的突出贡献
社会服务	产出	科技服务项目数量
		社会培训人数
	成效	科技服务收益
		社会培训收益
	影响	促进科技发展
		促进劳动力技术技能水平提高

（二）对质量的衡量需要将结果与"目标值"进行对比

质量总是以结果呈现，但结果呈现的是一种状态，是对实际存在的事实的描述，这种描述往往表现为"数值"，这种"值"本身并不说明事实的好或坏，只有将这种"数值"与某种目标"值"进行比较，才能判断事实的价值。这些比较值常常被作为质量标准用于各类评估，如经济合作与发展组织的发展援助委员会（DAC）运用相关性、有效性、效率、影响和可持续性等标准对发展援助项目进行评估；瑞典评估专家维东（Vedung，E.）对公共干预的评估使用了有效性（忽略成本后结果的目标达成度）、生产率（产出除以成本）、效率或成本收益（项目成果的货币化价值除以货币化的项目成本）、效益或成本有效性（物化的项目效果除以货币化的项目成本）四个标准①。这些比较值或标准可以用来衡量质量的高低，值越大，则说明质量越好。

对专业人才培养质量优劣进行评估需要将记录和反映专业人才培养事实的"值"与目标"值"进行对比，这些对比包括教育结果与培养目标的对比（目标达成度）、培养目标与需求的对比（目标定位的相关性、契合度）、教育结果与投入的对比（效率）、教育结果与需求的对比（有效性）等（见第一章第二节图1-6）。目标达成度、相关性、效率、有效性等比较值可以作为衡量高职院校专业建设、人才培养和社会服务质量乃至高职院校办学水平的质量标准。

（三）对专业教学质量进行价值判断，不同评估模式得出的结论不同

评估模式可以看作是评估者主体行为的一般方式，是评估者将评估理论运用于评估实践的中介环节。任何一种评估模式都有不同的研究范式，有不同的理论基础和评估方法。不同的评估者将专业教学的结果与相对应的目标值进行对比并作出价值判断都会运用到不同的理论基础和研究方法。以学科中心为理论基础的评估者将学习结果与培养目标进行对比时关注的是学生对学科知识技能的掌握程度，在方法上关注的是教学目标中知识要求和技能要求的测量。而以能力为本位的评估者关注的是学生在多大程度上掌握了全面参与社会所需要的问题解决能力和终身学习能力，如经济合作与发展组织（OECD）发起的"国际学生评估项目"（PISA）聚焦在15岁学生的阅读、数学、科学等主要学科领域应用知识和技能的能力，以及在不同情境中提出、解决和解释问题时有效地分析、推理和交流的能力②。起源于德国，由瑞士、南非、中国等国参与的国际比较研究项目——职业能力测评（KOMET）关注的是学生的职业能力、职业承诺和职业认同感发展情况③。国际学生评估项目和职业

---

① ［德］赖因哈德·施托克曼：《非营利机构的评估与质量改进》，唐以志等译，中国社会科学出版社2008年版，第173—175页。
② 国际学生评估项目中国上海项目组：《质量与公平：上海2012年国际学生评估项目（PISA）结果概要》，上海教育出版社2014年版，第1页。
③ 赵志群、庄榕霞：《职业院校学生职业能力测评研究》，《职教论坛》2013年第3期。

能力测评，都是将学生的能力作为评测的内容，在这种测试中运用的能力模型、评测手段和工具与以学科为中心的知识技能掌握程度测评具有很大差异。

在培养目标定位契合度、资源与产出比、教育结果与需求对比研究中，不同的评估模式遵循的理论基础、衡量标准、评估方法不同，得出的结果也会有很大差异（见表6-5）。

表6-5　不同评估模式与专业教学质量价值判断结果的比较

评估内容	评估模式	理论基础	衡量标准	评估方法	评估结果
目标定位	专家模式	满足社会需求	统一	专家评审	符合及符合程度
	参与式评估	满足利益相关方需求	多样	协商	目标群的认可程度
目标达成	目标导向评估、成绩测验	学科中心	知识体系	客观测量	学习成绩
	目标导向评估、能力测评	能力中心	能力标准	能力测评	应用能力
效率	管理导向评估	教育公平	合格标准	统计	合格/不合格
	经济模式	效率优先	绩效标准	成本—效益/效能分析	效率高低
有效性	专家模式	社会需要	适应性	同行评审	符合及符合程度
	增值评估	个人需要	成长性	潜能—结果比较	发展程度

（四）专业评估的目的决定专业评估设计和实施

正如前文所述，评估目的多种多样，高职院校专业评估的主要目的在于了解全国高职院校专业建设发展的基本情况（获得认知），促进职业院校主动适应经济社会发展需求优化专业设置（调控），促进高职院校加强内涵建设和培养模式改革（论证），促进以能力为导向的人才培养质量不断提高（发展），更好地服务于经济社会发展，办人民满意的高等职业教育。

专业评估瞄准包括专业建设方案和人才培养方案在内的专业建设发展情况，它的核心任务就是要对专业建设的资源、人力、机制、财政等条件进行调查研究，并尽可能早地对专业建设的可持续性进行评价，这种调查研究可以称为事前评估、投入评估或者前形成性评估。

发挥专业评估在优化高职专业布局、促进高职院校主动适应经济社会发展需求动态调整专业、加强内涵建设和培养模式改革中的作用，评估的核心任务是通过对专业建设和人才培养的进程和结果的信息收集、系统化评价，为教育行政部门和职业院校的决策、管理、调控提供信息，这种评估可以称作进程或形成性评估，或者称为"伴随研究"。

要对专业人才培养质量进行评价，专业评估就需要对学生的学习结果及其对未来职业生涯乃至社会的影响进行了解和评价，对各种关系进行分析，对观察到的影响的原因进行调查，而这种调查研究就是事后评估或总结性评估的任务。

综上所述，评估模式的选择需要从评估目的、内容、方法及评估者的多视角进行分析，同时还要考虑到专业评估的可行性，如专业分布点多面广，必须考虑评估的人员成本、时间成本和经济成本，在专业评估中需要充分发挥现代信息技术的应用，减少现场评审等方法和模式的运用。

鉴于此，高职专业评估会运用到多种模式，很难以一种模式实现专业评估所要达到的目的。这种多模式的综合体可以借用瑞典评估学者维东（Vedung, E.）对评估模式的分类进行描述（见图6-2）。

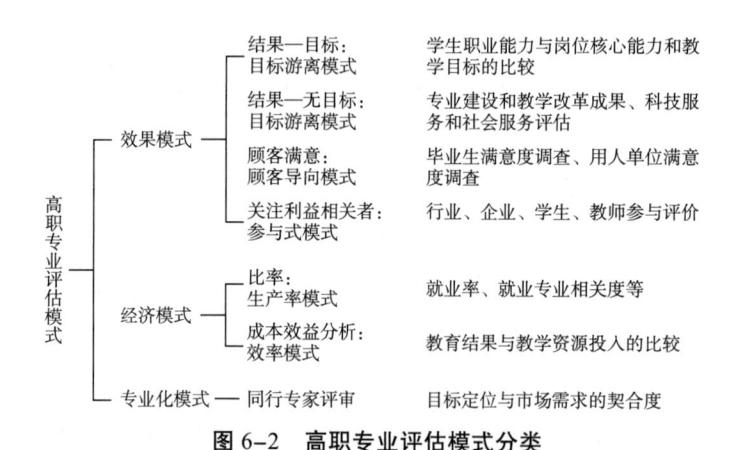

高职专业评估模式			
	效果模式	结果—目标：目标游离模式	学生职业能力与岗位核心能力和教学目标的比较
		结果—无目标：目标游离模式	专业建设和教学改革成果、科技服务和社会服务评估
		顾客满意：顾客导向模式	毕业生满意度调查、用人单位满意度调查
		关注利益相关者：参与式模式	行业、企业、学生、教师参与评价
	经济模式	比率：生产率模式	就业率、就业专业相关度等
		成本效益分析：效率模式	教育结果与教学资源投入的比较
	专业化模式	同行专家评审	目标定位与市场需求的契合度

图6-2 高职专业评估模式分类

资料来源：参见王雪梅、雷家骕《政策评估模式的选择标准与现存问题述评》，《科学学研究》2008年第5期。

五 高等职业院校专业质量标准

通过对以上评估模式及其价值取向等方面的分析，本研究从专业定位契合度、培养目标达成度、办学资源支撑度、专业发展认可度、区域/行业服务贡献度5个维度对高等职业院校专业质量标准进行了设计（见表6-6）。

表 6-6　　　　高等职业院校专业质量标准

质量标准	内涵		评价内容
1.专业定位契合度	专业定位与产业技术技能人才需求的适切性	1	专业设置依据及专业建设规划
		2	人才培养方案及专业培养目标确定依据
	课程安排与培养目标的适切性	3	课程设置与培养目标符合程度
		4	产教融合、校企合作在专业课程和教学安排中的体现程度
2.培养目标达成度	学生学习结果	5	学生毕业设计或综合实训报告质量
		6	学生职业能力水平
		7	学生职业资格（或能力水平等级）证书获取率
	综合素质	8	学生参加各类创新创业、职业技能竞赛等活动获奖情况
		9	学生获得各级党政部门表彰奖励情况
	就业质量	10	就业率
		11	毕业生起薪指数
	毕业生职业发展	12	毕业生薪资变化
		13	优秀校友情况
3.办学资源支撑度	教师队伍	14	师生比
		15	"双师"素质教师授课量
		16	专任教师教学能力
		17	教学研究与技术服务情况
	实践条件	18	实验实训项目开出率
		19	大师工作室、校企合作平台等建设情况
		20	校外实习基地建设情况
	经费投入	21	专业建设与改革经费保障情况
		22	专业教师发展经费保障情况

续表

质量标准	内涵		评价内容
4.专业发展认可度	专业建设成就	23	专业建设项目成果
		24	教学改革成果
		25	实训基地建设及使用情况
		26	教学资源建设与使用
	社会认可度	27	新生报到率
		28	学生流失率
		29	毕业生满意度
		30	用人单位满意度
		31	行业认可度
		32	专业影响力
5.区域/行业服务贡献度	科技服务	33	科技服务项目与收益
	社会培训	34	面向社会开展培训情况
	服务当地	35	毕业生在当地就业比例

第二节　高职院校专业评估与专业诊改的质量标准区别

　　提高质量是教育改革发展的核心任务，更是一项长期的质量工程。近年来，在国家政策的有力推动下，高职内部质量保证体系诊断与改进和高职专业评估（试点）就是国家在"管办评"分离顶层制度框架下围绕提高高职教育质量而进行的深入改革。专业在职业教育中的重要性是不言而喻的，专业诊改和专业评估均是新鲜事物，但是二者究竟有何不同，本节从以小见大的逻辑，比较分析这两个概念。

一 高职院校专业诊断与改进

（一）相关研究综述

截至2017年5月底，以专业诊改为研究对象的文章还很少，在知网数据库中以"专业诊断与改进"并包含"高职"进行搜索后仅得到文章不足15篇，研究内容主要归为以下几方面。（1）关于专业诊改概念。有学者认为，"专业诊改是专业建设者自订质量计划和标准、自行采集分析数据、自我调整纠偏和持续改进的良性过程"[1]；也有学者认为，"专业诊断是对专业的要素条件、教育教学过程、绩效结果等各方面进行诊视、分析与评价"[2]。（2）关于专业诊改实践。威海职业技术学院组织了由行业企业牵头的现代学徒制机电一体化技术专业的诊改实践，取得了比较完整的诊改经验，关注过程性诊断。[3]广州科技贸易职业学院服装设计专业的诊改经验也颇有特色。[4]威海职院和广州科贸职院的实践均属于比较典型的专业诊改案例。（3）关于专业诊改模型。有学者从发展性评价视角设计了包含保障度、显示度、适应度、质量度、产教融合度和贡献度在内的"六维度"高职院校专业诊断评价模型并构建了相应的指标体系[5]。（4）关于国际标准的借鉴。有学者借鉴《悉尼协定》标准，基于成果导向研究了物联网应用技术专业诊断与改进的相关问题，提出以"四步反向设计法"开发专业标准、定量评价人才培养目标是否达成、建立状态数据驱动的专业

---

[1] 龚佑红：《基于状态数据平台的高职院校内部专业诊改研究》，《教育现代化》2015年第16期。
[2] 谢敏、吴立平等：《发展性评价视阈下高职院校内部专业诊断研究与实践》，《中国职业技术教育》2016年第24期。
[3] 李传伟、王燕妮等：《现代学徒试点项目教学诊断与改进的研究》，《上海教育评估研究》2017年第1期。
[4] 谢继延、赖晓彬等：《诊断与改进是推进专业建设的有效路径——以高职院校服装设计专业为例》，《轻纺工业与技术》2016年第6期。
[5] 谢敏、吴立平等：《发展性评价视阈下高职院校内部专业诊断研究与实践》，《中国职业技术教育》2016年第24期。

诊断与改进机制等设想。①（5）关于专业诊改中的数据。有学者从分析状态数据平台对高职院校内部专业诊改的作用着手，将专业设置、课程建设、实践教学、师资队伍、校企合作、学生培养质量和社会服务七个方面的专业关注点与数据平台的表单数据项进行详细对照，提出数据平台延伸建设的建议。②

专业诊改是新鲜事物，尽管上述研究与案例为我们提供了很好的经验借鉴，特别是关于专业诊改"诊"什么的研究，为我们打开了一扇窗，但是，关于专业诊改的实质是什么，怎样在实践中克服评估惯力而保证不偏离专业诊改的实质却鲜有涉及。一项新鲜事物的出现，对于急功近利者来说莫过于调研借鉴后的高仿，如果不能从本质上把握诊改，就会出现千校一面、有偏离自身轨道的风险。至今，仍有许多人对此不了解，诊断与改进机制"本是一项极有意义的工作，然而职业院校普遍对之一头雾水，毫无头绪，推进缓慢"③，而到了专业层面更是如此，广大一线教师和院校管理人员对诊改和专业诊改比较生疏，更难深入理解和把握其精髓。因此，在当下仍有从小处着手即从专业层面研究诊改的必要。

（二）政策依据及理解

"专业诊断与改进"（以下称专业诊改）一词在官方文件中有两个出处，一个是教育部办公厅《关于建立职业院校教学工作诊断与改进制度的通知》（教职成厅〔2015〕2号），其中将"试行专业诊改"作为建立职业院校教学工作诊断和改进制度的主要任务；另一个是教育部职成司《关于印发〈高等职业院校内部质量保证体系诊断与改进指导方案（试行）〉启动相关工作的通知》（教职成司函〔2015〕168号），在指导方案附件"诊断项目参考表"中有专业质量保证诊断项

---

① 陈天娥：《基于成果导向的物联网专业诊断与改进研究》，《机械职业教育》2017年第2期。
② 龚佑红：《基于状态数据平台的高职院校内部专业诊改研究》，《教育现代化》2015年第16期。
③ 徐国庆：《诊改与评估的区别》，《职教论坛》2017年第6期。

目，专业诊改是其诊断要素之一。这两个文件中提到的专业诊改都是高职院校的自主行为，都属于质量保证范畴，都突出了专业在质量体系中的重要性。

根据教育部文件内容，专业诊改是指由有较大影响力的部分行业牵头、以行业企业用人标准为依据设计诊断项目、学校自主进行的诊改行为，通过反馈诊断报告反映对专业教学质量的认可程度。专业诊改既是从市场需求方倒逼专业改革与建设，也是专业设置与动态调整对接产业发展的新机制，更是行业企业参与院校专业教学工作的新途径[1]，是职业院校树立现代质量文化的重要方式。

通俗地理解诊断与改进，就是将学校比喻为一个机体，它需要保持一种良好的运行状态，才能保证有质量地工作，就像汽车需要保养、电脑需要经常维护、人身体需要体检和保健一样，高职院校的诊断与改进就是一个体检和保健的过程，专业层面的诊改就是对学校这个机体的一个组成部分进行体检和保养。

二 高职专业评估

（一）教育评估的趋势与特点

为应对经济危机，20世纪下半叶在英国兴起了一场针对公共部门的新公共管理改革，后来美国也积极推行公共部门管理改革，英、美等国政府将以效率和效益为核心的组织目标、绩效标准、合同等私营部门的管理方法引入包括教育在内的公共部门中，从根本上改变了提供公共服务的高等教育管理范式和高校与政府之间的治理关系。这种转变传递给教育评估并呈现新的趋势和特点，评估的重点从过程转换到结果、从输入转换到输出，"质量评估成为外部利益相关者了解高等教育质量、对质量进行问责的重要手段"，"成为在政府高等教育

---

[1] 荣莉:《高职院校内部质量保证体系诊断与改进政策评析》,《职业技术教育》2016年第31期。

机构之间合理化并大规模重新分配职责的政策杠杆"[①]。杨应崧认为，现行的教育评估是由不包括管理方、办学方在内的其他利益相关方或第三方组织的教育教学评估，专指外部评估，专指对质量成果的阶段性评估，评估结论不受管理方和办学方主观意愿的影响，评估的实施主体不直接对人才培养工作的优劣负责，没有帮助学校改进的法定义务。[②] 因此，评估是将高校作为公共部门而回应社会公众问责的重要手段，也是高等教育管理的重要工具。

（二）相关研究综述

近几年，已有为数不多的高职院校尝试进行内部专业评估实践，还有一些专家学者进行了学术上的研究和设计。以高职、专业评估或高职专业评估为关键词/主题，在 CNKI 中搜索，有 25 篇文章与高职专业评估有关。这些文章发表的时间跨度从 2010 年 1 月到 2016 年 12 月，大多数没有区分是内部评估还是外部评估，只有个别文章强调了属于内部评估；指标体系基本上是按照要素群的重要程度设计，指标名称多与前两轮评估中的有些用词相近或一致；开发指标体系的方法以文献、访谈调研为主；开发指标体系的依据多样化，有政策文件、高教质量管理理论、专业建设所处阶段、本科评估标准、外国经验、职业需要等。虽然依据不同，但是指标相似性高，主要集中于专业规划（管理）、教学（含教学条件）、课程、师资、专业培养成效（人才培养质量）等方面。总之，将高职专业评估作为外部评估的研究文献还未被发现。

（三）高职专业评估政策依据及理解

《国家中长期教育改革和发展规划纲要（2010—2020 年）》明确提出，要通过推进专业评估来完善具有中国特色的现代大学制度。国务院教育督导委员会、教育部 2016 年工作要点均将制定《高等职业

[①] 熊庆年、田凌晖等：《宏观高等教育评估学引论》，高等教育出版社 2011 年版，第 42—43 页。
[②] 参见杨应崧有关"职业院校教学工作诊断与改进"业务培训课件，课件名称为"杨应崧：诊改文件解读 20160606 版"。

院校专业评估试点方案》作为当年度重点工作列入计划。高职专业评估在 2016 年走入公众视野。

调研发现，对待专业评估这个新鲜事物，一些人持抵触、质疑态度，认为是新的折腾形式；另一些人对此担忧，一方面认为专业评估是必要的，对深化专业内涵建设、提高人才培养质量有重要意义，另一方面担忧专业评估是一种自上而下的行政行为，进而异化为行政绩效评价；还有一些人怀疑专业评估能否持续进行下去。其实，如果认真分析他们的言论就会发现，"大多数批评者对高等教育评估并不完全排斥，他们批评的是被权力异化了的评估、不科学的评估、有严重缺陷的评估"[1]。不管怎样，一个新生事物，总会面临各种质疑猜忌，更需要我们职业教育研究人员深入学习研究，准确把握其精髓，当好咨询参谋。

专业评估是高职契合其教育产品——专业的一项专门评估，它是由包含专业机构和社会组织的第三方机构作为评估方的外部评价机制，是外部质量评价体系的重要组成部分，发挥外部评价主体的评价引导、回应问责作用。高职专业评估更是具有中国特色的适应中国本土情境条件、文化特征以及高职教育专业特点的现代职业教育评估制度。因此，高职专业评估不同于一般意义上的教育评估。

高职专业评估的目的可用"一个了解，三个促进"来说明，即了解全国高等职业院校专业建设和发展的基本情况，促进高职院校主动适应经济社会发展需求优化专业设置，促进高职院校加强专业内涵建设和培养模式改革，促进人才培养质量不断提高，最终实现高等职业院校更好地服务地方经济社会发展、办人民满意的高等职业教育的目标。"一个了解，三个促进"自身构成了一套价值体系，即由国家层面、学校与社会互动层面、学校内部层面和学生层面构成的专业教育实践效果的价值体系。通俗地理解，专业评估目的就是做出与专业有关的决策，对优化专业建设制度、改善专业建设举措、改进专业质量等起支撑作用。

---

[1] 熊庆年、田凌晖等：《宏观高等教育评估学引论》，高等教育出版社 2011 年版，第 3 页。

三 专业评估和专业诊改的区别

（一）诊改与评估的区别

关于诊改与评估的区别，一直是基层职教人关心的话题，职教专家对二者有专门的区分。如为了破解理念意识上把诊改当作评估等一系列问题，杨应崧从愿景目标、组织主体、教育行政部门的角色、标准设置、指标体系、运作动力、运作形态、所起作用等方面进行了比较全面的区分。后来，他在培训时还从运作动力、所起作用等方面进一步丰富了二者的区别（见表6-7）[①]。还有，徐国庆以形象、通俗易懂的方式专门撰文从导向、要素（因素）、实施三方面介绍了评估与诊改的区别（见表6-8）[②]。

表6-7　　　　　　杨应崧关于评估和诊改的区别

	评估	诊改
愿景目标	建立起以自上而下、周期性、层级式管理为基本架构的人才培养质量管理系统	建成覆盖全员、贯穿全程、纵横衔接、网络互动的常态化教学工作诊断与改进制度体系
组织主体	其他利益相关方或第三方	质量保证直接责任方（设计、生产、管理）
教育行政部门的角色	直接组织主体（裁判员、指挥员）	非直接组织主体，起规划、设计、引导、支持作用（教练员、指导员）
标准设置	组织者设定，相对固定	质量生成主体设定，与时俱进
指标体系	标准既定、静态，指标体系逐层分解	标准开放动态，按态（现实状态）—里（影响因素）—表（表现指标）逻辑展开（罗盘状）
运作动力	外部	内部
运作形态	阶段性	常态化
所起作用	周期性、脉冲式激励	过程监控、内生持续
操作方法	深度访谈、专业剖析、数据说话	深度会谈，源头、实时采集分析展现数据等

---

① 杨应崧：《教学质量要"医院体检"，更要"自我保健"》，《中国教育报》2015年10月29日第9版。
② 徐国庆：《诊改与评估的区别》，《职教论坛》2017年第6期。

表 6-8　　　　　　　徐国庆关于评估和诊改的区别

	评估	诊改
导向	全面检测	问题导向
要素（因素）	可确定性	不确定性
实施	可由外部	必须是自我的

诊改与评估的区别其实并不难懂，把握事物的本质就能迎刃而解。给人们造成迷惑的是关键概念质量保证体系，在企业管理的眼里，它就是质量管理体系，诊改就是诊断改进质量管理体系运行情况，属于政府推行的内部质量管理改革。而评估不是质量管理本身，它可以是质量管理的手段，以教育评估为例，教育评估不仅可以评估教育质量，还可以评估教育环境、评估专业等等，它更加关注教育的产出情况，即投入、管理运行后的结果以及投入、过程和产出之间的关联性分析，也就是因果分析。

（二）评估与全面质量管理

全面质量管理（TQM）本属于企业管理领域，因为新公共管理改革而被跨界引入高等教育管理领域。新公共管理理论具有"精简、重建以及不断改进"三个典型特征[1]，怎样将这三个鲜明特征彰显在公共部门管理改革中呢？奥斯本等人认为政府再造需要"绩效预算、内部企业化管理、竞争性公共选择制度、全面质量管理"等 12 项战术[2]。可见，全面质量管理是作为战术被纳入公共部门改革战略中的，高等教育管理改革引入全面质量管理也是顺应了这种改革趋势。

全面质量管理与评估有共同的目标和目的，都是改进或提高质量，为管理者的合理决策提供参考；作用也一样，都可以达到改进措施、项目或服务质量的效果；都面临同样的问题，评估结论或质量改进结论都存在转化与接受的问题。然而，二者在诸多方面又有着明显

---

[1] 陈振明主编：《政府再造——西方"新公共管理运动"述评》，中国人民大学出版社 2003 年版，第 5 页。
[2] 参见许杰《对西方国家加强高等教育质量监控的政策分析——新公共管理理论的研究视角》，《教育科学》2007 年第 3 期。

的区别，如理论基础、适用对象、导向、适用范围、结果运用、参加人员角色、任务范围等均表现出不同（见表6-9）。

表6-9　　　　　　　　　　全面质量管理与评估的区别

	全面质量管理	评估
起源	营利性组织	非营利性组织
理论基础	企业管理	社会科学
适用对象	营利性企业	非营利性组织
导向	竞争营利取向 顾客导向	有效性或持续性取向 利益相关者导向
适用范围	内部系统	外部系统
结果运用	用于决策	提出建议
参加人员角色	既定	协商确定
评价目标和标准	既定	协商确定
责任内涵	股东的价值	利益相关者的价值
员工参与度	所有员工积极参与	范式不同，参与人员以及参与度亦不同
实施周期	持续性的	定期的
内外部活动	内部活动	外部活动
任务范围	窄：是否有需求、是否满足需求、顾客是否满意以及分析企业特有的原因与效果的联系	广：分析尽可能多的效果、分析因果原因、阐明原因与效果的关系等

资料来源：根据赖因哈德·施托克曼《非营利机构的评估与质量改进》（唐以志、景艳燕等译，中国社会科学出版社2008年版）一书中关于质量管理与评估比较内容（第84—92页）整理编制。

评估和质量管理被当作现代社会的重要工作，被奉为现代化的标志，然而，评估与全面质量管理的根本区别在于评估本身不是质量管理体系，但是质量管理体系又需要评估力量的介入。外国实践证明，"若没有评估的支撑，则几乎无法运用新公共管理理论模式"，所以，"不管哪种质量管理体系，都应该与评估联系在一起，管理体系越开放、越灵活，评估就会在管理体系中带来更大效益"[①]，二者结合使用将使内外部形成合力，收到超越单一使用的效果。

---

① ［德］赖因哈德·施托克曼：《非营利机构的评估与质量改进》，唐以志、景艳燕等译，中国社会科学出版社2008年版，第96页。

（三）专业评估和专业诊改的区别

专业评估和专业诊改的关系就如同他们上位的学校教学评估与诊改的关系一样，不能相互替代，而是互为补充、缺一不可，同属于现代职业教育质量保障体系。关于二者的区别，在了解了上文介绍的专家区分的框架、方法和内容以及评估与全面质量管理的不同等基础上，还可以从以下 5 个要点进行区分。

1. 依据的理论体系不同

诊断与改进的理论根基是新公共管理理论，该理论兴起于经济危机的大背景，私营部门管理方法的引入和市场竞争机制的构建是公共管理改革共同的内核，于是企业中最为关注的成本控制和质量效益逐渐成为公共管理的质量追求。高职内部质量保证体系诊断与改进的理论体系[①]主要由零缺陷制造、全面质量管理、目标设置、目标管理、戴明质量管理、统计、知识管理、考核激励、最近发展区等理论构成，这套理论体系以企业管理理论为主体，其中零缺陷制造理论具有哲学观意义，全面质量管理理论是这套理论体系的主体。

同样，受公共管理范式转变的影响，教育评估方式、评估重点乃至评估本身的角色都发生了转变，新时期评估也将新公共管理理论作为转型的重要理论依据。高职专业评估是在新公共管理理论、先进的评估理论基础上借鉴了其他相关理论，包括效果导向理论、社会和利益相关者需求理论、能力中心理论、公平效率优先理论、适应性理论、人本理论等，涉及评估学、管理学、教育学、心理学等多学科理论，为研究高职专业评估提供综合理论框架。这套理论体系已远远超出单一评估理论范畴，顺应了当下教育评价理论多元化的发展趋势。

2. 在质量保障体系中的地位和作用不同

高职教育质量保障体系实质上是质量管理和评价体系。自国家提出"管办评分离"的制度设计之后，教育质量保障体系顶层设计也进行

---

① 参见杨应崧有关"职业院校教学工作诊断与改进"业务培训课件，课件名称为"杨应崧：诊改文件解读 20160606 版"。

了配套调整，管理方、办学方、评价方的角色地位越来越清晰。质量保障由原来的外部质量保障体系强势、内部质量保障体系弱势转变为内外并重共治的质量保障体系治理结构，这种由内部和外部两个质量保障子系统构成的质量保障体系与国际通行的"内部监控"和"外部评估"的"质量监控与评估体系"的表述基本一致[①]。在此背景下，评估与内部质量管理的职责发生分野，内部质量管理凸显为举办方和院校的职责，需要探索新的质量管理模式，诊断与改进作为质量管理的有效手段应运而生。因此，专业诊改从属于内部质量保障体系，专业评估从属于外部质量保障体系。另外，专业评估自成体系，专业诊改只是高职内部质量保证体系中专业质量保证项目的一个诊断要素，并非独立成体系，这从二者在质量保障体系中的不同作用和所处地位可见一斑。

3. 内容不同

专业诊改与专业评估的内容差异明显。专业诊改与专业评估的对象都是职业院校内部的某一专业，由于各自角色职责不同，直接决定了具体内容不同。诊改关注高职院校质量生成过程，即高职院校内部质量保证体系运行情况及效果。同理，专业诊改也重点关注专业质量保证机制建设与运行效果，具体包括：（1）常态化的专业诊改机制、专业动态调整机制；（2）对诊改结果的比较，如人才培养质量是否不断提高，专业服务社会能力是否不断提升，品牌（特色/重点）专业（群）辐射影响力是否不断增强；（3）对外部诊断（评估）的运用，如是否积极参加外部专业诊断/评估/认证，其结论是否转化为质量改进举措。

专业评估关注专业建设、专业人才培养、专业社会服务三个维度的产出、成果和影响等方面的质量情况，包括：（1）专业目标定位的契合情况，如人才培养目标与产业人才需求的对接程度，课程体系与培养目标的契合度，校企合作、工学结合的体现度，教学模式的创新性和特色；（2）专业教学资源的支撑情况，如专业师资队伍建设水

---

① 赵志群：《现代职业教育质量保障体系研究：现状与展望》，《西南大学学报》（社会科学版）2014年第4期。

平、专业实验实训条件、专业经费支持、学习资源；（3）人才培养目标达成情况，如学生综合职业能力水平、就业水平、毕业生职业发展水平、学生创新创业能力；（4）专业发展显示情况，如专业建设和教学改革的引领性成果和特色、社会认可度、国际化程度；（5）社会服务的贡献情况，如技术服务成果、社会培训成果等。

4. 程序不同

内外部质量保障体系的归属决定了专业诊改与专业评估的程序应遵循不同的逻辑。从理论上说，专业诊改程序应从属于《关于印发〈高等职业院校内部质量保证体系诊断与改进指导方案（试行）〉启动相关工作的通知》（教职成司函〔2015〕168号）文件规定的程序，即由自主诊改和抽样复核两部分组成，抽样复合是针对高职院校整体诊改进行，因此，单就专业诊改不会被省级教育行政部门抽样复核。高职院校可以自主组织、企业主导实施专业诊改，并自行设定复核环节，可以请行业企业专家、同行专家等参与复核。另外，根据文件附件"内部质量保证体系自我诊改报告"的表格形式推测，可以针对专业诊改要素形成专门报告，作为自行组织复核的主要材料。自主诊改环节实质上是在学校、专业、课程、教师、学生层面平行展开的，围绕每一个项目都可以"罗盘状"开展诊改。

而专业评估流程则是由学校申报—信息填报—开展职业能力测评—第三方机构开展在校生、专业教师、毕业生和用人单位调查—数据分析—总体评估六个步骤组成，相较于专业诊改程序要多一些，强调纵向逻辑关系。

另外，专业评估的启动并非评估主体的主动介入，也没有限时申请评估要求，而是院校申请后才可以实施。专业诊改是自主行为，因此不需要申报，复核环节也是省级教育行政部门抽样进行，学校只负责做好常态的诊改工作，也就是把内部质量保证工作常态化，实施全面质量管理。

5. 结论及运用不同

诊改的结论以复核结论反映院校自主诊断结果，复核结论分为有效、异常、待改进三种。如果复核结论为"异常"和连续2次"待改进",将受到来自省级教育行政部门的招生计划削减、新专业备案暂停、项目申报限制等限制措施,后果严重。专业诊改是诊改方案中的15个要素之一,关于它的单项结论作为有效/异常/待改进结论的基数将直接影响复核结果。

专业评估的结果主要为分类排行和专业质量报告,结果可向社会发布,还可作为优化专业布局以及遴选示范专业、特色专业、品牌专业的依据,亦可作为绩效考核和资源配置、总结经验、改进工作的依据,不会直接产生严重后果,但可能会作为支撑决策的依据或作为社会公众了解专业情况的依据而间接发挥影响。

总之,诊改和评估都受到新公共管理理论的影响,据此形成的新公共管理政策固然有正面作用,但也可能带来"大学科层化、专业自主性受到冲击、技术层面过于注重标准化操作"[①]等负效应,学校教育本身有被推向"达标主义"的风险。要规避和防范这些风险,需要真正理解诊改和评估,从对比区分类似专业诊改与专业评估这些貌似相似实则迥异的一些基本概念着手,在是质量保证还是质量改进、是自主而为还是自愿申请、是内部保障还是外部保障等方面能有清晰的认知。

第三节　五年制高职专业质量标准研究
——以无锡机电高等职业技术学校机电技术类专业为例

一　课题研究的意义

《国家中长期教育改革和发展规划纲要(2010—2020年)》(以下

---

① 许杰:《对西方国家加强高等教育质量监控的政策分析——新公共管理理论的研究视角》,《教育科学》2007年第3期。

第六章　高职院校专业评估与标准研究

简称《纲要》）全文总计46次提到了"质量"，由此可见"质量"在国家教育发展总体布局中的重要战略位置。《纲要》明确提出："把提高质量作为教育改革发展的核心任务，建立以教育质量提升为导向的管理制度和工作机制"。不仅如此，2014年6月《国务院关于加快现代职业教育的决定》以及教育部等六部门印发的《现代职业教育体系建设规划（2014—2020年）》，均强调要加快现代职业教育体系建设并提高职业教育人才培养质量，由此可以看出国家对职业教育质量的重视程度。此外，教育部《中等职业学校德育大纲（2014年修订）》《关于深化职业教育教学改革全面提高人才培养质量的若干意见》（教职成〔2015〕6号）、《职业院校数字校园建设规范》（教职成〔2015〕1号）、《关于深入推进职业教育集团化办学的意见》（教职成〔2015〕6号）、《关于开展现代学徒制试点工作的意见》（教职成〔2015〕9号），教育部办公厅《关于建立职业院校教学工作诊断与改进制度的通知》（教职成厅〔2015〕2号）和江苏省现代职业教育质量提升计划、现代化示范性中等职业学校、中职现代化实训基地、中职现代化专业群、办学质量第三方评估等工作部署和措施以及无锡市教育局等七部门《关于实施职业教育质量提升工程加快培养高素质技能人才的意见》（锡教发〔2016〕77号）为职业教育质量提升提供推力。

　　本研究的目的是通过对无锡机电高等职业技术学校机电工程系教育教学情况的调查研究，对五年制高职机电技术类专业教育教学基本情况进行分析，深入探究五年制高职教育质量的现实问题，全面把握问题的实质与存在的原因，厘清质量标准的内涵，探究五年制高职机电类专业质量标准的生成机制，构建五年制高职机电类专业的质量标准体系。本研究的意义在于，近年来五年制高职教育质量问题深受社会的广泛关注，建立健全教育质量监控与保障体系受到了极大的重视，通过建立健全这个体系可以有效提升五年制高职教育质量。相关部门还为职业教育设立相关法律法规，从国务院、教育部到省市教育部门都积极地对该体系的建立贡献力量。为了保证和提高五年制高职教育教学水平和人才培养质量，研究和建立适应五年制高职教育教学特点，与五年制高职办学定位相吻合、与专业人才培养目标相符合、与不同的就业岗位需求相适应的多元化的质量标准，建立健全并完善教育教学质量监控和保障体系便成为一个十分迫切的问题。

二　相关概念的界定

1.质量标准

质量标准是指对产品的结构、规格、质量、检验方法所做的技术规定。按照《标准化法》《产品质量法》等法律法规的规定，我国的标准体系由国家标准、行业标准、地方标准和企业标准等构成，同时采用和转化使用国际标准。对企业来说，为了使生产经营能够有条不紊地进行，则从原材料进厂，一直到产品销售等各个环节，都必须有相应的标准来做保证。它不但包括各种技术标准，而且包括管理标准，以确保各项活动的协调进行。

2.五年制高职

五年制高等职业技术学校（简称"五年制高职"），是指前3年为中等职业教育阶段，学习中等职业教育的理论知识和专业技能；后2年为高等职业教育阶段，学习高等职业教育的理论知识和专业技能，毕业后，取得普通高等学校全日制大学专科文凭。它将中等和高等职业教育贯通，学生及其家庭投入的教育成本较低，而教育效益和回报较高。它整体设计学生的知识、能力和素质结构，统筹安排中高等职业教育的课程体系，在五年时间里，既保证了高职教育的文化素质要求，又达到了国际上培养同类人才专业技术课程有效学时三年以上的要求。在专业设置上，它以经济与社会需求为导向，设置了与支柱产业和高新技术应用相一致的专业，如数控技术、机电一体化、模具设计与制造、电气自动化、电子商务、汽车营销与售后服务及旅游管理等，充分体现适用、新兴、现代、复合等特征，紧密贴近经济和社会发展需求，因此深受社会欢迎。

3.五年制高职质量标准

所谓五年制高职质量标准是关于五年制高职学校教育活动与结果的规定，通常包括学校教育教学的一系列规章、制度、职责规范、环节标准以及各种教学文件。职业教育的职业性决定了职业教育质量标准的职业性特征。构建职业教育质量标准，应在人才培养的目标与规格上以职业资格为依据，以职业岗位工作技术与能力为标准；在课程与教学实施上，紧紧围绕职业岗位职业技术技能、职业素养、工匠精神等，重点考察职业院校教学过程与生产过程对接、教学标准与岗位要求对接、教学内容与职业标准对接；在教学模式上，以工学结合、基于工作过程的任务教学、项目教学、案例教学作为导向；在教育成效上，以学生就业率、企业对毕业生满意度、学校社会影响力、学校服务社会的经济或社会效益等为标准。

三 专业质量标准体系建设的内容

（一）专业质量标准体系建设的背景

1.地方经济社会发展对学校机电类专业教育质量的要求

《江苏省"十三五"智能制造发展规划》中明确指出：到2020年，全省智能制造水平明显提高，智能装备应用率、全员劳动生产率、资源能源利用效率显著提高，企业安全生产、节能减排水平大幅提升，形成较完整的智能制造装备产业体系，部分关键技术与部件取得创新突破，工业软件支撑能力明显增强，智能制造新模式不断完善，成为具有国际影响力、国内领先的智能制造先行区。智能制造是江苏产业转型升级的内在要求。江苏围绕制造强省目标，将智能制造作为推动工业经济转型升级的主攻方向大力推进，创建了一批示范智能车间，实施了一批智能制造示范项目，促进制造业提质增效，细分行业中已有一批企业达到或接近世界先进水平。两化融合加快推进，2015年全省区域"两化"融合发展水平总指数达92.17，连续三年位居全国第一。支撑能力持续增强，智能制造装备、电子信息和软件产业发展迅速。推进智能制造也面临一些问题和挑战，企业智能制造基础较为薄弱，处于机械化、电气化、自动化、信息化并存，区域发展不平衡阶段；智能控制技术、智能化嵌入式软件等支撑高端智能装备发展的核心技术对外依赖度高，系统集成、互联共享能力尚显不足，存在"信息孤岛"现象；研发、服务人才相对缺乏，对智能制造发展的有效支撑不够。

2015年以来，江苏省出台了《中国制造2025江苏行动纲要》（苏发〔2015〕16号）、《关于下达江苏省企业智能化改造升级项目三年滚动实施计划（2015—2017）的通知》（苏经信投资〔2015〕109号）等一系列旨在促进智能制造发展的文件和措施，为智能制造发展和制造业转型升级创造了宽松良好的政策环境。目前，这一整套成型的政策体系正在持续释放政策红利，大量企业开始主动拥抱智能制造，江苏省制造业迈向高端化的趋势也日益明显。截至2017年12月，江苏省已创建388个省级示范智能车间，其中，苏南地区248个，占全省比重达63.9%。示范智能车间覆盖了主要行业，机械、汽车、轻工等行业企业创建活动更为活跃。示范智能车间自动化、数字化、智能化装备比重达83.4%；装备实现互联互通，联网率达87.8%。江苏以智能车间建设引导推动广大企业实施智能化改造，企业技术装备水平显著提升，产品质量、生产效率大幅提高，资源能源消耗、人力资源成本持续下降，绿色安全生产持续推进，取得了较好的经济效益和社会效益，有力促进了全省工业经济转型升级。据统计，省级示范智能车间中，一线生产人员平均减少20%，综合生产成本平均降低22%左右。随着后续各项针对性措施的不断落地，江苏省智能制造水平有望不断提升，制造业强国战略和制造业转型升级的大目标也将得以稳步推进。

江苏省各市纷纷出台相应的落实政策，推动智能制造的发展。从智能装备行业的区域竞争格局来看，目前，省内的智能制造装备主要分布在工业基础较为发达的地区。在政策东风吹拂下，江苏省正在形成苏锡常、南京、南通三大产业集区，产业集群将进一步提升各地智能制造的发展水平。

具体来看，苏锡常地区作为江苏省制造业的核心区，在推动智能制造方面担当主角。苏锡常地区占据控制系统优势，建成了一批具有国际先进水平的智能制造协同创新平台，制造业智能化深度渗透，机器人及相关配套产业产值达1300亿元，万人机器人数量达到100台；到2025年，苏锡常地区制造业将全面进入智能化制造阶段，建成全国智能制造发展示范引领区和具有国际竞争力的智能制造产业集聚区。苏锡常地区在电子信息技术产业基础方面实力也较为雄厚，目前各市依据各自的产业和科技基础优势，已培育了一批优势突出、特色鲜明的智能制造装备产业集群。随着省级层面一系列指导性政策的发布、指引，该地区将加快形成集智能设计、智能产品、智能装备和智能技术及服务于一体的全产业链。

宁镇扬地区以南京为核心区域，以镇江和扬州为代表，科研实力较强，研究机构有南京大学、东南大学、南京航空航天大学、南京国电南自电网自动化有限公司、南京智能制造研究院有限公司等，2017年南京全市智能制造装备产业完成主营业务收入增长12%，工业机器人收入增长78.9%，共有11个列入工信部智能制造试点示范项目，拥有省级示范智能车间40个。在理论研究方面取得显著科研成果，具有人才培养优势。南京国轩电池有限公司、南京优倍电气有限公司等行业龙头企业，带动培育了一批智能制造装备产业集群。南京的智能制造产业主要涉及自主品牌乘用车、轨道交通、集成电路和智能制造核心装备领域。

南泰盐地区以南通为核心，以泰州和盐城为代表，智能装备产业虽起步晚，但依托外部的科技资源，多地都在加快智能制造的发展，结合地方特色，打造智能产业集群。一些自主创新能力强、主业突出、产品市场前景好、对产业带动作用大的智能制造大型骨干企业在各地崛起，不断形成智能制造企业集群和产业集群。南通市将智能装备产业列为该市三大重点发展产业之一，先后出台系列扶持政策，推动集成电路、智能终端、机器人、可穿戴设备、云计算、大数据等产业快速发展。应用项目建设和示范引领方面成果尤为喜人，目前该市已累计实施国家智能制造示范项目9个，约占全省总量的1/6；智能化升级改造企业已达 500 家，占规模企业的 9.5%；拥有智能化装备约 2.3 万台（套），其中工业机器人 3500 台；累计建设省级智能车间 39 个。南通中远川崎船舶工程有限公司、中天储能科技有限公司等一批行业龙头企业，带动培育了一批智能制造装备产业集群。

常州机电职业技术学院"智能制造机械行业人才需求与职业院校专业设置指导报告"课题组曾对江苏企业应用智能制造标准体系情况进行了调查。[①]

（1）智能装备应用情况。从调查结果来看，智能装备应用最多的为工业机器人、智能检测设备，应用最少的为其他智能装备。除了工业机器人、智能检测设备的应用率均为 60% 外，其他智能装备的应用率均较低，这反映出企业智能制造水平层次还较低，自动化水平也较低。

（2）智能设计。调查发现，应用（含局部应用、全面应用）最多的是 CAE 计算机辅助工程分析仿真，局部应用率达到 50%；其次为三维机械 CAD 计算机辅助设计，局部应用率达到 45%；应用最少的为 CAPP 计算机辅助工艺规划，全面应用率仅为 5%。深层次设计软件利用率不高。

（3）智能生产系统。在智能生产系统的应用中，应用率最高的系统为 PLC 应用和精益生产，应用率高达 60%，可见企业生产的智能化程度较高。而对于 MES 应用功能，选择最多的功能为生产数据采集，其他的功能应用率则较低，这反映出虽然很多企业已经应用了 MES 系统，但还有很多功能没有充分发挥出来，这反映出企业当前在引进相关智能生产系统后，其功能并没有得到充分应用，造成了一定的浪费，同时也从侧面反映出企业生产的智能化程度还存在一些问题。

（4）智能管理系统。ERP 的应用率占 75%，CRM 的应用率占

---

① 常州机电职业技术学院课题组：《智能制造机械行业人才需求与职业院校专业设置指导报告》，2018 年 10 月。

35%，PDM/PLM 的应用率占 55%，SCM 的应用率占 50%，BI 的应用率占 20%，OA 的应用率占 40%，企业门户的应用率占 60%。从其中的 BI 的全面应用率、OA 的全面应用率来看，分别只占 5%、25%，可见企业的智能管理化程度、信息化程度还处于很低的水平。

智能制造标准体系在企业的应用，对机电类专业人才培养质量提出了新的要求。

（1）在技术技能人才层级上，要求培养具有创新思维和创新能力、共性技术和关键工艺、信息技术应用能力、进入新业态和新领域的复合型人才。

（2）重视创新能力培养。创新创业教育融入人才培养全过程，面向高职学生开发开设研究方法、学科前沿、创业基础、就业创业指导等方面的必修课和选修课。改革考试考核内容和方式，注重考查学生运用知识分析、解决问题的能力。发展创新设计教育，在工业设计等专业教学中加强创造性、综合性设计能力培养。

（3）增强学生信息技术应用能力。提高生产一线职工对工业机器人、智能生产线的操作使用能力和系统维护能力，强化数字化设计、智能制造、信息管理、电子商务等方面内容。

（4）提升绿色制造技术技能水平。普及绿色技能和绿色文化，开设节能环保、清洁生产等相关学科专业。

2. 政府教育主管部门对学校教育质量标准的要求

江苏省教育厅、财政厅自 2015 年启动江苏省"十三五"期间职业学校现代化专业群（以下简称"现代化专业群"）建设工作，将提高质量作为基本任务，推进职业学校专业结构调整，着力提高职业学校专业建设水平，特别是专业群集聚发展水平，打造一批能够发挥引领辐射作用的现代化专业群，推动职业学校人才培养质量的提升。专业群是以一个或多个重点建设专业为核心，由 3 个及以上专业或专门化方向组成的专业基础相通、技术领域相近、工作岗位相关、教学资源共享的一个集合。专业群建设要求学校契合地方经济发展需要，结合学校实际，合理组建专业群；围绕专业群建设需要，系统设计课程体系和课程群；依据专业群教学需要，有针对性地加强师资队伍建设；结合"互联网+"新形势需要，提升专业群建设信息化水平；立足创新长效发展机制需要，切实加强专业群建设管理。

现代化专业群建设的质量标准如表6-10所示。

表6-10　　现代化专业群建设的一、二级评价指标

一级指标	二级指标
1. 专业群构建	1-1 构建定位
	1-2 专业群结构
	1-3 建设机制
2. 人才培养模式改革	2-1 人才培养方案
	2-2 教学模式改革
	2-3 评价模式改革
3. 课程体系建设	3-1 课程体系构建
	3-2 群课程开发
	3-3 课程实施
4. 教学团队建设	4-1 团队结构
	4-2 团队素质
	4-3 核心专业负责人
5. 实训基地运营	5-1 基础条件
	5-2 运营管理
6. 建设成效发挥	6-1 办学规模
	6-2 培养质量
	6-3 社会服务
特色创新	

资料来源：《江苏省教育厅财政厅关于推进职业学校现代化专业群建设的通知》（苏教职〔2015〕38号）。

现代化专业群建设从"6+1"个维度、17个二级指标全面考核学校的办学质量，具体而言：

（1）专业群构建要求。学校专业建设规划有效对接区域主导产业、支柱产业、战略新兴产业，尤其是现代农业、先进制造业、现代

服务业、社会管理和生态文明等重点领域，专业群建设在学校专业建设规划中地位凸显，专业群构建思路清晰，群内各专业定位明确，适应行业和地区经济发展需求，面向特定的"服务域"，建设目标明确，措施得力，充分体现专业特色和专业优势。群内相关专业与核心专业优势互补，促进专业间合作与共享，形成合力，提高专业群的建设水平，增强服务能力。建立了校企双方参与的专业群组织体系。具有健全的教学管理制度和督察考核机制，适应专业群的需求，运用信息化管理手段，整合专业教育教学平台，实现教学资源共享与互补。

（2）人才培养模式改革要求。校企共同制定科学、规范的群内各专业的人才培养方案，体现产业岗位细化新特点并具有一定前瞻性；加强以"工学结合、知行合一"为切入点的人才培养模式改革，积极推进校企联合招生、联合培养的"现代学徒制"培养模式，实行校企一体化育人；围绕专业群培养目标，加强职业道德和职业素养教育，突出职业精神培养，为学生多样化选择、全面发展与多路径成才、终身发展搭建"立交桥"。探索符合专业群特点的多样化教学方式，坚持"做中学、做中教"，推行项目教学、案例教学、情景教学、工作过程导向教学等。广泛运用启发式、探究式、讨论式、参与式等教学方法，注重因材施教，完善分层教学制、走班制、学分制和导师制。专业教学过程对接生产过程，教学过程实践性、开放性和职业性强；行业企业参与人才培养全过程，校企共建校内外生产性实训基地、技术工艺和产品开发中心、技能大师工作室等，充分体现专业群的技术创新能力和技术技能积累能力；发挥现代信息技术作用，探索和构建信息化环境下的教育教学新模式；职业技能竞赛成果显著，技能竞赛活动与日常教学工作紧密结合、良性互动。专业群评价模式改革成果显著，以学习者的职业道德、技术技能水平和就业质量为核心，系统制定专业群人才培养质量评价标准；广泛吸收学生、家长、行业企业、研究机构和其他社会组织参与质量评价，实现质量评价方式多元化，积极探索第三方参与的教学质量评价机制。建立毕业生就业质量跟踪调查制度；应用信息技术，对学生学习过程与结果进行诊断与指导，为科学评定教师教学工作提供依据。

（3）课程体系建设要求。建立校企合作、共建共享的课程和课程资源开发机制，及时更新课程内容，调整课程结构，深化多种模式的课程改革。超过70%的群平台课程有辅助教学资源（活页讲义、学习手册等）；联合行业企业共同开发国家、省已有专业课程标准以外的专业课程的教学要求。所有课程均有完善的课程标准或教学要求；根据技术领域和职业岗位（群）的任职要求，引入职业资格证书或技术等级证书，把职业岗位所需要的知识、技能和职业素养融入相关专业课程；建设涵盖教学设计、教学实施、教学评价的数字化专业教学资源，建成的群资源库课程占全部群平台课程比例大于或等于50%（高职院校专业群建设水平评估A级指标值为50%），建成市级以上共享精品课程大于或等于1门，共享网络课程大于或等于3门；重视特色教材的开发工作，形成专业群内各专业相互渗透、共享开放的教材体系，开发校本专业课程教材大于或等于3本。规范执行课程标准和课程教学要求，学生思想品质、文化素养、职业素养目标达成度高；有科学规范的课程管理制度，开齐开足国家和省规定的课程，教学进程安排科学有序，教学资源配置合理高效；有完善的教材选用和开发制度，公共课统一使用国规、省荐教材，专业课、实践课按要求使用国规、省荐教材，使用率大于或等于70%；建立了完善的校、系二级教学质量监控体系，有效把控教学质量；充分利用信息技术和信息资源推进课程实施，优化教学过程，提高教学效果。实际使用资源库课程资源的课程占学期开设本课程的教学班次比例大于或等于60%，实际应用网络学习空间实施教学的课程门数占学期开设专业课比例大于或等于30%。

（4）教学团队建设要求。群专业专任教学团队成员数与本专业群在籍学生数比达到1:28以上；群专业专任教学团队成员本科以上学历100%，研究生学历（或硕士以上学历）30%以上；群专业专任教学团队成员高级职称25%以上。获得高级工以上职业资格80%以上，获得技师以上职业资格或相关专业非教师系列中级以上技术职称40%以上；或获得有关行业执业资格70%以上；行业、企业兼职教师占群专业教师比例20%—30%，均具有中级以上技术职称或技师以上职业资格证书，30%以上具有高级职称或高级技师职业资格。学校或系部围绕专业群建设单独制定群专业专任教学团队（含兼职教师）规划，明确专业群教学团队目标任务、政策保障、经费保障和考核评价；群专业专任教学团队年均师资培训经费占教师工资总额的10%以上；群专业专任教学团队成员积极参加或指导学生参加省级及以上各类教学或技能竞赛并获奖；群专业专任教学团队成员积极参与教学成果奖评比，参与市级以上课题，参与市级以上创新大赛，省级以上刊物发表论文，与企业合作研发取得专利；群专业专任教学团队成员100%都开设教学空间，并利用网络教学空间开展信息化教学；群专业专任教学团队成员具有国外先进职业教育理念，出国学习教师比例达5%以上。

要求教学团队负责人相关专业本科以上学历，副教授以上职称，从事本专业教学5年以上；具有技师以上职业资格或非教师系列本专业中级以上技术职称，熟悉行业产业和本专业发展现状与趋势，每学年参加行业企业的相关活动4次以上；主持省级以上课题研究并结题，主持或参与技术研发或技术服务并获得市级以上奖项，或有3篇以上论文在省级以上刊物公开发表，主持并获得省级以上教学成果奖，参加或指导学生参加省级以上技能大赛、信息化教学大赛并获奖；在省内本专业群具有较高知名度，市级以上专业带头人，或省职业教育教科研中心组成员，或省职业教育领军人才，或省级名师工作室领衔人，或特级教师。

（5）实训基地运营要求。基地布局合理，有相对独立的理论授课空间，基础性实训与生产性实训相对分开，便于开展理实一体教学。实训场景与现代企业生产服务场景接近，有机融合传统文化、企业文化，有专业技术发展历史、安全生产规程、环境保护知识等专业文化环境。实训场所符合相关建设标准，无安全隐患。设施设备配置合理，满足基础性实训、生产性实习、中高职衔接试点项目和现代学徒制项目培养需要，满足技能教学研究、技能考试、社会培训、技能鉴定、生产与技术服务和创业孵化项目需要。部分设备达到行业企业先进水平，满足产学研、技术创新需要。专业核心技能实训设备数量充足，满足教学需要。有全国或省技能大赛设备，具备承办市级技能大赛的条件，有满足相关专业技能学业水平考试的设备及配套设施。基地运营融合企业管理理念，渗透企业管理文化，建立由行业、企业、学校共同参与的管理体制。在校、系（部）二级管理体制下，设立专门的实训基地管理机构，人员配置合理，职责分工明确，考核、评价、奖惩制度健全。基地管理制度健全，有设施设备、实训耗材等物资管理制度，实训教师、学生等人员管理制度，劳动保护、安全操作等生产管理制度，技能教学研究、产学研等科研管理制度。应急预案齐全、科学、可行。基地管理制度执行规范、有效，实施信息化管理。设备采购程序规范，资产管理帐物相符、处置规范，实训室及设备使用与维护有计划、有记录。耗材领取、产品入库有登记。

（6）建设成效发挥。核心专业连续招生6年以上，年招生30人以上，专业群在籍学生规模350人以上；每年承担专业群相关领域的社会培训人次达到在籍学生数90%以上。毕业生95%以上取得本专业群相应的中级工以上职业资格证书，80%以上获得本专业群相应的高级工以上职业资格证书，或80%以上获得相关行业执业资格证书（个别特殊专业除外）；毕业生具有较强的计算机应用能力、语言表达能力、社会交往能力，相关应用水平等级考试取证率80%以上；开展校级技能大赛、创新创业大赛，本专业群学生参赛率100%，本专业群学生在技能大赛、创新大赛中获得省级三等奖以上奖项；毕业生就业质量高、起薪较高，就业满意度较高，毕业生就业率95%以上，对口就业率80%以上，本地就业率75%以上，开展职业生涯指导和创业教育，有本专业学生创业实践基地和创业项目；在校学生对本专业的满意度90%以上，用人单位对毕业生综合素质满意度90%以上。利用专业群的设施、设备、师资等资源，承担本地区行业部门或职业学校技能大赛、职业资格鉴定，开展校企合作、校校合作，发挥示范和引领作用。为区域内企业开展技术服务，参与解决生产、技术难关，共同研制开发企业新产品。开展生产加工、各类技能培训、技术研发与服务、职业技能鉴定等产生良好的经济效益。

（二）无锡机电高等职业技术学校机电技术类专业质量标准

1. 专业质量标准建设的基本思路

理论上讲教育质量的高低是人才培养质量的反映，但如何依靠有效的评价机制来考核、反映和体现人才培养的真实质量，最为关键。因此，无锡机电高等职业技术学校建立了以服务于人才培养模式为基础出发点的教育质量标准体系。其原则是体现"工学融合"，目的是为提高教育教学质量提供支撑。具体体现在：

（1）从社会、企业对员工的素质要求上，分析职业与专业、能力与课程、技能与训练等指标的吻合度。

（2）从构成教学质量的关键要素上，分析学生、教师、课程设置、专业定位、培养方案等评价对象的全面性。

（3）从职业教育服务社会需求的目标上，分析专业知识、操作能力、职业规范等评价内容的职业度。

（4）从教学质量的评价环节上，分析组织保障、制度建设、工作方法等评价程序的可靠性。

2. 专业质量标准的基本构成

教育质量包含诸多要素，如何构建一个既能反映学校实际需要，又能充分满足社会要求的质量标准体系，是教学质量评价的关键。无锡机电高等职业技术学校根据现代职业教育校企合作的办学理念，提出评价主体多元、评价指标立体、评价目标多元、评价内容立体、评价对象多元、评价方式立体的质量标准体系，其内容主要包括：

（1）教学质量的评价主体由对职业教育提出需求的参与要素组成（多元），评价指标由反映职业教育质量内涵和水准的层次要素构成（立体）；

（2）评价目标由反映职业教育终极目标的能力要素确定（多元），评价内容由构成教学质量的管理要素确定（立体）；

(3）评价对象包含教学实施的时空要素（多元），评价方式体现适应人才培养模式结构的保障要素（立体）。

具体指标参见表6-11、表6-12。

表6-11　　　　　　　　　　质量标准的多元结构

评价要素	多元结构	配置说明
评价主体（应满足各方的自身需要）	社会企业	企业通过校企合作教学指导委员会进行人才培养方案的审定，在专业教学的岗位融合中和工学交替教学活动中实施质量评价活动，对学生企业实践中的质量评价享有主动权
	学校	教务处行使质量保证的教学管理职能，督导室通过校、系两级督导制度，分级负责教学实时信息的采集和反馈，实施督导教学监管，全面监控质量
	受教育者	通过学生教学信息员制度，反馈各个教学环境实际情况，通过定期的评价活动，反映学习需求，参与教学质量评价工作
	教学人员	专、兼职教学人员和企业指导教师负责课程教学质量的评价工作
评价目标（应反映职业教育的终极目标）	个体能力	根据"做学教合一"的教学模式，正确衡量学生个体掌握知识和技能的自觉性、积极性，评价自主学习能力
	团队能力	采用"项目导向、任务驱动"的教学方法，树立学生的团队意识，评价学生团队的协作能力
	职业能力	根据"专业对接职业、课程对接岗位"的课程改革模式，培养学生从事岗位工作的职业素养，评价学生胜任生产岗位要求的独立工作能力
	创新能力	通过"六融合"培养模式的实施，根据"人才培养与企业需求"相融合的原则，从岗位生产实际出发，在培养学生职业能力的基础上，评价学生分析和解决实际问题的能力
评价对象（要适应教学模式的时空延伸）	专业方案	专业设置和人才培养方案决定"学校对接企业"的教学纲领，评价培养质量的高低，首先对其作出社会服务性和企业需要性评价，这是职业教育的方向性评价对象
	方式方法	教学质量的高低，在很大程度上由教学模式决定，"理论对接实践、课程对接岗位、培养对接使用"，在教学上突出技能，是教学质量的保障性评价对象
	条件环境	"课程对接岗位"是教学实施的专业性要求，针对专业和课程的特点，从实际、实用和实效出发，推行案例教学、场景教学、仿真教学。融学习于生产之中的课程教学，其教学条件是教学质量的制约性评价对象
	教学对象	"以学生为主体、以教师为主导"是现代教育体现人性化发展的教育理念，也是促进教学效果提升的科学方法，学导双方是教学质量的决定性评价对象

表 6-12 质量标准的立体结构

评价要素	立体结构	配置说明
评价指标（应贴合人才培养的等级层次）	职业与专业	按照"学校对接企业、专业对接职业"的教学设计，建立考核在职业对口要求上与社会用人需求相一致的评价指标（职业目标层次）
	能力与课程	按照"课程对接岗位、理论对接实践"的教学原则，建立考核在职业工作能力上与岗位需求相一致的评价指标（职业素养层次）
	知识与训练	按照"教学突出技能、培养对接使用"的教学目标，建立考核在操作技能训练上与职业资格等级要求相一致的评价指标（职业技能层次）
评价内容（突出质量构成的关键要素）	规划管理	根据校企合作的办学模式，考察专业设置、课程设置符合社会需求的程度，及教学计划的完整性、教学内容的合理性和培养目标的可实现性
	教学管理	教学管理是教学实施的保障机构，其工作质量将直接影响教学质量，设备、条件、环境、程序、制度和管理人员的思想态度、业务能力与工作业绩成保障教学质量的软硬件
	质量管理	正确测试和反映教学质量，应遵循学生掌握知识和能力的客观规律，综合性评价的结果产生于形成性评价；建立 TQC 质量管理模式，对教学质量的构成要素全面监控，是确定评价内容的根本依据
评价方式（应适应人才培养的模式结构）	评价机构	"工学结合"的培养模式，决定了教学质量评价机构的构成，企业、社会、学校和师生是机构的必要成员，机构的组织形式必须务实有效
	评价标准	评价标准是测评教学质量的依据，是带有评价指标刻度的检测器具，应根据培养目标和教学目标，在确定评价内容后分门别类制作，其关键在于指标
	评价程式	评价程式指实施评价活动的制度与程序，评价制度是保证，评价程序是方式。要发挥好评价模式的作用，评价方式是"软件"，必须精心制作，并根据时代发展的要求，不断升级、更新，这决定了评价结构的可靠性、真实性

四 专业质量标准建设的实践案例

以无锡机电高等职业技术学校数控技术专业群建设为例，作为学校重点建设专业群，紧密对接制造业的核心技术人才和紧缺工种，培养数控技术领域的高素质技能型人才。数控技术现代化专业群围绕数控技术核心专业，针对行业、企业需求的三大人才战略，重点培养数控编程与加工、装调与维修、程序员方面的高素质技能型人才。专业群建设以校企合作"工学六融合"作为人才培养模式，长期与一汽解放汽车有限公司无锡柴油机厂、无锡威孚高科技集团股份有限公司等58家地方支柱企业深度合作，行业主导校企融合的办学指导思想贯穿于人才培养全过程。专业群课程体系中建有共享型专业教学资源库，集"教学、科研、培训、技能鉴定、技术服务"于一体的实训基地，一支综合素质高、教育教学能力强、具有"双师结构"的专兼结合的专业教学团队，意在培养一批用人单位满意度高、区域服务能力强、先进制造业急需的高素质高技能型人才。

数控技术现代化专业群由数控加工方向、数控维修方向、数控程序员方向三个专门化方向组成，2015年数控技术专业群被评为无锡市重点专业群。数控技术专业开办于2000年，2007年被评为江苏省职业学校示范专业，2010年被评为国家中等职业教育改革发展示范学校建设分项目重点支持专业建设，2012年被评为江苏省五年制高职教育品牌专业，2013年被评为国家中等职业教育改革发展示范学校重点建设专业，2014年被教育部评为全国重点建设职教师资培养培训基地专项支持建设专业，2017年被教育部评为全国职业院校装备制造类示范专业点；数控专业群实训基地，2012年被评为江苏省首批职业教育数控技能教学研究基地，数控技术专业班级与铁姆肯（无锡）轴承有限公司、无锡威孚高科技集团股份有限公司等大型外资和国有企业合作开展现代学徒制班级试点；与江苏理工学院合作申报"3+4"中职与本科衔接项目。数控车加工、数控铣加工、数控设备应用与维护等三个专业方向优势互补，培养高素质技能型人才。

专业群内各专业方向分别配备了专业方向负责人和课程负责人，具有健全的教学管理制度和校系二级督导管理机制。中职—本科衔接专业还独立配备了课程负责人，职责明确，运行高效。专业群有健全的教学管理制度，督导考察机制，群内有数字化数控实训基地，信息化管理，联合江苏凤凰出版传媒集团有限公司、北京世纪超星信息技术发展有限责任公司等企业集团共建群共享网络教学资源。

学校数控技术专业各年级实施性人才培养方案完备，并体现了"4.5+0.5"学制教学分段改革的要求。公共基础课程与专业技能课程之比为4:6。人才培养方案制定、实施具备完善的过程性材料，每年

第六章 高职院校专业评估与标准研究

召开企业年会，聘请企业专家参与人才培养方案的制定、实施、评价；相关企业参与招生过程、参与学生实习就业工作。班级课表、教研室（组）活动记录等材料完备，群内各专业有学生社团活动、校级及系级选修课程，有创业教育项目，有中高职和中本衔接项目。

推行项目教学、案例教学、情景教学、工作过程导向教学等教学模式；有校内（外）实训基地，有校企共建校内外生产性实训基地、技术工艺和产品开发中心、技能大师工作室。教师和学生开通了网络教学空间和学习空间；校级技能比赛覆盖全体学生，技能大赛资源运用在日常教学中。

制定了专业群人才培养质量评价标准，应用信息化技术建立教师、学生学习网络空间，实现自评、互评、企业评价等多元评价体系。

数控技术专业每年均撰写专业群岗位能力分析报告，在实施性人才培养方案中也设置了群平台课程和群选修课程；群专业平台课程门数占全部专业课程门数（不含综合实践课程与专业技能拓展课程）比例达66.7%以上，群选修课程门数占全部选修课程比例达60%以上。课程体系框架如图6-3所示。

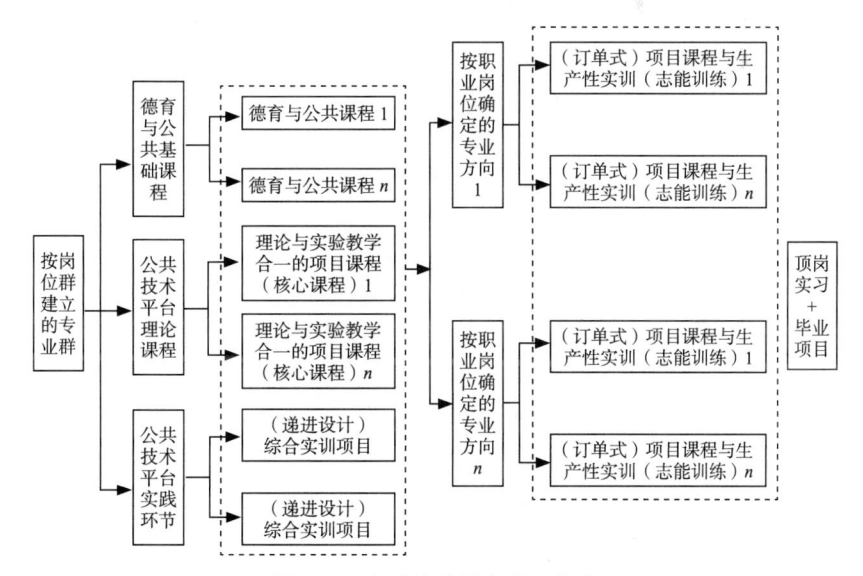

图6-3 人才培养课程体系框架

以效果为导向的职业教育质量标准研究

专业群建设以来，与江苏凤凰出版传媒集团有限公司等多家企事业单位，共同开发资源库、精品课程、慕课、微课等数字资源，目前资源库总量约 1TB，超过 70% 的群平台课程有辅助教学资源，课程标准和教学要求完备；专业群引入数控车床操作工、数控装调维修工、数控程序员中、高级工的职业资格证书，种类和级别与国家颁布的专业目录要求相符合；建成的群资源库课程占全部群平台课程比例 50% 以上，建成市级以上共享精品课程 3 门以上，共享网络课程 9 门以上；校本专业教材开发 6 门。

专业群以职业道德和职业技能作为学生培养的核心目标，在进行技能教学的同时，融入国家职业资格标准中的相关内容，如职业道德、吃苦耐劳、爱岗敬业等，使得学生在达到设备操作工中、高级的同时，符合企业岗位要求的基本职业素养。提高学生就业成功率，为学生在企业中的后续发展奠定基础（见图 6-4）。学生操行等级合格率高于 95%、课程成绩及格率达 80% 以上。有课程管理制度或课程表、教学进程表、授课计划，且与实施型人才培养方案一致。教材选用审批表，国规、省荐教材使用率达 81.5% 以上。有校系两级过程性质量监控资料。资源库课程资源使用或者网络学习空间实施教学的课程达 30% 以上。

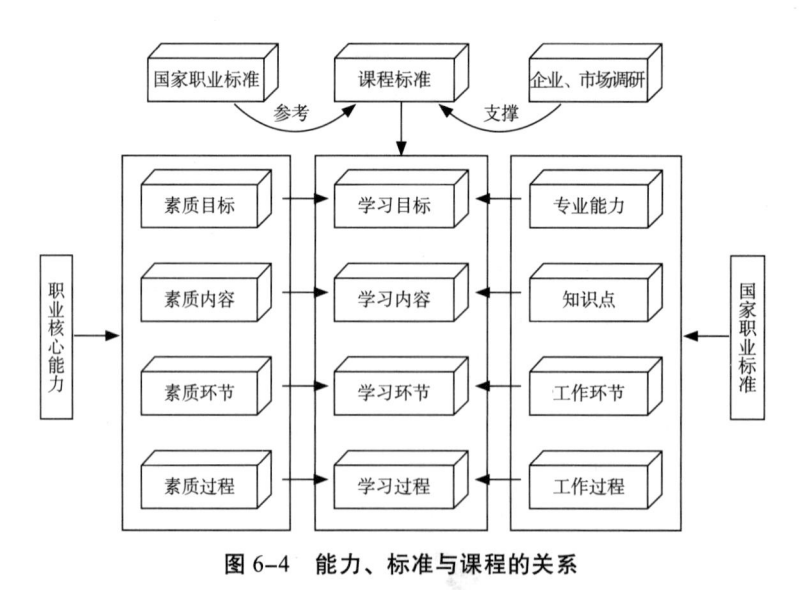

图 6-4 能力、标准与课程的关系

数控技术现代化专业群负责人为具有正高级讲师职称、加工中心高级技师职业资格的徐夏民老师。徐老师是国家教学名师，全国五一劳动奖章获得者、江苏省技能大师工作室负责人、江苏省职业教育"徐夏民数控技术名师工作室"领衔人，每学年多次参加全国机械职业教育教学指导委员会、江苏省职业教育加工制造中心组、江苏省国家中等职业教育改革发展示范建设学校协作组研讨会，平均每年参加各类行业企业相关活动10次左右。近年来主持或参与省级以上研究课题5项，发表论文2篇，2008年以来指导学生参加各级各类数控技能和创新设计大赛，连续8年来在教育部组织的技能大赛、六部委组织的技能大赛中获全国大赛金牌16个，推进了专业群的不断发展和提升。

数控技术现代化专业群在籍学生数量778人，专任教师总数33人，兼职教师10人，教学团队成员与在籍学生比1:23.6。专业群专任专业教学团队成员100%为本科学历，研究生学历占51.5%。专业群专任专业教学团队成员高级职称占33.3%，高级工以上职业资格为93.9%，其中技师以上（或相关专业非教师中级以上职称）占81.8%。行业、企业兼职教师占专业群专业教师比例23.3%，100%具有中级以上技术职称（或技师以上职业资格），60%以上具有高级职称（或高级技师职业资格）。

学校和系部切实加强对重点现代化专业群建设项目的领导，把现代化专业群项目建设工作放在学校全局工作的重要位置，纳入学校发展的总体规划。加强制度建设，制定现代化专业群建设办公室的工作职责，完善和制定保证专业建设质量的各项规定，制定人才培养质量评估与建议反馈等方面的规章制度。专业群专任专业教师团队年均师资培训经费约占工资总额的12%。专业群专任专业教学团队成员有10人先后多次参加省级以上教学或技能竞赛并获奖，成员积极参与教学成果奖评比并获省级以上奖励，参与省市以上课题十多项，成员100%在省级以上刊物发表过论文，与企业合作研发专利已有4项。专业群专任专业教学团队成员在学校支持下先后有14人被派往新加坡、德国、英国、加拿大等国学习先进职业教育理念。

目前数控技术专业群校内实训基地有16个实验实训室，设备总值2109万元左右，生均2.7万元。按"从面到线，再由线到点"的层次化、精细化管理思路，把管理区域从大到小层层划分。同时为落实实习、实训管理体系，按不同管理层，细化管理职责，明确各管理层不同管理人员任务及管理人员职责。并制订了"实习、实训管理制度""实习、实验室考核与处理办法""实训车间与设备管理办法""计算机房管理制度"等一系列制度，完善实验室管理制度，保证实验实训室设备的完好率和使用率。数字化实训车间管理系统实现了"工、量、刃具"、机床使用记录、资源学习情况等管理。可以实时采集设备数据，在线测试及时互动，提高了实训基地的信息化管理水平。目前实验实训室开出率[1]100%，共享率[2]76%，平均每学年利用课时在700课时左右。

本专业群校内实训基地生均教学仪器设备值：理工医类8000元以上，其他类6000元以上；与五年制高职品牌特色专业要求一致，目前正在制定的实训基地要求，"生均设备值达标：中职二产类专业群超10000元，一、三产类专业群超6000元；五年制高职二产类专业群超12000元，一、三产类专业群超7000元"。实验（训）室建成数字化教学环境，实现信息点全覆盖，百兆带宽到桌面，计算机数量满足实训教学和管理需要，有与专业群教学配套的信息化实训资源平台。专业群实验（训）室资产采用信息化管理，设备使用网络信息化，可信息化预约，信息化统计使用课时和教学设备完好率；实验实训开出率100%，自开率[3]95%以上，专业群各实验（训）室平均利用课时超过500课时/学年（含社会培训、技术服务），每学年教学

---

[1] 实验室开出率是指利用校内外设备实际开出实验实训总数与教学大纲规定应开实验实训总数的百分比。
[2] 实验室共享率指各实验（训）室平均服务专业数/本专业群专业数。
[3] 实验实训自开率是指利用本校设备实际开出实验实训总数与教学大纲规定应开实验实训总数的百分比。

周数36周，每周26—28节，一年按1000课时计算，平均利用率要超过50%；实验（训）室共享率达到60%以上。

数控技术专业群三个方向在校生人数778人，其中数控车削技术方向2000年开办，每年稳定招生30人以上。数控技术专业群作为全国师资培养基地多年来一直承担数控、数维、机械加工等专业的职业教育教师国家级和省级培训任务。同时，担任一汽解放汽车有限公司无锡柴油机厂、无锡威孚高科技集团股份有限公司、利纳马汽车系统（无锡）有限公司等企业的员工培训，累计培训912人次，是在籍学生数的117%。

毕业生中级工获得率99.50%，高级工获得率84.73%，毕业生100%取得计算机二级应用能力证书、公共英语一级B证书。学校每年举办校技能节、创新大赛，赛项实现专业群全覆盖，本专业群学生多人次参加市、省、国家级技能竞赛，获得各类大赛金牌30枚，省级以上创新大赛获奖5次。毕业生就业率98.47%，对口就业率88.43%，本地就业率88.32%，每学期开展职业生涯指导和创业指导课程，在校生满意率98%，用人单位满意率95.67%。

深入校企合作的同时，不断提高师生产、学、研能力。目前，完成国家航空航天部803研究所专项设备研制工作2项，无锡爱一力机械有限公司1项，无锡汉力科技有限公司1项，无锡瑞美生物电子科技有限公司项目研制1项，江苏凤凰出版传媒集团有限公司项目研制1项。

多年来，承担无锡市、江苏省数控车、数控铣、数控维修等技能大赛，得到多方一致认可。与一汽解放汽车有限公司无锡柴油机厂的合作项目被评为全国机械职业教育教学指导委员会优秀校企合作项目。与铁姆肯（无锡）轴承有限公司的校企合作项目被评为无锡市优秀合作项目。同时，牵头无锡市数控职业教育集团不断扩大校企合作，发挥示范和引领作用。

数控技术现代化专业群牵头全国机械职业教育教学指导委员会、江苏省国家中等职业教育改革发展示范建设学校协作组、江苏省职业教育加工制造中心组、江苏·发那科数控职教集团等相关工作。牵头

以效果为导向的职业教育质量标准研究

制定全国中等职业技术学校数控技术应用专业课程标准，牵头制定江苏省中等职业学校"2.5+0.5"数控技术应用人才培养方案，牵头制定现代职教体系"5+2"机械设计及其自动化人才培养方案，牵头研制了数控技术应用专业11门核心课程标准，牵头开发江苏省中等职业学校网络培训课程，牵头开发江苏省加工制造类资源库。

第七章 职业院校教学质量评价与标准研究

第一节 高职院校教学质量评价标准

高职院校教学评价作为高职院校教育管理的重要手段，在推进教育教学改革发展中发挥着重要作用。而从当下推进的质量评价体系和评价标准的实施情况看，高职院校教学评价的信度与效度受质疑的问题并不少，现实中的教学评价在一定程度上偏离了以师生教学实践为根基的真实教学过程。教学评价如何才能直抵教学过程深处、回归真实教学生活？这是本研究试图解决的问题。

一 教学评价的本质是什么？

（一）"评价"不同于"评估"

评价（assess 或 assessment）在英语中本意是指对人而言的评估，有主观评论之意。汉典释义为"对人或事物所评定的价值"，或者说是对人、事、物的优劣、善恶美丑、合理不合理进行价值判断。学者沈玉顺认为，评价就是评定价值的简称[1]。

---

[1] 转引自石芬芳《以效果为导向的高职院校教学评价探析》，《中国职业技术教育》2017年第23期。

评估（evaluation）在英语中的本意是"从某事中获得价值"，主要针对事物，没有评论之意。德国学者赖因哈德·施托克曼等认为，评估有三个基本要素，即评估的目的、评估的标准、评估的工具，可见，"标准"是评估活动的必要条件[①]。

从词义看，两个概念的含义是有所不同的，"评估"中包含评论估计的意思，并不含有价值的意思，而"评价"则具有评定价值程度高低的意思。可见，评价侧重于价值判断，评估侧重于事实判断，离不开"标准"和"工具"。当然，评估中也会有评价，评估中的评价是对搜集的信息进行判断，不涉及价值判断，即使有评价也是依据既定的标准，不能独立于科学依据之外，价值判断不能成为评估的任务[②]。

（二）教学评价的本质是价值判断

国内学者陈玉琨认为，教学评价是对教学活动的现实价值或潜在价值做出判断的过程，以期达到教育价值增值的过程。[③]日本学者桥本重治认为，评价是按照教育目标和价值观对学生的学习成果及教育计划的效果等进行测量的过程，它与教育的目标和价值有明确关系。[④]可见，教学评价的本质是价值判断。

（三）客观依据不能规定价值判断的全部内容

由于评价者的价值观、价值导向、个体需求、主体层级不同，评价结果就会出现较大偏差。而与教学评价相关的因素很多，如教学评价观、质量观、评价方式、评价者的品质、评价者的需求、评价内容、教学效果等，这些因素所处的维度都不相同。因此，有关教学过程和效果的价值评价，其实是非常复杂的，受个体主观因素影响较为

[①] ［德］赖因哈德·施托克曼、沃尔夫冈·梅耶：《评估学》，唐以志译，人民出版社2012年版，第61、63、67—70页。

[②] ［德］赖因哈德·施托克曼、沃尔夫冈·梅耶：《评估学》，唐以志译，人民出版社2012年版，第61页。

[③] 陈玉琨：《教育评价学》，人民教育出版社1999年版，第7页。

[④] 转引自石芬芳《以效果为导向的高职院校教学评价探析》，《中国职业技术教育》2017年第23期。

明显，是很难确定精量和统计的。正因为教学评价活动过程中的复杂要素及主体差异，客观的依据并不能规定价值判断的全部内容。

二 高职院校教学评价理论研究成果及主导思想

（一）国内高职院校教学评价理论研究文献综述

本研究以中国知网数据库为平台，分别以高校教学评价、高校教学评估、高职院校教学评价、高职院校教学评估为主题，以教育学专业为限定范围，以 2011—2017 年为时间维度进行文献检索，国内相关研究成果统计见图 7-1。

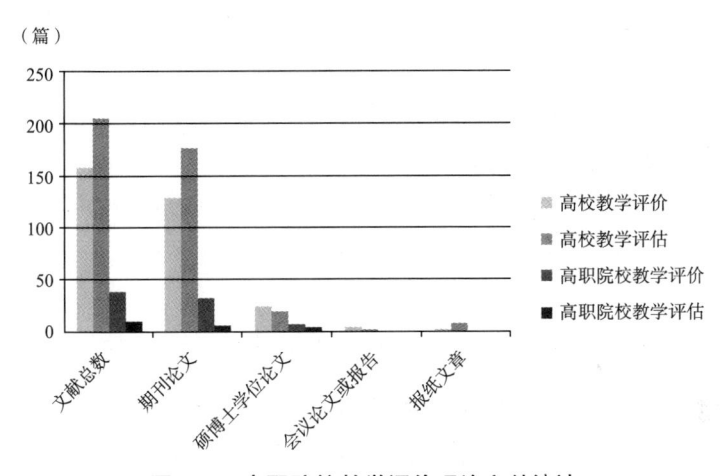

图 7-1 高职院校教学评价理论文献统计

资料来源：中国知网。

以"高校教学评价"为主题的研究主要以高等教育为对象，以教学评价理念、制度与机制、评价体系、评价方法工具、学科课堂教学评价、学生评教指标等为主要研究内容，基于质量标准及质量管理模式的教学评价的系统研究甚少，成果的呈现方式也比较分散。

以"高职院校教学评价"为主题的研究主要以高职教育为对象，以教学质量评价、评价体系、评价模式、数理评价工具、专业课堂教学评价、学生评教等为主要研究内容，其中与"质量评价标准"相关的文献至少 9 篇，占总体文献的 43%，此类研究内容比较集中，且与产品和服务质量导向的质量观、顾客导向的质量管理模式的语境有关。以"高职院校教学评价"为主题的绝大部分成果是省级学报类期刊,有关教学质量评价理论体系及标准体系方面的高级别的宏观研究成果甚少。

(二)职业教育质量标准研究引领了高职教学评价的价值走向

从2002—2012年的10年间,职教领域围绕着顾客导向、适应性导向、产品导向的质量观,集中涌现了一批以"质量标准"为主题的研究成果,如任君庆、苏志刚《高等职业教育的质量标准和质量观》①、肖化移《高等职业教育质量标准研究》②、黄斌《高等职业技术院校质量保障体系研究》③、刘晓欢、刘骋《论职业教育的质量标准与质量评价》④、周明星、陈豪好《职业教育人才观、教学观和质量观探析》⑤、刘芬《ISO 9000族标准在高职院校教育质量管理体系中的应用研究》⑥、卢佳《大众化高等职业教育质量观的转变研究》⑦,等等。其中,以顾客为导向的"ISO 9000质量管理模式"和"全面质量管理(TQM)模式"的质量标准价值体系,一时间主导着职业教育的质量标准价值体系,引领了高职院校教育教学评价主流价值的基本走向。

三 ISO 9000质量管理模式对高职教学评价的贡献与局限

(一)ISO 9000质量管理模式的质量观及基础理念

质量管理体系最初使用于企业内部产品生产管理的检查和控制体系,其形式有不同的模式,它们可以建立在标准族(ISO 9000-9004)或全面质量管理指导思想基础之上,其决定性的评价标准是产品及服务的质量。ISO 9000是以顾客为导向、侧重于过程控制的通用质量

---

① 任君庆、苏志刚:《高等职业教育的质量标准和质量观》,《职业技术教育》2003年第25期。
② 肖化移:《高等职业教育质量标准研究》,博士学位论文,华东师范大学,2004年。
③ 黄斌:《高等职业技术院校质量保障体系研究》,硕士学位论文,天津大学,2004年。
④ 刘晓欢、刘骋:《论职业教育的质量标准与质量评价》,《职业技术教育》2005年第19期。
⑤ 周明星、陈豪好:《职业教育人才观、教学观和质量观探析》,《职教通讯》2005年第7期。
⑥ 刘芬:《ISO 9000族标准在高职院校教育质量管理体系中的应用研究》,硕士学位论文,安徽大学,2012年。
⑦ 卢佳:《大众化高等职业教育质量观的转变研究》,《成人教育》2012年第32期。

管理模式，它不是确定质量程度的工具，而是对质量管理体系的最低要求加以定义，而且以具有工作流程的完整文本为目的。这一过程包括策划、实施、检查、处置的不断循环，其出发点是：如果产品生产经过了逻辑策划而且一体化、产品生产对所有参与者也都是透明的，那么就会带来尽可能好的质量[①]。

（二）ISO质量管理模式对"三改一补"政策时期高职院校教学评价的贡献

20世纪90年代后，我国政府对职业院校提出并实施了"三改一补"政策，在此背景下，高职院校的建设一方面需要对当时已有的高等专科学校、短期职业大学和独立设置的成人高校分别进行改革、改组和改制，另一方面是要选择部分符合条件的中专作为补充改办。这种多源合流的历史，客观上决定了高职院校文化及管理制度的多源性、复杂性，而教学评价制度是学校教育制度体系的"命门"，自然也是统一思想的关键。为了统一理念，凝练特色，不少高职院校率先引入并实施了ISO 9000质量管理体系并展开内审，极少数院校还实施了"贯标"和质量认证。ISO质量管理理念也渗透并融入教学管理和教学评价活动中，逐渐建立起一种"检查""控制"型的质量评价文化，将教学评价的原则、准则以条款的形式规定在管理手册或评价量表里，简明扼要，操作简单，极大地提高了高职院校教学管理效率和教学评价的规范性。

（三）ISO 9000质量管理体系评价理念在教学评价中的局限

高职院校教学评价是指依据一定标准，采用适当的方法对学校教学行为做出客观衡量和价值判断的过程。由于针对教育组织的教学评价，与生命个体发展潜能、教育活动的创造性、人性化教育策略等诸多要素有关，也必须有心智、情感共同参与才能高质量地完成。而ISO质量管理体系标准的定位主要是针对某项工作（产品）的最低要求，即"合格"层次的工作（产品）质量评价，而不是确定质量程度

[①] ［德］赖因哈德·施托克曼：《非营利机构的评估和质量改进》，唐以志、景艳燕等译，中国社会科学出版社2008年版，第19—21页。

的工具,这种理念引导的评价标准并未深层触及对学生个性化的教育引导、对学生创造力及兴趣的激发,也未涉及对教学艺术与智慧层次的追求,实际上并不能测评教师教学水平、能力的程度高低。换言之,ISO 9000 质量管理体系这种以完整文本为目的的评价方式,在检查和评定教学文本、教学环节、基础性目标、处置结果等凡是可以量化的客观领域有明显优势,而对于教学活动不能规定、难以量化的价值内容,就显得比较局限。

一旦标准体系本身设计不科学,或者参与评价的主体也不专业,教学评价过程可能出现的风险就会很大;一旦可信度不高的教学评价结果在职称评定、年终考核、个人晋升等重大事件中进一步放大其功利效用,其作用和危害就会更大,其消极影响最终也会以直接或间接的方式反映至课堂,显现出种种情形的无效课堂:如程式化教学、刻板平庸的课堂、教师教学过程重物轻人、教师缺乏参与教改的热情和动力,等等。在有些学校教学评价指标体系中学生几乎占据 100% 的评价权重,基本上学生掌控着教师评教的否决权。在这种评价环境中,师生关系容易被庸俗化,教师在教学中很难坚持教学学术自由,履行并行使教学权利,教师有时还不得不放弃教学原则而去迎合或满足学生不合理的要求。

四 高职院校教学评价实践中的问题——以 7 所高职院校为案例

本研究收集了北京农业职业学院、武汉职业技术学院、武汉交通职业学院、深圳职业技术学院、泰州职业技术学院、武汉船舶职业学院、武汉城市职业学院 7 所高职院校教学评价的管理文件及标准文本,以此为案例,重点从价值导向、主体结构、评价权重、标准适应性等方面进行了分析,归纳了高职院校教学评价实践中的共性问题。

(一)以"合格"式标准为主导

从 7 所学校教学评价项目的标准条款看,一级指标基本以教学准备、教师素质、教学实施、教学态度、教学内容、教学方法、教学效果等程式化套路为框架，二级指标主要由教学过程中的基础性、管理性的"合格"式标准组成，标准的描述也比较概括，比如：教学资源准备齐全、按照教学计划执行、老师上课精神饱满、着装得体、使用有效手段管理课堂纪律，学生到课率高、思路有条理、教学环节到位、教学内容设计合理，等等。这些标准体系，或多或少都有"检查""控制"的质量文化的烙印。

（二）评价主体涵盖面窄

从7所案例学校的教学评价标准来看，参与教学评价的主体主要包括学生、专职督导、教学单位三类人群。在7所学校中，有3所学校的评价主体覆盖了学生评教、同行测评、考核组测评（含教学巡视、教学常规检查、督导听课情况及教师教学质量考核登记）等4个以上主体；有2所学校将教师自评分仅作为教学评价的参考分，并未纳入评价体系；有2所学校教学评价的主体实质上只有学生，因为其标准体系设计中只对学生评教的结果进行了量化，其他主体均为等级定性评价，而在应用评价结果时，只录入量化分数，因此，学生评教所占的权重实际相当于100%（见表7-1）。

表7-1　　　　7所高职院校教学评价方式及权重

学校代码	学生评价权重（%）	督导评价权重（%）	同行评教权重（%）	教学单位管理评价权重（%）	课堂教学资料评价权重（%）	教学建设专项评价权重（%）	教师自评权重（%）
A	100	等级定性	等级定性	等级定性	无	无	参考分
B	70	20	7	无	3	无	无
C	25	12.5	25	12.5	无	25	无
D	40	25	15	20	纳入同行评教范畴	纳入教学单位管理评价范畴	无
E	100	等级定性	无	等级定性	纳入督导评价范畴	等级定性	参考分
F	50	20	15	15	无	无	无
G	50	20	无	30	纳入督导评价范畴	纳入教学单位管理评价范畴	无

（三）评价方式的权重差异大

学校与学校之间，教学评价方式的权重相差很大。7 所学校共有 6 种不同的比例结构。权重的确定多以学校管理经验为依据，并非依据科学的理论假设建立模型，特别是学生评价占 100% 的比例，这样的评价理念及体系设计本身存在一定的偏颇，其评价结果的信度和效度也会存疑。

（四）评价指标不适应"云教学"的实际需要

"云教学"是在移动互联网、云教学系统，以及智能学习终端的支撑下进行的教学。"云教学"中的教学过程及活动形式与传统课堂教学大相径庭，比如在翻转课堂、混合式教学中，教师大量的资源准备和教学活动都是在课外线上动态进行的。研究发现，7 所学校教学督导评价和学生评教均未针对"云教学"设计相应的评价指标。而适用于传统课堂教学的静态评价指标大量存在，如评价内容以教材为主，教学时间规定为 45 分钟，教具、教材、板书、仪态、教案、计划至少占据 10% 的权重等，这样的指标体系与"云教学"时代极不匹配。

五 问题反思：从比较中探求高职院校教学评价的文化属性

教学评价实践中的问题，根源还是评价文化的属性问题，而后才是标准母体的建构。学校从根本上有别于企业，企业是生产性组织，是人与物的关系，通过人与物的匹配，生产符合规格的物质产品；学校是教育性组织，是人与人的关系，通过人与人交往，激发人的潜能，促进人的发展。二者分属营利性组织和非营利性组织，各自的评价文化价值体系并不相同（见表 7-2）。质量管理模式下的 ISO 9000 质量管理体系、全面质量管理，均源自企业生产的质量管理，从属于营利性组织的质量文化，它们与学校所处的非营利性组织分属完全不同的两种质量文化。高职院校的教学评价在文化根本上应当守住"学校教育"的本位和"有效教学"的初衷，然后合理借鉴，不断寻求教学评价的理论创新。

表 7-2　企业（营利性组织）与学校（非营利性组织）的评价理念比较

评价理念	企业（营利性组织）	学校（非营利性组织）
目的	以营利为目的，为自己获利	不以营利为目的，为他人获利
资金来源	从产品和（或）服务所得中获得资金	通过集资获得资金（如拨款、会费、募捐等）
目标	明确的最终目标（如利润最大化）	综合的目标体系
测量值	测量值明确（如利润、股息、股东所得）	须明确测量值（可变的、多维度的）
机制	公开竞争	有时不存在竞争，经常存在限制性竞争
供方选择	自由选择供方	有时无法选择供方，选择供方通常受限
产出	产品和服务	服务
利益相关者	一维的"生产者—顾客"关系	多维度层面的关系（其中包括出资者、委托人、生产者、服务对象）

六　理论构想：以效果为导向构建高职院校教学评价体系

鉴于高职院校教学评价实践中存在的问题与困顿，本研究提出变革教学评价的系列设想。

（一）以教学评价的主导价值引导教学评价制度设计

叶澜指出："导致我国教育危机的一个重要原因是我国教育价值取向上的偏差，即政府的教育决策中历来只强调教育的社会工具价值，忽视教育在培养个性、促进人的发展方面的价值。"[①] 高职院校必须明晰高职院校教学评价的主导价值是促进教师专业化发展和学生有效学习，其次才是辅助学校决策和提高管理效率。如果以教学评价的管理价值至上，把教学评价视为"指挥劳动"和"监督劳动"的工具，就会主辅倒置。教学评价制度应当按照教育内部发展逻辑，遵循教学基本规律来规范、引导教学行为，评判教学效果，促进教

---

① 叶澜：《试论当代中国教育价值取向之偏差》，《教育研究》1998 年第 8 期。

学质量和水平大幅提高，促进教学专业可持续发展，指导教师专业化发展。

（二）以效果为导向构建高职院校教学评价标准体系

"产出"与"效果"常常被混淆，甚至有人声称，效果是非营利性组织以公益性或慈善为目的制造出的产品。然而，组织的产品并不是由效果构成。效果实际是产出带来的结果[①]。在可持续发展为内涵的质量观引导下，"效果"成为质量评价的重要标准，并被运用于社会生活的各个领域。国际质量评价的理论和实践中，"效果"通常采用效率、效益、有效性、影响力、可持续性等指标去衡量。与一维的"生产者—顾客"关系相比较，效果导向的教学质量评价则是从结构—过程—行为、计划性和非计划性、有利性和不利性三个维度对教学进行的立体评价[②]。高职院校可以教学投入、教学活动、教学结果、教学成效、对学校及社会的影响所形成的"效果链"为逻辑框架，整体构建教学评价的标准体系（见图7-2）。

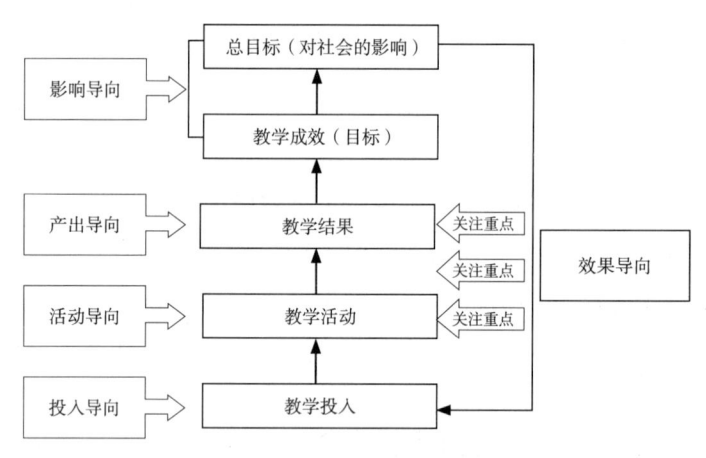

图7-2 以效果为导向的高职院校教学评价体系

---

① [德]赖因哈德·施托克曼：《非营利机构的评估和质量改进》，唐以志、景艳燕等译，中国社会科学出版社2008年版，第103页。
② 唐以志：《关于以效果为导向构建职业教育质量评价标准的思考》，《中国职业技术教育》2016年第6期。

第七章　职业院校教学质量评价与标准研究

1. 教学投入

即教学活动所需的资源，包括物质资源、经费资源和教学资源。教学资源的投入主要分为教的素材、学的素材、评价的素材，具体表现形式有课件、教案、测评表、视频、文档、图书、网络文献，等等。

2. 教学活动

即教师为了实现预期的教学目标，通过形式、方法的组织和设计，通过对教学资源的有效配置，将投入转化为一组相互关联、相互作用的活动。

3. 教学结果

教学结果既可以是有形的物质、能量、信息，如学生的作业、作品或产品，也可以是无形的，如学生的品德、职业精神、学习兴趣、团结协作等精神层面的东西。

4. 教学成效

宏观的教学成效体现在对受教育者、对学校及社会等利益相关方发展需求的满足，而微观的教学成效体现在教学给学生带来的结果和潜在变化，即教学本身达到了预期目标，实现了"有效教学"。

（三）把"有效教学"内容纳入教学评价的指标体系

效果导向的教学评价其终极目标是促进"有效教学"。在可持续发展质量观及第四代评价理论引导下，教学评价不仅仅是辅助学校管理的工具和手段，也是兼顾多元主体的价值诉求共同实现"有效教学"的重要路径。"有效教学"可以通过以下具体内容体现在教学评价指标体系中。[①]

教师是否具有清晰的表达能力；教学方法是否灵活；教师是否具有极大的教学热情；教学目标与任务是否一致与协调；教学是否能够引起学生学习兴趣；课堂教学氛围是否活跃；积极、合适的评价是否能促进教师、学生的发展与学习；教师对学生的期望如何；课堂教学

---

① 任艳红：《高校教学评价制度的反思与重构》，博士学位论文，陕西师范大学，2011年，第93页。

管理效果是否有效；教学中是否强调问题的解决；教师、学生是否善于提问；教师是否具有良好的个人品质；等等。

第二节　中等职业学校教学质量评价标准

中等职业教育是否能够适应经济社会发展的需要、受到社会欢迎，主要取决于学校毕业生的质量，所以如何在扩大招生规模的同时，认真抓好人才培养质量，是摆在各级教育行政部门和学校领导面前应该认真考虑的重要问题。2014年以来，我国教育部就中等职业教育教学质量提出了加强管理与改革评价机制的要求。本书就以效果为导向的中职学校教育教学质量监控与评价机制进行一些探讨，在微观层面开展案例研究与分析。

一　研究背景

（一）问题认识

研究中等职业学校教学质量监控和评价体系，首先必须认清几个最为基本的问题。

1. 中等职业学校教育教学"质量"如何体现？

目前国际上最为通用的质量定义，是美国质量管理学会所称的，"某种产品和服务满足需求程度的特征和特性的总和"[①]。就中等职业学校教育教学来讲，其质量主要体现在两个层面：一是满足学生个人需求的程度，即中等职业学校的专业设置、师资水平等，满足受教育

---

① 转引自黄秋明、王正等《学校教学质量监控与评价体系研究》，《职业技术教育》2003年第1期。

者求学和就业需求以及可持续发展需求的程度；二是满足经济社会需求的程度，即中等职业学校的教学内容、教学大纲、课程安排、教学过程等，满足用人单位的需求以及中等职业学校自身可持续发展需求的程度。因此，中等职业学校教育教学质量的核心内涵就是满足经济社会和学生个人发展的双重需求。而要同时满足这两个层面的需求，必须从中等职业学校具体的专业建设、课程开发、教学过程以及资源管理等方面的特征和特性着手，注重自然状态下进行的教育教学质量监控与评价。

2. 中等职业学校进行质量监控和评价的方式方法

从国际比较的角度来看，国外较为典型的职业教育教学质量监控与评价方式，一般是采用国家职业资格认证考试来进行。如澳大利亚的技术与继续教育体系，就是通过职业技能的等级认证来进行质量监控与评价，其所有课程均经过行业协会注册，因此毕业生可直接取得就业资格。

就教育教学质量监控的主体来讲，国外可供借鉴的经验，一般是教育的投资者与学校共同成为质量监控与评价的主体。如澳大利亚技术与继续教育是由政府投资的，其监控与评价由政府委托行业协会通过技能等级认证来进行；德国"双元制"职业教育的投资主体是政府和雇主，由雇主集团委托行业协会对企业方的职业培训质量进行监控与评价，由政府重点对中等职业学校的教育教学质量进行监控和评价。而发达国家较为典型的中等职业类学校，也是在教育投资方的监管下运行的，加上有完善的职业资格证书制度的保障，一般都能够切实担负起对教育对象的责任。

由此可见，中等职业教育教学质量监控与评价体系可以分为三个彼此相关又相对独立的层次：政府—社会和企业—学校。其中，以学校自我监控为核心，以政府监控为指导，以社会和企业监控为评价依据。但是，我国行业企业参与中等职业教育办学的动力不足、力度不大，技能考核和国家职业资格证书制度尚待完善，无法对职业教育教学质量进行严格、科学的评价和监控，因此，我国中等职业教育质量监控和评价在很大程度上取决于学校领导对教育教学工作的责任心及学校自我监控的核心作用。

（二）实践现状

建立健全教育教学质量监控与评价体系，是推动我国中职教育健康发展的保障。目前，教育部职业教育与成人教育司已建立行业职业教育教学指导委员会等组织，并于2010年4月制定了具有指导意义的专业目录，并每五年修订一次，各地不断开展国家改革示范试验学校、省市示范学校的创建评估，逐步建立中职学校质量年度报告制度等。从各地中职学校的具体实践来看，中职教育教学质量的监控和评价体现出形式多样、方法多元、手段综合的基本特点。

我国中等职业学校教育教学质量监控与评价的实践主要表现在以下两个方面。

一方面，1999年以来，教育部按照"以评促建、以评促改、以评促管、评建结合、重在建设"的原则，对全国所有中职学校进行了一次水平评估。2003年以来安徽省教育厅开展的国家级重点职业学校评估、省级示范职业学校评估，在评估方案中力求体现中职教育的特有规律，反映现阶段我国中职教育改革的基本经验与发展趋势，并鼓励学校从实际出发办出特色。从目前评估的情况来看，确实在很大程度上起到了加强国家观管理与指导、促使主管部门重视和支持人才培养工作、促进学校提高教育质量和办学效益的目的。

另一方面，全国各地中职学校在教育教学活动中自行开展质量监控与评价的实践，主要通过以下几种形式进行。

1. 听课制度

主要是由有关领导、教学管理部门、教研组、骨干教师组成听课小组，进行听课、评课等活动。主要目的是对青年教师、新聘任教师开展教学评价，帮助青年教师提高教学业务，纠正不规范的教学行为和习惯，较快地适应岗位、熟悉业务、进入角色；开展公开课、教学观摩等活动，引领提高教学质量。

2. 督导制度

一般由学校选调经验丰富的教师（主要是离退休领导和老教师）组成教学质量督导组，由分管教学的副校长负责，以抽查听课形式，检查教师教学质量。督导制度具有专家指导监督的性质，专业对口的专家和教学管理专业人员的结合是督导队伍的基本特征。督导员的专业权威和管理权责，以及客观中立的地位，对教学质量往往能有比较中肯切实的评价。学校还实行教师"帮带"，在教师间借鉴学徒制形式，由一名老教师带一名或几名新教师，听课指导与帮教，充分发挥老教师的引导和示范作用，突出督导和监控功能，在实践中取得了良好的效果。

3. 教学检查制度

一是对各教学部门执行教学文件、落实学校规章制度情况进行检查；二是由教务处提出教学检查意见，对教师教学工作各环节情况进行阶段检查。检查一般在期中进行，检查结束后，写出书面总结，将监控和评价的结果及时反馈到教务处和主管副校长。这是目前各中职学校进行教育教学质量监控和评价的主要形式之一。

4. 学生评教制度

一般由教务处组织实施，采用问卷调查、学生座谈会、给教师打分等方式，让学生对教师的教学态度、业务水平、教学方法、教育手段、育人方法、教学效果等进行评价。这一制度体现了"以人为本、为学生服务"的思想。在评价中反映学生的学习需求和对教学的满意程度，使评价更为客观，也能借以提高学生的学习自觉性和主动性。让学生充分参与教学过程的管理，这也有利于学生主体性意识的培养。

5. 其他质量评价

根据上级教育教学管理部门及学校实际开展的重点专业建设、课程建设阶段检查等质量评价工作，这一类评价通常采用实践（实习、实训）教学内容及学生技能竞赛、教学会考检测等方式进行。学校可以建立"专业指导工作委员会"，由产业行业专家、校外或外校有关学者和本学校负责人组成，自始至终地深度参与和指导整个专业教育教学的全过程，并对学校新专业的开设、专业定位、培养目标与规格、人才培养计划、课程体系、授课质量、师资水平、教学条件、实验实训条件、教学改革与研究、教学管理、教材选用与建设等进行全面考察与评估，提出意见并及时反馈给学校。

二 中等职业学校教学质量监控和评价体系的构建

质量是相对于培养目标而言的，培养目标不同，其质量标准也应该有所不同。就质量监控与评价来说，应该针对不同的需要、不同的目的，设计不同的质量监控与评价体系。本节所设计的监控与评价体系，其特点是强调让学校充分发挥自我监控的核心作用，是一套在日常教育教学活动的自然状态下对质量进行自我诊断和预警的系统。

（一）质量监控和评价体系构建的理念

职业教育教学质量监控与评价的体系，应该是一个内部具有高度规范性、外部具有广泛适应性的框架结构。内部的规范是外部应变的保证，而外部的适应又是内部规范的基础。

职业学校质量监控与评价体系的内部结构，是强调在日常教育教学的自然状态下，对与教育教学质量直接相关的专业建设、课程开发、教学过程和资源管理四个方面进行逐项分类的诊断，在此基础上对某些出现异动数值的指标项目作出预警，从而构建起学校常态运行下的教育教学质量保障系统。它的功能就是通过质量诊断和预警，提高学校的自我调整和自我完善的能力。

1. 以就业为导向的专业建设

职业学校的专业建设，在教育教学质量监控与评价体系中占有特别重要的地位。当前各地职业学校在发展中面临的一个突出问题，正是由于在专业建设的首要环节即专业设置方面缺乏科学性和适应性，导致整个教育教学与市场的实际需要脱节，结果造成毕业生的就业困难。

事实上，就业导向应当是职业教育自始至终都必须坚持的基本原则，而由于专业建设在其整个教育教学全过程中处于首当其冲的重要地位，我们更加强调在教育教学的自然运行中进行质量监控与评价时，首先就要判断学校在专业建设方面是否坚持了就业导向的原则，以免对后续的一系列教育教学工作造成误导。如果在常态诊断中发现专业设置、专业实施、专业考核中的某一环节出现异动，则应及时作出预警，以便决策部门采取措施尽快解决。

2. 强调多元整合的课程开发

课程，是教育教学活动的核心，是将宏观的教育理论与微观的教学实践联系起来的一座桥梁。当以就业为导向的专业建设完成以后，课程目标就有了明确的专业定向，这时课程开发工作就必须紧紧跟上。

所谓课程开发，是指产生一个完整课程方案的全过程，而课程方案则是学校确定教育教学内容和组织实施的具体操作计划，是教学计划、教学大纲、教材的总和。就中职教育的课程开发而言，由于其技能型人才的特定培养目标，将普通教育学科本位课程模式照搬过来显然是不合适的。从发达国家的成功经验来看，中职教育的课程模式非常复杂，课程开发从内容到结构等方面也存在多种方式。因此，采用任何单一的主体课程模式，无论是"学科本位"还是"能力本位"，都不可能产生共适性的效果。

3. 坚持以人为本的教学过程

中职教育由课程开发到教学过程，关键的一点是要改变传统教育中单纯将学生作为教学管理对象的做法。学校应当注重以学生为本，要从根本上调动学生的学习积极性，激发学生的学习热情，变被动学习为主动学习，培养其就业和创业的能力和素质。因此，在从招生入学到毕业就业的整个教学过程中，必须强调以人为本的思想，坚持以学生的全面发展和充分发展为基础，变管理学生为服务于学生。例如，尊重不同学生的特点和爱好，针对不同的需要组织各具特色的教学过程，通过教学管理制度的改革，采取学分制等弹性学制和模块化的组合形式，安排阶段化进程和实现学习者的个性化，使得不同基础的学生最终能够达到统一的毕业生质量标准。

总之,要努力促进理论知识与职业技能、职前培训与职后进修、学习领域与工作领域之间的沟通,推进学历文凭与非学历培训以及相关职业岗位工作经历的互认制度的建立,鼓励采用非连续学程、终身培训、终身学习的新型教学模式,让学生根据自身特长与需求,自主设计学习方向、内容、进程,实现个性化的主动学习。

4.软件建设与硬件建设相结合的资源管理

中职教育教学既要强调过程管理,也应注重资源管理。对资源管理的监控与评价,是从更加广泛的角度对可能影响教育教学质量的因素进行诊断,是贯穿于整个质量监控与评价过程之中的重要方面。所谓资源条件包括软件资源和硬件资源,具体可分为人、财、物三个方面。其中,人的资源主要是指师资队伍状况,财、物两方面的资源主要是指经费和设备。这些资源是直接服务于教育教学活动而产生效益的,因此对于教育教学的质量也有着直接的影响。

应该看到,职业学校在各具体资源条件的准备方面,是不可能完全同步的,甚至有可能软、硬件两个方面的建设出现相互背离的情况。我们在以往的调研中就发现过这样的情况:有的学校由于学生报考专业热门,或拥有一些掌握数控技术教学能力的师资而开设了数控技术应用专业,但在硬件上不愿为这一设备昂贵的专业投资,结果连一台数控机床都没有配置,而且在组织学生去专业机构培训的安排上也往往很难落实,严重影响了专业教学质量。所以,职业学校在资源管理方面一定要坚持"软硬结合",强调"两手抓",才能满足保证教育教学质量的基本条件。如果某一资源方面的项目指标超过预设的一定范围,应及时作出预警。

以上职业学校系统内部的四大规范,是由职业教育自身的特点所决定的,"专业建设—课程开发—教学过程—资源管理"这一流程,覆盖了职业教育教学的全过程及其相关的环节和步骤。

从整体上看,内部组织与外部环境,即可组成一个外圆内方形结构,形成一个完整的质量监控与评价体系框架。学校内部日常教育教学自然状态下的质量监控与评价，必须努力去适应它的外部环境条件。而这种对外部环境的适应，只有靠内部组织的规范才能实现。由专业建设、课程开发、教学过程、资源管理四大规范所组成的校内组织质量诊断和预警系统，正是学校内部教育教学质量监控与评价规范化的保证。"没有规矩，不成方圆"，强调规范正是为了更好地适应。这种结构框架，可以说是职业教育教学在质量监控方面实现内部组织与外部环境的有机结合，形成辩证统一的结构体系的一大特色。

（二）质量监控和评价标准的构建

1.专业建设监控和评价标准

职业教育的专业建设应坚持以就业为导向的原则来展开，质量监控与评价的对象主要包括专业设置、专业实施和专业考核三个部分，这三个部分相互联系又各自独立。

（1）专业设置监控与评价的标准维度。专业是中职学校与社会接轨的接口，因此如何根据社会发展不断变化的需求进行专业设置，是专业建设面临的首要问题。虽然从严格的意义上说，专业设置本身并不属于教学领域的问题，但如果专业设置出了偏差，后续的一系列其他教学环节即便再做出超常的努力，也往往无济于事。因此，我们在这里把专业设置作为整个中职教育教学过程的首要环节来考虑。一般来讲，对中职教育的专业设置起决定性作用的因素主要是社会需求和资源条件。其中，社会需求包括就业市场的经济需求和学生家长的就学需求两个方面，资源条件则可分为软件资源和硬件资源两大部分，由就业办、招生办、教科室、教务处、实训处等分别对社会需求和资源条件进行调研和分析，在此基础上，确定相应的预警指标和标准维度。

第一，经济需求。即某一专业满足行业企业等社会用人单位的人才需求程度。就业办、招生办、教科室每学年必须开展专业设置与调整调研。例如，当有1/3及以上的相关用人单位表示不需要此专业时，需要及时向分管副校长汇报预警。

第二，就学需求。即学生及其家长对某一专业的认可及就读取向。招生办每学年对考生填报志愿情况进行统计后排序，如第一志愿填报人数少于专业计划招生数的专业，应及时向分管副校长汇报预警。

第三，软件资源。包括专业师资、课程、管理等。教科室、教务处需要对专业师资和课程建设情况进行调查统计，当专业师资数量或质量不能满足专业设置的要求、课程或管理水平比较落后时，需要及时向分管副校长汇报预警。

第四，硬件资源。包括各种各样的教学设备和设施等。教务处、实训处需要对专业设置所需的教学设备和设施进行监控和评估，当有1/3设备设施的数量或先进程度达不到专业设置要求，则需要及时向分管副校长汇报预警。

（2）专业实施监控与评价的标准维度。对某一专业的实施进行监控和评价，主要包括以下六个标准维度。

第一，教学目标。当专业教学目标与人才培养目标发生偏离，人才培养的类型规格不符合专业要求时，应及时向分管副校长汇报预警。

第二，教学计划。当教学计划的制订与专业教学目标发生偏离，如实践性教学课时的比例偏低时，须及时向分管副校长汇报预警。

第三，师资配备。在专业实施过程中，当专业教师和实习实训教师的数量和能力水平低于专业设置标准时，应及时向分管副校长汇报预警。

第四，实训设施。在专业实施过程中，当生均实验实训设施占有率和使用率低于专业设置标准时，应及时向分管副校长汇报预警。

第五，课程标准。当课程标准制订的工作程序、原则等不适应专业需求时，如没有及时引入行业标准或职业资格鉴定标准等，要及时向分管副校长汇报预警。

第六，重点专业。当重点专业学校配套的资金投入总量少于一定比例（如80%）时，要及时预警；当重点专业按计划实施的各项主要工作中出现未通过年度考核的现象时，要及时向分管副校长汇报预警。

（3）专业考核监控与评价的标准维度。对某一专业的考核，按考核因素可分为社会满意度、学生满意度和政府主管部门满意度三个标准维度。

第一，社会满意度。指用人单位对该专业毕业生在工作态度、操作技能、知识掌握、解决问题等方面的满意程度。由就业办负责，每学年对以往毕业生工作情况进行追踪调查，当1/4的用人单位对毕业生各方面指标评价较低时，则应该及时向分管副校长报告预警。

第二，学生满意度。指某一专业的在校生和毕业生对本专业的评价。由教务处负责，每学年组织教师对在校生和毕业生进行问卷调查，当有1/3以上的学生表示对本专业不满意时，需要及时向分管副校长报告预警。

第三，政府主管部门满意度。指政府主管部门对相应专业的评价。当某专业在政府主管部门或由其委托的专门机构对学校举办的各类专业进行系统评价时，有一项二级指标或两项三级指标需较大整改时，则应及时向分管副校长报告预警。

2.课程开发监控与评价标准（指标）

课程开发监控与评价的对象主要包括教学计划、教学大纲和教材，这三者的总和一般统称为课程方案（见图7-3）。根据知识、技能、态度三要素中各个成分的多重、多种综合，选择有价值的中职课程内容，构建模块化、综合化、阶段化、柔性化与个性化相结合的中职课程结构。这样形成的课程方案，实际上就是多元整合课程模式在一个专业中的体现，是落实专业培养目标的具体计划，亦即根据该专业的培养目标将课程内容和进程在时间和空间上整合起来的方式。

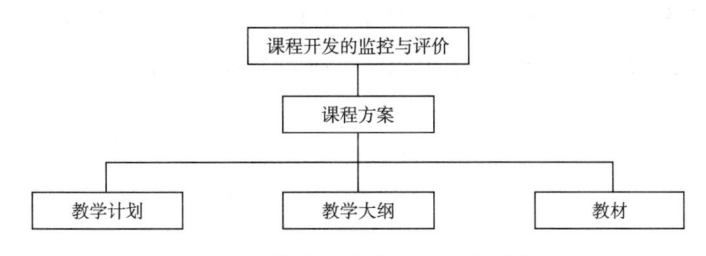

图7-3 课程开发监控与评价对象

在整个课程方案中，教学计划和教学大纲涉及课程开发的宏观发展方向和实际应用性，因此对其实施监控应由课程理论方面的专家、学校相关学科的教师、部分行业专家三方评价人员所组成。

（1）教学计划的预警机制。教学计划的监控重点，是知识和能力等指标。在由上述三方评价人员组成的专家组中，如果有40%以上的人员认为课程内容达不到知识目标的要求，该课程的设置应以预警；有40%以上的人员认为课程内容达不到能力目标的要求，也应以预警。

（2）教学大纲的预警机制。教学大纲的监控重点，是教学内容适切度、深度、广度等指标。如果专家组中有40%以上的人员认为课程内容达不到教学目的要求，应以预警；有40%以上的人员认为课程的深度和广度不够，也应以预警。

（3）教材的预警机制。教材的监控和评价因素主要包括教材的时效性、规格、创新性、先进性和学生的满意度等指标。而监控的重点是教材的时效性、规格和创新性等。

目前，中职学校教材中的一个突出问题是使用教材随意，缺乏实用性和合理性，影响学校的教育教学质量。教务部门要进行监管，教材管理员每学期期末应及时上报所有教材出版年份、库存情况的统计报表给校级领导，由校方决定整改处理措施。

3.教学过程监控与评价标准维度

本书所指的教学过程是广义的总体教学过程，重点突出"以人为本"的教学理念。其监控与评价体系包括生源情况、教学管理和毕业就业的整个流程（见图7-4），主要由招生环节、日常教学工作环节和毕业环节组成，分别由学校的招生办、教务处、就业办分别负责。

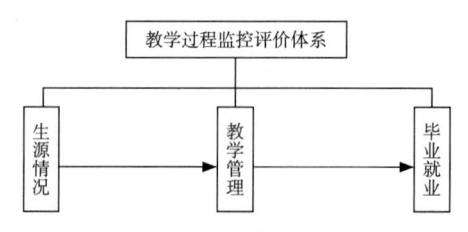

图7-4 教学过程监控与评价体系

第七章　职业院校教学质量评价与标准研究

（1）生源监控和评价标准维度。对生源的监控主要可以从以下几个方面进行。

第一，招生规模的监控和预警。当总体招生人数或某一专业招生人数低于招生计划数，招生部门需要分析各种因素，并就有关学校内部问题予以报告。

第二，横向情况比较：入学新生的数量、来源、能力等情况连续几年低于本地区同类学校，应及时预警。

第三，纵向情况比较：将入学新生与历年来的数量、来源、能力等情况进行比较，及时进行质量预警。

这一任务主要由学校招生办负责实施，学校招生办应在每次招生工作完成后及时向校领导汇报，以便制定相应对策措施，提高生源质量，改善学校教学质量和整体形象。

（2）教学管理监控标准维度。教学与管理的监控重点是学生学习情况、教师授课情况、学生违纪情况，以及学校的教学管理制度。

第一，学生学习情况。对职业学校学生学业成绩的监控是实施学习质量监控的重点。对学业成绩的监控包括对理论课程学习质量的监控和对实践课程学习质量的监控（见图7-5）。

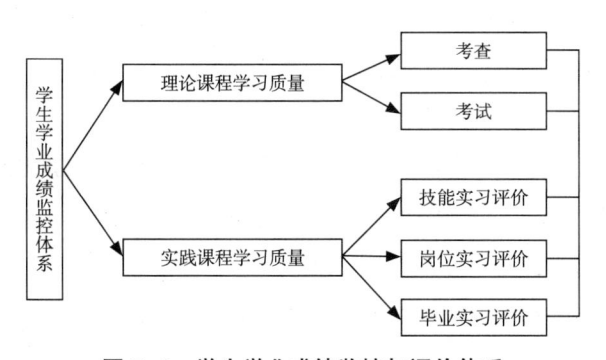

图7-5　学生学业成绩监控与评价体系

一是理论课程学习质量的监控。主要通过考查和考试建立起学生学业成绩的预警机制。平时考查两次出现有30%以上的学生不合格，应预警；学校组织的期中、期末考试两次出现有20%以上的学生不合格，应预警。此项统计工作由教务部门和教研科室负责，同时教务部门要及时把学业考试情况汇报给校长，以便学校分析原因，总结经验，根据实际情况有针对性地进行调整和改进。

二是实践课程学习质量的监控。主要通过专业技能实习、岗位实习或毕业实习实施监控。与理论课程相比，技能课程的一个显著特点是具有分散性和流动性，学生实习往往不是同一时间聚集在同一个地方由同一个教师教学。因此除一般的技能考试外，"出勤率"是对技能课程学习质量实施监控的重要指标。应建立起学生"出勤率"的预警机制：学生在实习期间三天缺勤应及时预警；另外，对学生技能考试情况也应建立相应的预警机制，技能考试达不到一定标准（如一次通过率不到70%）应预警。这项工作由实训处、教务处、政教处、就业办等部门或企业有关部门共同负责实施。

第二，教师授课情况。对授课情况的监控分课堂教学的监控和实践教学的监控。

一是课堂教学的监控。在课前，当出现有教师教学资料准备不充分（如缺教案、缺授课计划等）时，应及时预警；在上课时，当出现有教师授课内容或进度不符计划、教学方法一味灌输、不使用信息技术手段等，应及时预警；在课后，发现缺少辅导或执行不到位，作业批改量不足总量的一半或马虎潦草无评语或不作集体讲评等，应预警。这项工作由教务处负责实施，学生配合进行。

二是实践教学的监控。在实践环节中，由于一般的教学组织比较松散，因此对教师的出勤情况考核可作为监控的重要指标。在实践教学期间，当教师缺岗或迟到、中途离岗，应及时预警，这项工作由学校实训处、教务处、就业办配合相关实习企业的有关负责人共同实施监管。

第三，学生违纪情况。以人为本，为学生的发展服务，不仅对学生的学业成绩要进行监控，而且对学生的日常行为也要进行监控，这也直接关系到学校的形象和声誉。对此，建立学生日常行为档案，是实施对学生日常行为监控的重要手段。学生日常行为档案主要记录学生违反校纪校规等的情况，并应建立相应的预警机制。例如，当学生违纪次数累计达到 3 次时，对该学生应以警告处分。建立档案和记录主要由政教处负责，当需要实施纪律制裁时，由政教处及时上报学校，由学校最后裁决。

第四，教学管理制度。中职学校的教学管理制度要体现以人为本的思想，必然要顺应建立现代终身教育体系的发展要求实行弹性学习制度，而弹性学习制度最主要的标志就是学分制。

（3）毕业就业监控。中职教育就业导向的基本特征，决定了其教学过程的以人为本最终必须体现在为学生就业服务上。学生毕业和就业情况的重点监控目标是学生各类资格证书的获得情况和就业率。

第一，对资格证书的监控。对资格证书的监控主要包括对本专业技能的监控。在专业资格证书方面，中职学校应对每一专业资格证书的获得作出要求，这样既有利于提高学校整体的教育教学质量，也有利于提高学生自身的技能水平和就业竞争力。同时，要制定各专业资格证书获得的预警机制，例如某个专业的学生中，获得专业资格证书者所占比重连续几年（如两年）呈下降趋势，应及时预警。由实训处、教务部门共同负责对职业资格证书的监控。

第二，就业率。就业率是反映一所学校办学成功与否的重要标志。对就业率实施监控是学校发展的重要前提和举措。对此应有效建立就业率的预警机制：就业岗位稳定率连续两年低于所在地区同类学校就业率的平均水平，应以预警。同时要对各个专业进行具体的比较分析，设置专业预警系统。这项工作原则上由学校就业办负责，同时，就业办应及时把每年的就业情况和市场动向等向校长汇报，以便校长组织人员调整专业和课程设置、更新教材、开发新的企业合作伙伴等。

4.资源管理监控与评价标准维度

（1）师资队伍。对师资队伍的监控与评价体系主要包括三个方面：一是监控与评价的主体，由人事、教务、科研部门构成。二是监控与评价指标，由五类监控指标组成：人事部门主要对师资流动情况进行监控，科研部门对师资教（科）研与培训情况进行监控，教务部门主要负责对教学水平和课堂教学业务与教学事故进行监控。三是监控与评价的反馈，主要由分管副校长负责，在人事、教务、科研等部门提供的监控报告基础上，由分管副校长对预警结果进行分析并将整改决策反馈到上述各个主管部门。师资队伍监控具体内容主要包括：

第一，师资流动监控。主要是对骨干教师的流动进行预警，由学校人事部门负责，每年对骨干教师的流动情况进行一次统计分析，当骨干教师流出大于流入，或当骨干人员流出申请比例超过一定标准（如5%）时，应及时预警。

第二，专职师资监控。教师数量的监控主要是对师生比数量进行监控，当师生比低于教育部规定的标准时，需及时预警；师资质量监控指标主要由教师的学历构成、年龄构成、技能构成等组成，由学校人事、科研、教务部门在教师流动时进行统计，每年一次。当35周岁以下青年教师比例超出一定的范围（如降到15%以下，或高于30%）时，应预警；教师队伍中，高、中、初级职称比例达不到要求时，应预警；专业基础课和专业课中"双师型"教师比例不到50%，应预警。

第三，师资培训监控。本年度教师参加各类培训进修活动的人数和考核情况，应作为师资培训监控的重要内容。当学校投入的教师培训专项经费少于一定数额（如人均500元以下），或每学期文凭、证书获取率情况与以往相比有明显的下滑趋势，或培训后的教师岗位变动大于一定比例（如20%）时，人事、科研、教务部门就要做出仔细的分析，说明原因，发现任何异常情况就要向学校教学质量监控与评价部门作出预警报告。

第四，师资奖惩监控。学校行政部门应对教师校外各类奖励或获奖情况进行及时的统计，当累计一学年的成果数量明显低于上一年（如不足上一年的80%）时，应及时预警，并要采取相应的激励措施；在教学过程中，当累计各级教学事故（包括一级、二级和三级）达到一定次数（如3次）时，学校教务部门应及时预警，并配合校方采取必要的改进措施。

（2）经费状况。对学校经费的监控，主要包括对财政拨款、专项经费、科研与开发项目、社会资助和学生学费等维度的监控。

第一，对财政拨款的监控。当本年度的财政拨款经费总额比上一年有明显下降（如下降10%）时，应预警。这项工作主要由总务处负责。

第二，对专项经费的监控。当本年度专项建设项目总数或经费总额（指学校申请后获上级主管部门批准立项和拨款的部分）有明显下降（如下降10%）时，应预警。这项工作主要由财务处、教务处和实训处、教科室共同负责。

第三，对科研与开发项目的监控。当学校承接的纵向、横向科研与开发项目总数或课题研究及开发经费总额，与上一年相比呈明显下降趋势；当教师教科研参评、发表论文、编辑教材等的数量和质量与上一年相比呈明显下降趋势，科研部门应及时提出预警。

第四，对社会资助的监控。当社会、企业、团体和个人赞助的专项经费、设备、奖学金和奖教金等预算外资金比上一年有明显下降（如下降20%）时，应及时预警。这项工作主要由校办和财务部门负责。

第五，对学生学费的监控。学校办学经费部分来源于学生缴纳的学费。因此学费的收缴情况，也将直接影响学校的办学条件和教学质量。学生的家庭经济状况势必影响到学校学费收缴问题，因此应建立学费收缴的监控和预警机制：超过20%的学生未上交应交的全部学费，应以预警。这项监控工作由财务部门主要负责实施，最后由校一级领导作出相应的应对措施。

（3）设备条件。实施对设备条件的监控与评价，是保证学校教育教学质量和学校特色的重要前提。监控的重点是校内实验实训条件、校外实训基地、教学及辅助用房、学生人均教学资源占有量等。

第一，对校内实验实训条件的监控。各专业都必须具有必要的实验实训条件。当出现某一专业缺乏必要的实验实训条件时，教务、实训部门应及时预警。

第二，对校外实训基地的监控。学校的主干专业和其他大部分专业应有稳定的校外实训基地。当某专业校外实训基地发生变故时，学校教务部门应及时预警。

第三，对教学及辅助用房的监控。教学及辅助用房要符合国家有关规定。当生均建筑总面积和校舍建筑面积将低于教育部公布的限制招生黄牌标准时，教务部门应提前预警。

第四，对学生人均教学资源占有量的监控。根据中职教育人才培养工作评估指标的规定，当生师比超过 20:1、生均教学仪器设备值达不到要求时，学校教务部门要及时提出预警。

三　构建质量监控和评价体系的若干建议

在我国中职学校教育教学质量监控与评价中，政府、社会、学校应该成为三个彼此相关又相对独立的主体。其中，政府是引导，社会是评价依据，学校自我监控具有核心地位。

（一）微观层面

建议推进中职学校建立教育教学质量的诊断和预警系统，加强自然常态下的过程监控。作为基层的教育教学实施者，每一所学校都要强化以自我监控为核心的意识，建立起自己的质量诊断和预警系统，对教育教学的全过程进行全面的监控与评价。

1. 建立职业学校质量诊断和预警系统

在参加国家省市水平评估的同时，积极推行学校自然状态下的质量诊断和预警系统。

（1）制定与职业教育教学质量监控与评价的"质量诊断和预警系统"配套的激励措施，鼓励学校推行质量诊断和预警。

（2）集中一部分财力，重点支持职业学校推行质量诊断和预警系统，使它们以更加积极的方式提高自我诊断的质量。

2. 为职业学校教育教学质量监控与评价提供技术支持

（1）建议开发教育教学质量诊断和预警系统软件。

第七章 职业院校教学质量评价与标准研究

（2）组织开展"教育教学质量监控与评价"及"质量诊断和预警"专题培训。

3.完善职业学校教育教学质量监控与评价组织机构

（1）建立学校质量监控与评价组织机构，由分管副校长和各科室主任分别主持，明确各职能部门在日常监控中的职责和功能，一旦发现问题，及时发出预警信号。

（2）在学校设立质量考核小组，负责教育教学质量监控与评价的日常工作。

（3）组织宣传，引导中职学校将眼光转向教育教学质量的提高，使它们有效地改变其办学策略，加强质量第一的意识。

（二）中观层面

建议强化社会尤其是行业企业对中职教育监控与评价的主体作用，重视教育教学质量的结果评价。行业（企业）是中职教育质量监控与评价的主导者。要大力加强以就业为导向的宣传工作，加强社会职业指导和个人发展咨询工作，努力调节经济需求与大众需求之间出现的错位。

1.积极实行毕业生就业情况公布制度

逐步推行中职毕业生就业情况的公布制度，使社会能够全面而及时地了解和掌握，由此评判学校是否真正做到了就业导向，是否能够切实符合经济企业对于技能应用型人才的实际需求。

2.使用人单位成为教育教学质量评价的主体

（1）按照中职教育的规律和市场运作的规律，不断推进学校与行业企业的紧密结合，使用人单位作为教育教学质量评价的主体。

（2）通过对生产第一线学校毕业生的实际能力和工作表现的跟踪调查，深入了解毕业生质量，由此为今后教育教学质量的改善和提高提供客观依据。

3.部分专业课程或实践能力改由社会评价

（1）中职教育的部分专业课程或实践能力方面的要求，尤其是各类证书课程，例如上岗证书、特定行业的从业许可证书等，应直接通过社会上相关的职业资格考试和技能等级考试而获得。

（2）鼓励学校与相关部门结合，将部分专业课程或实践能力课程在劳动部门和行业组织进行认证，使毕业生在获得学历文凭的同时，能够取得国家职业资格证书，接受真正意义上的社会评价。

4. 强调产学研结合，深化校企联动

（1）学生毕业实习教学与企业开发项目相结合，与就业上岗相结合，根据实际生产岗位需要进行毕业实践教学。同时，在企业技术人员的指导下，中职学校教师配合开展毕业实习。毕业实习的考核由企业方面主持，由校企双方组成的答辩委员会共同进行。

（2）在双方互惠互利的基础上，不断提高校企合作的水平，建立双方互为依托的互动发展机制，逐步从生产经营和教育教学过程中的某些单项合作，转向双方深度介入的校企全面合作。

（3）深化校企联动，建立校企合作委员会，同时每个专业都要建立专业指导委员会，使整个教育教学的全过程都能紧密地依托行业和企业，使产学研结合成为实施中职教育教学的根本保证。

（三）宏观层面

建议设立"中职教育国家质量奖"，引领全国中职学校全面提高教育教学质量。鉴于中职教育的双重属性特征，既要突出它在高教领域中的职业教育特征，又要保证它在职教领域中的教育属性，因而对其教育教学质量的监控与评价必须具有更为广泛的体系，尤其是必须强化国家层面的宏观引导。为此，建议设立"中职教育国家质量奖"，经过若干年试运行后逐步纳入国家质量奖的评审体系，并与现有的中职学校水平合格评估和优秀评估方面的工作互为补充，共同构成一个更加完整的中职教育国家质量标准与教学评价体系，从而为广大中职学校朝着一个健康的方向持续发展起到引领的作用。

1. 强化国家层面对中职学校提高教育教学质量的引导

（1）建议参照加工制造、电子信息、交通运输、商贸旅游、财政金融等国民经济行业分类，制定一套分门类设置的中职教育"国家质量奖标准"。

（2）"国家质量奖标准"的制定，应以经济社会发展对中职教育教学的质量要求为基础，并参考相关报告的质量诊断和预警指标体系，注重在中职教育中坚持专业建设的就业导向、课程开发的多元整合、教学过程的以人为本，以及资源管理的软硬结合。

（3）"国家质量奖标准"不应单纯用于评奖活动，而应成为中职学校建立教育教学质量体系的有效工具，用以帮助学校提高质量效果，增进学校之间的交流，指导学校的规划与实施。

2.在更大范围内形成更为广泛的质量提升活动

（1）强化中职教育国家质量奖评奖过程的效果。国家质量奖每隔2年至3年评审一次，获奖者必须是办学质量突出的学校，其教育教学的观念先进、方法有效而且具有推广价值，其成果在国内同一门类学校中达到一流水平并且保持多年。同一门类获奖者每次不超过5个，可以自下而上分为金质奖、银质奖和提名奖，使能够获得该奖项真正成为中职学校的荣耀。

（2）鼓励获奖者使用他们已经获得的成果和荣誉，进行广告宣传和其他公开宣传，促进社会公众提高对中职教育国家质量奖的认识。

3.促进自我监控与评价，提高学校自我诊断教育教学质量的水平

（1）国家质量奖的标准是中职学校开展自我评估、争取评奖，以及获得反馈意见的基础。

（2）参照本研究的质量诊断和预警系统，为中职学校提供一种全新的自我监控与评价工具。

（3）任何一所中职学校在申请评奖时，都必须按照标准的要求，提供一份严格而规范的自我评估报告，报告的撰写过程亦是对学校系统的自我监控与评价过程。

总之，中等职业学校需要强调以效果为导向的职业教育质量，观念的转变与标准的研究需要基于以人为本的育人根本宗旨，在中等职业学校办学方向与办学水平的提升上做出成效，同时，应该注重以效果为导向的质量标准的研究。

附录　学生职业能力试测样题及评分标准
——以模具设计与制造专业为例

测试样题：零件加工——拉深凹模

情境描述

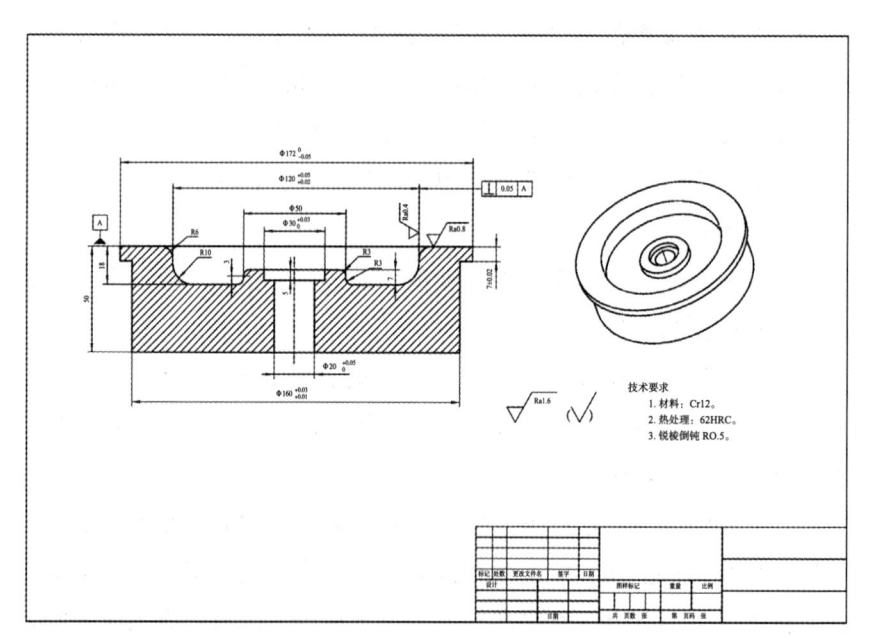

我校与某模具制造有限公司建立了产学研合作关系，该模具公司位于东北某城市工业园区，厂房面积约5000平方米，职工110人，

年产值约 5200 万元，有全套机械加工设备。该模具公司委托我校承接模具生产任务，请你利用学校条件，独立完成图中模具零件的机械加工，须在 3 天内完成。

任务要求

根据我校机械加工设备实际情况，按照现代企业管理规范，拟定该模具零件的机械加工工艺方案（包括选择机械加工设备、夹具及量具，确定该模具零件检验方案、创新点说明等）。

评分指标

（1）直观性/展示

解决方案所采用的表述方式，是否适合与委托方沟通？

对专业人员来说，是否恰当地表述了解决方案？

是否用图表的形式表述解决方案？

解决方案的层次结构是否分明？描述解决方案的条理是否清晰？

解决方案的表达方式是否符合专业规范要求？（从理论、实践、制图、数学和语言）

（2）功能性

解决方案是否满足功能性要求？

是否考虑到了"当前的先进技术水平"？

是否考虑到了解决方案的可实施性？

是否（从职业活动的角度）说明和解释了理由？

所表述和解释的方案是否正确？

（3）使用价值导向

解决方案是否能提供方便的保养和维修？

解决方案是否考虑到了使用的持久性和功能扩展的可能性，并陈述了理由？

解决方案中是否考虑到如何避免干扰并且说明了理由？

对于使用者来说，解决方案是否方便、易于使用？

对于委托方（客户）来说，解决方案的使用价值有多高？

（4）经济性

实施解决方案的成本是否较低？

时间与人员配置是否满足实施方案的要求并说明了理由？

是否考虑到投入与企业收益之间的关系并说明了理由？

是否考虑到后续成本并说明了理由？

是否考虑到实施方案过程（工作过程）的效率？

（5）工作过程导向和企业流程（经营过程）导向

解决方案是否适应企业的生产流程和组织结构的要求（包括自己企业和客户）？

解决方案是否以工作过程知识为基础（而不仅是书本知识）？

是否考虑到上游和下游的生产流程并说明了理由？

解决方案是否反映出与职业典型的工作过程相关的能力？

解决方案中是否考虑到超出本身的职业工作范围的内容？

（6）社会接受度

解决方案在多大程度上考虑到人性化的工作设计和工作组织设计方面的可能性？

是否考虑到健康保护方面的内容并说明了理由？

是否考虑到人体工程学方面的要求并说明了理由？

是否注意到工作安全和事故防范方面的规定与准则？

解决方案在多大程度上考虑到对社会造成的影响？

（7）环保性

是否考虑到环境保护方面的相关规定并说明了理由？

解决方案中是否考虑到所用材料是否符合环境可持续发展的要求？

解决方案在多大程度上考虑到环境友好的工作设计？

是否考虑到废物的回收和再利用并说明了理由？

是否注意到节能和提高能源利用效率的问题？

（8）创造性

解决方案是否包含超出问题解决空间的内容的想法？

是否形成一个既不寻常又有意义的解决方案？

解决方案是否显示出了设计（创新性）的质量？

解决方案是否显示出了对问题的敏感性？

解决方案中，是否充分利用了任务所提供的设计（创新性）空间？

参考文献

中文

（一）专著

[美]艾尔·巴比:《社会研究方法》(第十一版)，邱泽奇译，华夏出版社 2016 年版。

陈玉琨:《教育评估的理论和技术》，广东高等教育出版社 1987 年版。

陈玉琨:《教育评价学》，人民教育出版社 1999 年版。

高等职业院校人才培养工作评估研究课题组:《高等职业院校人才培养工作解读与问答》，高等教育出版社 2009 年版。

辜东连:《一体化课程教学改革——学生职业能力测评实证研究》，中国劳动社会保障出版社 2013 年版。

顾明远主编:《教育大辞典》(增订合订本)(上)，上海教育出版社 1998 年版。

国际学生评估项目中国上海项目组:《质量与公平:上海 2012 年国际学生评估项目(PISA)结果概要》，上海教育出版社 2014 年版。

[美]杰克·J.菲利普斯、罗恩·德鲁·斯通:《如何评估培训效果》，张少林等译，北京大学出版社 2007 年版。

姜蕙:《顺德现代职业教育发展研究》，华南理工大学出版社 2012 年版。

[美]康芒斯:《制度经济学》，于树生译，商务印书馆 2018 年版。

[德]赖因哈德·施托克曼:《非营利机构的评估与质量改进》，唐以志、景艳燕等译，中国社会科学出版社 2008 年版。

[德]赖因哈德·施托克曼、沃夫冈·梅耶:《评估学》，唐以志译，人

民出版社 2012 年版。

[德] 费利克斯·劳耐尔、赵志群、吉利:《职业能力与职业能力测评》,清华大学出版社 2010 年版。

李亚东、查正和、李钰:《中等职业教育评估指标模块化设计》,高等教育出版社 2012 年版。

李志军:《重大公共政策评估——理论、方法与实践》,中国发展出版社 2016 年版。

[加] 梁鹤年、Hok Lin Leung:《政策规划与评估方法》,丁进锋译,中国人民大学出版社 2009 年版。

刘晓、徐珍珍:《职业教育产学研一体化办学模式研究》,浙江大学出版社 2017 年版。

吕红、张扬群、李腾:《职业教育课程质量保障体系及实践研究》,外语教学与研究出版社 2019 年版。

吕红:《澳大利亚职业教育课程质量保障研究》,外语教学与研究出版社 2011 年版。

[美] 彼得·罗西、霍华德·费里曼、马克·李普希:《项目评估——方法与技术》,邱泽齐译,华夏出版社 2002 年版。

上海教育科学研究院、麦可斯研究院:《中国高等职业教育质量年度报告》,高等教育出版社 2014 年、2015 年、2016 年、2017 年、2018 年版。

[德] 斯蒂芬·沃依格特:《制度经济学》,史世伟等译,中国社会科学出版社 2016 年版。

孙善学:《职业教育分级制度理论与实践》,高等教育出版社 2018 年版。

唐晓青等:《制造企业质量信息管理系统实施技术》,国防工业出版社 2009 年版。

唐以志、文春帆、李志宏主编:《职业教育质量评估与保障的理论与实践》,高等教育出版社 2019 年版。

[美] 约瑟夫·M.朱兰、约瑟夫·A.德费欧:《朱兰质量手册》(第六版),焦叔斌等译,中国人民大学出版社 2014 年版。

张伟江:《教育评估标准汇编》,高等教育出版社2009年版。

赵志群、[德]Rauner,Feliz等:《职业能力测评方法手册》,高等教育出版社2018年版。

庄榕霞、赵志群:《职业院校学生职业能力测评的实证研究》,清华大学出版社2012年版。

(二)期刊论文

别敦荣、王严淞:《普及化高等教育理念及其实践要求》,《中国高教研究》2016年第4期。

别敦荣:《普及化高等教育的基本逻辑》,《中国高教研究》2016年第3期。

陈光、邢怀滨:《基于变革理论的科研项目全周期管理研究》,《中国科技论坛》2017年第3期。

陈静漪、宗晓华:《职业技术教育的质量评估:国际经验与趋势》,《职业技术教育》2011年第10期。

陈丽、沈欣忆、万芳怡、郑勤华:《"互联网+"时代的远程教育质量观定位》,《中国电化教育》2018年第1期。

陈明昆:《职业教育质量评价概说》,《中国职业技术教育》2010年第12期。

陈年友、周常青、吴祝平:《产教融合的内涵与实现途径》,《中国高校科技》2014年第8期。

陈岩:《国际教育质量标准及实践对我国的启示》,《中国劳动关系学院学报》2015年第29期。

陈忠根:《高等职业教育质量观及其价值取向研究》,《职业技术教育》2008年第10期。

程嘉辉:《高职专业结构与区域产业结构适应性研究——以广东省为例》,《广东交通职业技术学院学报》2012年第4期。

丁文利:《英国职业教育质量保障体系及其对我国的启示》,《教育与职业》2014年第20期。

房剑森:《高等教育质量观的发展与中国的选择》,《现代大学教育》

2002年第2期。

冯向东:《走出高等教育"适应论"意味着什么——对教育"适应论"讨论的反思》,《北京大学教育评论》2014年第4期。

高山艳:《职业教育质量评价指标的争议与追问》,《职教论坛》2014年第1期。

龚森:《福建高职教育专业结构与产业结构契合度实证研究》,《教育评论》2016年第11期。

关晶、李进:《现代职业教育体系研究的边界与维度》,《中国高教研究》2014年第1期。

郭平、田联进:《我国高等教育质量保障体系现状与对策建议》,《中国高教研究》2011年第12期。

郭扬、郭文富:《职业教育质量评价的政策需求与制度建设》,《中国职业技术教育》2015年第21期。

韩永强、王仙芝、南海:《职业教育专业结构与产业结构协同度测量》,《中国职业技术教育》2019年第11期。

和震:《建立现代职业教育治理体系 推动产教融合制度创新》,《中国职业技术教育》2014年第21期。

和震:《我国职业教育政策三十年回顾》,《教育发展研究》2009年第3期。

侯新华、闫志利:《欧盟职业教育质量评估制度及其借鉴意义》,《教育与职业》2014年第15期。

胡弼成:《高等教育质量观的演进》,《教育研究》2006年第11期。

黄浩岚:《对我国现行高等职业教育质量测评体系的审视——基于多所高职院校的调研》,《职业技术教育》2012年第22期。

[摩洛哥]贾米尔·萨尔米:《"老大哥"监视着你吗?——政府在监控与实施质量保障过程中的角色演变》,张建新译,《大学》(研究版)2015年第6期。

姜波:《OBE：以结果为基础的教育》,《外国教育研究》2003年第3期。

蒋德喜:《高职专业结构与产业结构适应性研究——以湖南省为例》，《职教论坛》2007年第12期。

蒋双庆、许文翠、刘勇:《基于学生成长维度的高职院校人才培养质量标准体系构建》，《当代教育实践与教学研究》2019年第8期。

金晶、吴雪萍:《英国职业教育质量评价体系的特点及其启示》，《教育与职业》2013年第26期。

靳冬雪、刘恩山:《跨学科概念"尺度"的含义与特征》，《基础教育课程》2019年第23期。

孔得伟、王以宁、张海:《我国远程教育质量保障体系建设策略思考》，《现代远距离教育》2005年第1期。

蓝洁:《高等职业教育质量保障的现状及其再认识》，《职业技术教育》2014年第1期。

蓝洁:《职业教育治理体系与治理能力现代化的框架》，《中国职业技术教育》2014年第20期。

李纯英:《从韦伯的工业区位论看我国乡镇企业的发展与布局》，《调研世界》2004年第6期。

李建忠:《欧盟职业教育和培训质量保障参照框架评析》，《外国教育研究》2010年第4期。

李义丹、马君:《职业教育质量评价的困境及其消解》，《中国职业技术教育》2012年第33期。

李玉静:《国际职业教育质量评估指标体系比较分析——以UNESCO、欧盟和澳大利亚为样本》，《职业技术教育》2012年第28期。

李玉珠:《德国技能形成体系:演化、利益冲突与制度构成》，《职教论坛》2016年第4期。

李志宏、李岩:《加强高等职业教育质量保障体系建设再思考》，《中国职业技术教育》2014年第3期。

梁丹、徐涵:《职业教育专业结构与产业结构的协调性评价研究——以辽宁省为例》，《现代教育管理》2016年第12期。

刘虎:《比较视野中的职业教育质量观:历史审视与现实反思》，《职教论坛》2014年第1期。

刘军、吉敏:《产业聚集理论研究述评》,《经济问题探索》2011年第8期。

刘晓欢、刘聘:《论职业教育的质量标准与质量评价》,《职业技术教育》2005年第19期。

刘学东、汪霞:《荷兰高等教育认证发展研究》,《教育研究》2016年第9期。

刘艳舞:《意大利的高等职业教育质量保证体系》,《中国高等教育》2014年第15期。

刘智华、田婷、杨向东:《教育指标系统:概念、理论模型与构建模式》,《中国成人教育》2020年第2期。

卢佳:《大众化高等职业教育质量观的转变研究》,《成人教育》2012年第3期。

陆燕飞:《从帕金斯法案的最新修订提案看现代职教质量观的建立》,《职教论坛》2013年第25期。

吕红、石伟平:《澳大利亚职业教育质量保障体系探究》,《外国教育研究》2009年第1期。

马君、崔向娜:《职业教育质量指标的内涵解构》,《职教论坛》2013年第34期。

马宽斌:《高等职业教育质量保障体系中政府、企业与学校的角色定位探析》,《教育理论与实践》2011年第1期。

潘玲珍:《基于产教融合的高职教师专业发展研究》,《高等工程教育研究》2015年第2期。

庞世俊、王春丽、张磊:《澳大利亚职业教育与培训中的职业能力评价》,《中国职业技术教育》2010年第13期。

齐昌政:《美国学校质量管理观的变化——以"美国国家教育质量奖"为例》,《外国教育研究》2007年第6期。

[美]R.W.霍耶、布鲁克·B.Y.霍耶:《何谓质量——世界八位著名质量专家给质量定义》,颜福祥译,《中国质量技术监督》2002年第

2期。

任君庆、苏志刚:《高等职业教育的质量标准和质量观》,《职业技术教育》2003年第25期。

邵元君、滕谦谦:《职业教育内部质量保障的制度与政策探微——基于国际比较的视角》,《职教通讯》2013年第7期。

沈云交:《什么是质量》,《世界标准化与质量管理》2005年第8期。

施晓光:《西方高等教育全面质量管理体系及对我国的启示》,《比较教育研究》2002年第2期。

苏丽锋:《职业教育发展对产业结构升级的支撑作用分析》,《高等工程教育研究》2017年第3期。

苏志刚:《高等职业教育质量的若干思考》,《职业技术教育》2004年第25期。

孙芳芳:《芬兰职业教育质量评估机制研究》,《职教论坛》2016年第19期。

孙进:《德国高等教育认证——机构、程序与标准》,《高等教育研究》2013年第12期。

孙毅颖:《"高等性"和"职业性"二维视域下高等职业教育质量评价》,《中国职业技术教育》2015年第12期。

田志磊、黄春寒:《中职教育学生资助政策评估报告》,《教育学术月刊》2017年第11期。

同芳娥、李兵:《职业教育质量的内涵影响因素与管理体系构建》,《厦门城市职业学院学报》2012年第3期。

童勇木、郑晓燕:《天津市专业产业结构对接现状及调整策略研究》,《科教文汇》(上旬刊)2018年第2期。

涂三广:《区域职业教育质量保障体系建设:方法、思路与建议》,《中国职业技术教育》2014年第30期。

涂三广:《英国职业教育质量保障体系:运行机制与实践思考》,《职教论坛》2014年第9期。

[瑞典]托斯坦·胡森:《论教育质量》,施良方译,《华东师范大学学

报》(教育科学版)1987年第3期。

王春燕:《以决策为导向的职业教育质量评价指标体系研究》,《中国职业技术教育》2015年第27期。

王丹中:《基点·形态·本质:产教融合的内涵分析》,《职教论坛》2014年第35期。

王洪才:《论高等教育"适应论"及其超越——对高等教育"理性视角"的理性再审视》,《北京大学教育评论》2013年第4期。

王军红、周志刚:《论职业教育质量的内涵及表达》,《天津大学学报》2013年第9期。

王璐、曹云亮:《新公共管理运动对美国公立高等教育的影响》,《高教探索》2011年第2期。

王启龙、李君敏:《同行评议:我国职业院校质量评估的重要补充》,《全球教育展望》2014年第11期。

王星:《技能形成的社会建构——德国学徒制现代化转型的社会学分析》,《社会》2015年第1期。

王永林:《美国、欧盟职业教育评估的取向与特征评析——以评估体制与指标为基础》,《高等教育研究》2015年第3期。

吴雪萍、金晶:《英国职业教育质量评价探究》,《比较教育研究》2013年第2期。

吴雪萍、刘金花:《俄罗斯中等职业教育质量外部评估探究》,《比较教育研究》2013年第12期。

吴雪萍、任佳萍:《美国职业教育质量问责制探析》,《比较教育研究》2014年第11期。

吴雪萍、汪鑫:《欧洲职业教育和培训质量保障参考框架探究》,《比较教育研究》2012年第6期。

吴雪萍、张义民:《欧盟推进职业教育与培训质量保障的举措探析》,《外国教育研究》2015年第6期。

肖凤翔、薛栋:《中国现代职业教育质量保障体系的研究框架》,《江苏高教》2013年第6期。

谢晓宇:《荷兰高校教学质量评估:政策与实践》,《外国教育研究》2013年第11期。

徐静茹、郭扬:《我国高等职业教育质量评价制度政策发展探析》,《职教论坛》2013年第25期。

闫广芬、张栋科:《职业教育质量观构建:美国的经验与启示——基于三份美国生涯与技术教育报告的解读》,《外国教育研究》2016年第8期。

姚韬、王红、佘元冠:《我国高等工程教育专业认证问题的探究——基于〈华盛顿协定〉的视角》,《大学教育科学》2014年第4期。

尹翠萍、周谊、李洁:《欧盟职业教育与培训质量保障参考框架述评》,《中国职业技术教育》2012年第30期。

于孝廉:《中等职业教育质量保障体系建设现状分析》,《现代教育》2015年第Z1期。

余亚微、陆明克:《德国双元制职业教育质量保障体系》,《职教论坛》2016年第25期。

俞浩奇:《TAFE的发展历程、特征及其对我国职业教育发展的启示》,《教育与职业》2014年第36期。

袁晓玲、封纪琴:《基于BSC的职业教育质量评价体系框架研究》,《职教论坛》2014年第6期。

展立新、陈学飞:《理性的视角:走出高等教育"适应论"的历史误区》,《北京大学教育评论》2013年第1期。

展立新、陈学飞:《哲学的视角:高等教育"适应论"的四重误读和误构——兼答杨德广"商榷"文》,《北京大学教育评论》2013年第4期。

张宏亮、杨理连:《国外职业教育质量评价"第三方"参与状况对我国的启示——以美、英、德、澳四国为例》,《职教论坛》2016年第18期。

张宏亮:《行业企业参与职业教育质量评价研究:指标体系、实施路径及保障机制》,《中国职业技术教育》2015年第33期。

张健:《高等职业教育质量观新探》,《中国高教研究》2008年第6期。

张文奎:《卫勃的工业区位论简介》,《经济地理》1981年第2期。

张英杰:《就业导向背景下的职业教育质量保障体系研究——兼论教育行政部门角色定位》,《职教论坛》2011年第1期。

张宇、张艳:《"后示范"时期高等职业教育质量评价理念》,《职教论坛》2016年第16期。

赵弘:《职业教育质量保障体系中政府、企业与院校的角色定位探讨》,《职教论坛》2011年第10期。

赵志群、何兴国、沈军、张志新:《产出导向的职业教育质量监控——职业院校的职业能力测评案例》,《中国职业技术教育》2015年第9期。

赵志群:《现代职业教育质量保障体系研究》,《西南大学学报》(社会科学版)2014年第7期。

郑美丽:《河南省高等职业教育专业结构与区域产业结构的协调性研究》,《河南科技学院学报》2011年第2期。

周明星、陈豪好:《职业教育人才观、教学观和质量观探析》,《职教通讯》2005年第7期。

周蔚:《高等职业教育质量观:产品质量理论的视角》,《江都广播电视大学学报》2009年第5期。

(三)学位论文

黄斌:《高等职业技术院校质量保障体系研究》,博士学位论文,天津大学,2004年。

王永林:《我国高职教育评估的价值取向研究——兼论评估制度的重构与监测评估的应用》,博士学位论文,上海交通大学,2014年。

肖化移:《高等职业教育质量标准研究》,博士学位论文,华东师范大学,2004年。

杨彩菊:《高等职业教育学生学习质量评估研究》,博士学位论文,天津大学,2014年。

二 外文

(一) 专著

Bauer, Karl-Oswald, *Evaluation an Schulen,* Weinheim: Juventa Verlag, 2007.

Benner, P., *From Novice to Expert:Excellence and Power in Clinical Nursing Practice*, Menlo Park: Addison-Wesley, 1984.

Boreham, N., C. R. Samurcay, and M. Fischer, eds., *Work Process Knowledge,* London/New York: Routledge, 2002.

Buhren, Claus G., G. Klein, and S.Müller, *Handbuch Evaluation in Schule und Unterricht,* Weinheim & Basel: Beltz Verlag, 2019.

Burton, C., and N.Guy, *The Encyclopedia of Higher Education: Analytical Perspectives*, Oxford: Pergamon Press, 1992.

Busemeyer, Marius R., and Christine Trampusch, *The Political Economy of Collective Skill Formation,* New York: Oxford University Press, 2011.

Chen, H. T., S. L. Donaldson, and Melvin M. Mark, *Advancing Validity in Outcome Evaluation: Theory and Practice,* San Francisco: Jossey-Bass, 2011.

Chen, H.T., *Theory-Driven Evaluations,* Newbury Park, Calif: Sage, 1990.

Connell, James P., Anne C. Kubisch, Lisbeth B. Schorr, and Carol H. Weiss, *New Approaches to Evaluating Community Initiatives: Concepts, Methods, and Contexts,* New York: The Aspen Institute, 1995.

Donabedian, A., *The Definition of Quality and Approaches to Its Assessment,* Michigen: Health Administration Press, 1980.

Dreyfus, H.L. and S.E. Dreyfus, *Mind Over Machine: The Power of Human Intuition and Expertise in the Era of the Computer*, Oxford: Blackwell, 1986.

Farrokhzad, S., and S. Mäder, *Nutzenorientierte Evaluation*, Münster: Waxmann, 2014.

参考文献

Fischer, M., F. Rauner, and Z. Zhao, *Kompetenzdiagnostik in der beruflichen Bildung-Methoden zum Erfassen und Entwickeln beruflicher Kompetenz: KOMET auf dem Prüfstand*, Münster: LIT, 2015.

Furubo, J. E., R. C. Rist, and R. Sandahl, *International Atlas of Evaluation*, New Brunswick: Transaction Publishers, 2002.

Gerring, J., *Case Study Research: Principles and Practices*, Cambridge University Press, Cambridge, 2007.

Havighurst, R. J., *Developmental Task and Education*, New York: Longmans & Green, 1972.

Hennefeld, V., W. Meyer, and S.Silvestrini, *Nachhaltige Evaluation?* Münster: Waxmann, 2015.

Kempfert, G., and Hans G. Rolff, *Handbuch Qualität und Evaluation*, Weinheim：Beltz Verlag, 2018.

Mahoney, J., and K.Thelen, *Explaining Institutional Change: Ambiguity, Agency and Power,* Cambridge University Press, 2010.

Patton, M. Q., *Utilization-Focused Evaluation: The New Century Text,* Thousand Oaks: Sage, 1997.

Rauner, F., "Gestaltung von Arbeit und Technik", in Arnold, R., and A. Lipsmeier, Hrsg., *Handbuch der Berufsbildung*, Opladen: Leske + Budrich, 1995.

Rauner, F., L. Heinemann, and A. Maurer, et al., *Competence Development and Assessment in TVET (KOMET): Theoretical Framework and Empirical Results,* Dordrecht: Springer, 2013.

Rochter, Andy, *Qualitätsmanagement als Gegenstand der Berufsbildung,* Bielefeld:wbv, 2006.

Seghezzi, H.D., *Integriertes Qualitätsmanagement: Das Sankt Gallener Konzept,* München: Hanser Fachbuchverlag, 2003.

Stockmann, R., *Evaluationsforschung,* Opladen: Leske+Budrich, 2000.

Stockmann, R., and W. Meyer, *Functions, Methods and Concepts in*

Evaluation Research, New York: Palgrave Macmillan, 2013.

Stockmann, R., *Evaluation und Qualitätsentwicklung,* Münster: Waxmann, 2006.

Vedung, E., *Evaluation im öffentlichen Sektor,* Wien: Böhlau, 1999.

Werther, Anna von, *Theoriebasierte Evaluation,* Wiesbaden:Springer VS, 2018.

（二）期刊论文

Bader, R., "Berufliche Handlungskompetenz", *Die berufsbildende Schule,* Vol.41, 1989.

Chen, Huey-Tsyh, "The Conceptual Framework of the Theory-driven Perspective", *Evaluation and Program Planning,* No.12, 1989.

Frank, I., "Umsetzung des Deutschen Qualifikationsrahmens – Qualitätsentwicklung in der Berufsausbildung auf allen Ebenen gefordert", *Berufsbildung in Wissenschaft und Praxis,* No.2, 2012.

Garvin, David A., "What Does 'Product Quality' Really Mean?", *Sloan Management Review,* No.10, 1984.

McLaughlin, John A., Gretchen B. Jordan, "Logic Models: A Tool for Telling Your Program's Performance Story", *Evaluation and Program Planning,* Vol.22, No.1, 1999.

Rauner, F., "Entwicklungslogisch strukturierte berufliche Curricula: Vom Neuling zur reflektierten Meisterschaft", *Zeitschrift für Berufs- und Wirtschaftspädagogik,* No.3, 1999.

Schindler, L., Puls E. Sarah, H.Welzant, and L. Crawford, "Definitions of Quality in Higher Education:A Synthesis of the Literature", *Higher Learning Research Communications,* No.3, 2015.

Wholey, Joseph S., "Managing for Results: Roles for Evaluators in a New Management Era", *American Journal of Evaluation,* No.3, 2001.

（三）国际组织出版物

CEDEFOP, *The Benefits of Vocational Education and Training,* Luxembourg: Publications Office of the European Union, 2011.

CEDEFOP, *The Foundations of Evaluation and Impact Research,* Luxembourg: Office for Official Publications of the European Communities, 2004.

IEA, *A History of the International Engineering Alliance and Its Constituent Agreements: Toward Global Engineering Education and Professional Competence Standards*, September 2019.

The World Bank, *The Logframe Handbook: A Logical Framework Approach to Project Cycle Managemen,* Washington DC: The World Bank, 1997.

UNESCO Regional Bureau for Education in Africa, *Regional Contribution to Information Statistical System Development for Technical and Vocational Education and Training*, December 2009.

（四）互联网资料

ABET, "Criteria for Accrediting Engineering Technology Programs, 2017-2018", http://www.abet.org/accreditation/accreditation-criteria/criteria-for-accrediting-engineering-technology-programs-2017-2018/.

Council for Higher Education Accreditation (CHEA), "2017-2018 Directory of CHEA-Recognized Organizations", http://www.chea.org/userfiles/Recognition/directory-CHEA-recognized-orgs.pdf.

ISO, "ISO 9000: 2015. Quality Management Principles", http://www.iso.org/iso/pub100080.pdf.

ISO, "ISO 9001: 2015. Quality Management Systems - Fundamentals and Vocabulary", https://www.iso.org/obp/ui/#iso:std:iso:9000:ed - 4:v1:en.

Landwehr, R., and P. Steiner, "Schulinternes Qualitätsmanagement nach dem Modell Q2E: Referenzrahmen", http://www.q2e.ch/myUploadData/files/Q2E-Referenzrahmen.pdf.

NIST, "2006 Baldrige National Quality Programm, Program Education Criteria for Performance Excellence", http://www.baldrige.nist.gov/

Education_Criteria.htm.

OECD, "Tuning-AHELO Conceptual Framework of Expected and Desired Learning Outcomes in Economics", https://www.oecd-ilibrary.org/docserver/5kghtchwb3nn-en.pdf?expires=1630378878&id=id&accname=guest&checksum=245ED45EE62A714267D3623DDCEDDE91.

The World Bank, "Ten Steps to a Results-based Monitoring and Evaluation System", http://www-wds.worldbank.org/external/default/WDSContentServer/WDSP/IB/2004/08/27/000160016_20040827154900/Rendered/PDF/296720PAPER0100steps.pdf.

UNESCO, "Education: Gross Enrolment Ratio by Level of Education", http://data.uis.unesco.org/index.aspx?queryid=142&lang=en.